EINE Welt. Texte der Stiftung Entwicklung und Frieden

Herausgegeben von der
Stiftung Entwicklung und Frieden

Band 21

Cornelia Ulbert | Sascha Werthes (Hrsg.)

# Menschliche Sicherheit

## Globale Herausforderungen und regionale Perspektiven

Nomos

STIFTUNG ENTWICKLUNG UND FRIEDEN
DEVELOPMENT AND PEACE FOUNDATION

Die Stiftung Entwicklung und Frieden versteht sich als ein Motor des deutschen und internationalen Diskurses über die politische und soziale Gestaltung der Globalisierung und von grenzüberschreitenden Problemen. Ihr Ziel ist eine menschenwürdige und nachhaltige Entwicklung weltweit durch die Befriedung der internationalen Beziehungen und die Zivilisierung innergesellschaftlicher Konflikte sowie durch soziale Gerechtigkeit. Weitere Informationen finden Sie unter www.sef-bonn.org.

EINE Welt. Texte der Stiftung Entwicklung und Frieden

Lektorat: Gerhard Kilian

Redaktion: Dr. Michèle Roth

Titelfoto: PD Dr. Jochen Hippler

Die Deutsche Nationalbibliothek verzeichnet diese Publikation in der Deutschen Nationalbibliografie; detaillierte bibliografische Daten sind im Internet über http://www.d-nb.de abrufbar.

ISBN 978-3-8329-3367-8

1. Auflage 2008

# Inhalt

# Vorwort

Das vorliegende Buch ist, wie bei Sammelbänden üblich, das Ergebnis der Zusammenarbeit vieler Personen. Die Kooperation war in diesem Fall im wahrsten Sinne des Wortes weltumspannend: von der Konzeptentwicklung bis hin zur Fertigstellung des gesamten Manuskripts liefen die Fäden dann bei uns als der Herausgeberin und dem Herausgeber zusammen. Wir hoffen, dass wir diese Fäden trotz der vielen unterschiedlichen Kommunikationswege, die sie zurücklegen mussten, zu einem für den Leser und die Leserin attraktiven Gewebe zusammengewoben haben.

Unser Dank geht zunächst natürlich an die Autoren und Autorinnen, die bereit waren, sich auf das Projekt einzulassen. Damit handelten sie sich zum Teil mehr oder weniger umfangreiche Überarbeitungswünsche ein, denen jedoch alle dankenswerterweise nachkamen. Tobias Debiel stand uns bei der Entwicklung eines tragfähigen Konzepts für den Sammelband mit Rat und wertvollen Hinweisen zur Seite. Annabelle Houdret kommentierte mit ihrer Regionalexpertise die Erstfassung des Beitrags zum Nahen und Mittleren Osten. Auch weitere Mitglieder der AG Human Security standen uns immer wieder mit ihrer spezifischen Expertise hilfsbereit zur Seite. Bei der Bearbeitung der übersetzten Beiträge war uns Payam Ghalehdar eine sehr wesentliche Unterstützung, und in der Endphase half auch Jessica Zeltner dabei, einzelne Beiträge Korrektur zu lesen und zu formatieren.

Dieses Projekt wäre jedoch nicht möglich gewesen, wenn unsere Idee nicht bei der Stiftung Entwicklung und Frieden (SEF) auf Resonanz gestoßen wäre. Daher sind wir Michèle Roth, der Geschäftsführerin der Stiftung Entwicklung und Frieden, und den Mitgliedern des Beirats und des Vorstands der Stiftung, die bereit waren, den Band in die „EINE Welt“-Reihe der SEF aufzunehmen, zu großem Dank verpflichtet. Ohne die professionelle Unterstützung, die sehr hilfreichen Überarbeitungshinweise und das beharrliche Drängen von Frau Roth wäre es uns nicht gelungen, das Manuskript in dieser für den wissenschaftlichen Produktionsprozess doch vergleichsweise kurzen Zeit vorzulegen.

Wenn ein derartiges Publikationsprojekt so viel Zeit und Aufmerksamkeit in Anspruch nimmt, heißt dies auch immer, dass einer Reihe von Menschen entsprechend weniger Zeit und Aufmerksamkeit geschenkt werden kann. Auch diesen danken wir für deren Unterstützung und Verständnis.

Duisburg, Oktober 2007 — Cornelia Ulbert und Sascha Werthes

## Abkürzungsverzeichnis

| | |
|---|---|
| ACUNS | Academic Council on the United Nations System / Akademischer Rat zum System der Vereinten Nationen |
| AMIS | African Union Mission in Sudan / Mission der Afrikanischen Union in Sudan |
| AMMTC | ASEAN Ministerial Meeting on Transnational Crime / ASEAN Ministertreffen zu transnationalen Verbrechen |
| APA | ASEAN People's Assembly / Volksversammlung der ASEAN |
| APEC | Asia-Pacific Economic Cooperation / Asiatisch-Pazifische Wirtschaftliche Zusammenarbeit |
| APRM | African Peer Review Mechanism / Afrikanischer Mechanismus der gegenseitigen Evaluierung |
| ASEAN | Association of Southeast Asian Nations / Internationale Organisation Südostasiatischer Staaten |
| BICC | Bonn International Center for Conversion / Internationales Konversionszentrum Bonn |
| BMZ | Bundesministerium für wirtschaftliche Zusammenarbeit und Entwicklung |
| CASS | Chinese Academy of Social Sciences / Chinesische Akademie der Sozialwissenschaften |
| CCW | Convention on Certain Conventional Weapons / Übereinkommen über bestimmte konventionelle Waffen |
| CHS | Commission on Human Security / Kommission über Menschliche Sicherheit |
| CSCAP | Council for Security Cooperation in the Asia Pacific / Rat für Sicherheitszusammenarbeit im Südpazifik |
| CSSDCA | Conference on Security, Stability, Development and Cooperation in Africa / Konferenz über Sicherheit, Stabilität, Entwicklung und Zusammenarbeit in Afrika |
| DDR | Disarmament, Demobilization, and Reintegration / Entwaffnungs-, Demobilisierungs- und Reintegrationsprozesse |
| DFAIT | Department of Foreign Affairs and International Trade, Kanada / Kanadisches Ministerium für auswärtige Angelegenheiten und internationalen Handel |
| DFID | UK Department for International Development / Britisches Ministerium für internationale Entwicklung |
| DPKO | UN Department of Peacekeeping Operations / VN-Hauptabteilung Friedenssicherungseinsätze |
| ETC | European Training and Research Centre / Europäisches Training- und Forschungszentrum für Menschenrechte und Demokratie |
| HSN | Human Security Network / Netzwerk Menschliche Sicherheit |
| HSP | Human Security Programme / Programm Menschliche Sicherheit |
| HSRM | Human Security Risk Management / Risikomanagement für Menschliche Sicherheit |
| ICISS | International Commission on Intervention and State Sovereignty / Internationale Kommission zu Intervention und Staatlicher Souveränität |

| | |
|---|---|
| IIDH | Inter-American Institute of Human Rights / Interamerikanisches Institut für Menschenrechte |
| IKRK | Internationales Komitee des Roten Kreuzes |
| ILC | International Law Commission / Völkerrechtskommission |
| INEF | Institut für Entwicklung und Frieden |
| IStGH | Internationaler Strafgerichtshof |
| JCIE | Japan Center for International Exchange / Japanisches Zentrum für Internationalen Austausch |
| MDGs | Millennium Development Goals / Millennium-Entwicklungsziele |
| MINUSTAH | Mission des Nations Unies pour la stabilisation en Haiti / Stabilisierungsmission der Vereinten Nationen in Haiti |
| MOFA | Ministry of Foreign Affairs, Japan / Japanisches Außenministerium |
| NATO | North Atlantic Treaty Organization / Nordatlantikpakt-Organisation |
| NEPAD | New Partnership for Africa's Development / Neue Partnerschaft für Afrikas Entwicklung |
| NGO/NRO | Non-Governmental Organization / Nichtregierungsorganisation |
| OAS | Organisation Amerikanischer Staaten |
| OCHA | Office for the Coordination of Humanitarian Affairs / Amt für die Koordinierung humanitärer Angelegenheiten |
| OECD | Organisation for Economic Co-operation and Development / Organisation für wirtschaftliche Zusammenarbeit und Entwicklung |
| OSAA | Office of the Special Adviser on Africa / Büro des Sonderberaters zu Afrika |
| R2P | Responsibility to Protect / Verantwortung zum Schutz |
| SARS | Severe Acute Respiratory Syndrome / Schweres akutes respiratorisches Syndrom |
| SGESC | Study Group on Europe's Security Capabilities / Studiengruppe zu den Fähigkeiten Europas im Sicherheitsbereich |
| SSR | Security Sector Reform / Reform des Sicherheitssektors |
| TMSD | Tratado Marco de Seguridad Democrática / Rahmenvertrag über demokratische Sicherheit |
| UN | United Nations / Vereinte Nationen |
| UNDP | United Nations Development Programme / Entwicklungsprogramm der Vereinten Nationen |
| UNESCO | United Nations Educational, Scientific and Cultural Organization / Organisation der Vereinten Nationen für Bildung, Wissenschaft, Kultur und Kommunikation |
| UNGA | United Nations General Assembly / Generalversammlung der Vereinten Nationen |
| UNHCR | Office of the United Nations High Commissioner for Refugees / Amt des Hohen Flüchtlingskommissars der Vereinten Nationen |
| UNICEF | United Nations International Children's Emergency Fund / Kinderhilfswerk der Vereinten Nationen |
| UNIFEM | United Nations Development Fund for Women / Entwicklungsfonds der Vereinten Nationen für Frauen |
| UNMIH | United Nations Mission in Haiti / Mission der Vereinten Nationen in Haiti |
| WHO | World Health Organization / Weltgesundheitsorganisation |
| WVK | Wiener Vertragsrechtskonvention |

# Einleitung

# Menschliche Sicherheit – Der Stein der Weisen für globale und regionale Verantwortung?

## Entwicklungslinien und Herausforderungen eines umstrittenen Konzepts

*Cornelia Ulbert/Sascha Werthes*

Seit mehr als einem Jahrzehnt hält sich ein Sicherheitskonzept hartnäckig in der internationalen akademischen wie politischen Debatte, obwohl dessen analytischer Nutzen und politische Praktikabilität immer wieder kritisch hinterfragt werden.[1] Das Konzept menschlicher Sicherheit hat sich trotz – oder vielleicht gerade wegen – seiner kritisierten konzeptionellen Vagheit und Mehrdeutigkeit einen festen Platz zunächst in den politischen, schließlich aber auch in den akademischen Debatten erobert.

Als menschliche Sicherheit im Bericht über menschliche Entwicklung des Entwicklungsprogramms der Vereinten Nationen (UNDP) 1994 einer breiteren Fachöffentlichkeit vorgestellt wurde, war das Konzept darauf angelegt, von entwicklungspolitischer Seite die „Friedensdividende"[2] einzufordern, die nach Ende des Ost-West-Konflikts erreichbar schien (UNDP 1994, Kap. 3). Damit gewann menschliche Sicherheit das Potenzial zum Mobilisierungsbegriff für eine heterogene Koalition von humanitären und entwicklungspolitisch engagierten Nichtregierungsorganisationen (NGOs), internationalen Organisationen und so genannten Mittelmächten (vgl. Paris 2001, 88), mit dem Ziel, bestimmten Themen eine höhere Priorität auf der politischen Tagesordnung einzuräumen. Der Begriff war zwar konzeptionell vage und mehrdeutig, weshalb er in der akademischen Debatte auf Zurückhaltung und Skepsis stieß. Er weckte aber positive Assoziationen, weshalb er sich als Bezugspunkt für Politikformulierungen und politische Mobilisierung in geradezu idealer Weise anbot (vgl. hierzu auch Debiel/Werthes 2005). Dies gilt insbesondere für diverse internationale Organisationen und Nichtregierungsorganisationen, aber auch für Japan und die Länder des *Human Security Network*[3]. Die deutsche Regierung dagegen betont auch weiterhin, dass ihrem Handeln ein erweiterter Sicherheitsbegriff zugrunde liegt – trotz einer Vielzahl von thematisch einschlägig formulierten Politikzielen.[4]

---

1 Vgl. hierzu exemplarisch die kontroverse Diskussion in der Zeitschrift *Security Dialogue* (Jg. 35/3, S. 345-371) aus dem Jahr 2004 zum Thema „What is ‚Human Security'?".

2 Nach dem Ende des Ost-West-Konflikts wurde zunächst erwartet, dass die Militärausgaben weltweit sinken würden. Die dadurch eingesparten Mittel sollten als „Friedensdividende" unter anderem für entwicklungspolitische Aufgaben genutzt werden.

3 Mitglieder des Netzwerks sind Chile, Costa Rica, Griechenland, Irland, Jordanien, Kanada, Mali, Norwegen, Österreich, Slowenien, die Schweiz, Südafrika (Beobachterstatus) und Thailand.

4 Vgl. zum Beispiel den Aktionsplan „Zivile Krisenprävention, Konfliktlösung und Friedenskonsolidierung" der Bundesregierung von 2004 (2, 8). Im „Weißbuch zur Sicherheitspolitik Deutschlands

Diese politische und akademische Auseinandersetzung über die Konkretisierung ist noch nicht zu einem eindeutigen Ergebnis gelangt. Die politischen Implikationen und die analytisch gehaltvollen Konturen des Konzepts zeichnen sich jedoch ab. Dies schien uns Anlass genug, eine Bestandsaufnahme der vielfältigen und in Teilen komplexen Beschäftigung mit dem Konzept menschlicher Sicherheit zu wagen. Wie ein Leitmotiv zieht sich die Auseinandersetzung zwischen einem „engeren" und „weiteren" Verständnis von menschlicher Sicherheit durch die Beiträge dieses Bandes. In dem Bericht der *Commission on Human Security* von 2003 (Commission on Human Security 2003) wurde menschliche Sicherheit als ein Sicherheitsbegriff eingeführt, bei dem „Sicherheit" nicht nur die Abwesenheit gewaltsamer Konflikte bedeutet. Menschliche Sicherheit umfasst demnach auch die Gewährleistung von Menschenrechten und die aktive Schaffung von Möglichkeiten zu (individueller) Entwicklung (Stichwort: *Empowerment*). Mit dem Erscheinen des weit beachteten „Human Security Report" von 2005 (Human Security Centre 2005) wurde der Fokus allerdings wieder auf gewaltsame Konflikte verengt.

In den drei Teilen des Bandes werden wesentliche, die Debatte prägende Auseinandersetzungen über spezifische Herausforderungen der Konzeptionalisierung und politischen Ausgestaltung von menschlicher Sicherheit dargestellt und diskutiert. Als Gegenentwurf zu einer konzeptionellen Verengung betrachtet der Band das Konzept in seinen drei Dimensionen „Schutz vor Gewalt", „Menschenrechtsschutz" und „Schutz vor Not" und fragt danach, wie diese jeweils umgesetzt werden können. In einem ersten Schritt soll das Konzept menschlicher Sicherheit auf den Prüfstand gestellt und kritisch hinterfragt werden. Im zweiten Teil konzentrieren sich die Beiträge auf die drei genannten Dimensionen von menschlicher Sicherheit und zeigen auf, welche Bedeutung die jeweilige Dimension zur Erreichung menschlicher Sicherheit hat und in welcher Form dies geleistet werden kann beziehungsweise bereits geleistet wurde. Dabei wird deutlich, dass das Konzept menschlicher Sicherheit schon heute eine Konkretisierung erreicht hat, die den Vorwurf der unspezifischen Vagheit und beliebigen Mehrdeutigkeit als nicht mehr haltbar erscheinen lässt. In Anbetracht der „westlichen" Wurzeln des Konzepts beschäftigen sich die Beiträge des dritten Teils mit den nicht-westlichen Perspektiven auf menschliche Sicherheit. Sie lassen weniger eine Tendenz konsensualer Konkretisierung des Konzepts erkennen, sondern zeigen vielmehr unterschiedliche Varianten der regionalspezi-

und zur Zukunft der Bundeswehr 2006" steht für das Bundesministerium der Verteidigung dagegen „vernetzte Sicherheit" (Kap. 1.4) im Vordergrund. Menschliche Sicherheit hat lediglich im Aktionsprogramm 2015 des Bundesministeriums für wirtschaftliche Zusammenarbeit und Entwicklung (BMZ) von 2003 Eingang gefunden (Kap. 3.10). Auch wurde in dem Diskussionspapier des BMZ mit dem Titel „Der Millennium+5 Gipfel: Weichenstellungen für unsere globale Zukunft" die Unterstützung Deutschlands für die „Verantwortung zum Schutz" nachdrücklich eingefordert.

fischen Konkretisierung und Diversifizierung der mit menschlicher Sicherheit verbundenen politischen Agenden.

Im Folgenden werden wir zunächst den Ursprung des Konzepts, dessen Mehrdimensionalität und wichtigste Varianten überblicksartig vorstellen. Ein rudimentäres Verständnis des Entstehungskontexts und der perspektivischen Blickwinkel ist notwendig, um die Ausführungen der Autoren und Autorinnen nachvollziehen zu können, deren Beiträge wir im Anschluss vorstellen.

## *Menschliche Sicherheit: Inhalte und Spannungslinien*

Die Sicherheit des Einzelnen, seine Schutzbedürftigkeit sowie seine Rechte sind schon lange Thema der politischen Philosophie und Ideengeschichte. Zugleich haben besonders aktive Staaten, Regionalorganisationen, Nichtregierungsorganisationen und auch mit Sicherheitsfragen beschäftigte akademische Zirkel immer wieder entscheidende Beiträge geleistet, welche zur Fortentwicklung bestehender Sicherheitskonzeptionen geführt haben. Jedoch scheint es gerechtfertigt, die aktuelle Entstehung und Verbreitung einer Idee und Vorstellung von Sicherheit, welche das Individuum und nicht mehr den Staat als zentralen Bezugspunkt einfordert, mit den Vereinten Nationen zu verbinden (vgl. MacFarlane/Khong 2006). Die Veröffentlichung des UNDP-Berichts über menschliche Entwicklung 1994 kann als der intellektuelle Ursprung des Konzepts menschlicher Sicherheit und zugleich als Katalysator für eine neue Sicherheitsdebatte bezeichnet werden (zur ausführlicheren Darstellung der Entstehungsgeschichte vgl. den Beitrag von Keith Krause in diesem Band).

### *Das Ursprungskonzept*

Ausgehend von der Frage, ob sich die komplexen entwicklungs- und sicherheitspolitischen Herausforderungen zum Ende des 20. und zu Beginn des 21. Jahrhunderts noch getrennt und unabhängig voneinander beschreiben und bearbeiten lassen, und vor dem Hintergrund der Beobachtung schwindender staatlicher Souveränität im Kontext vielfältiger Globalisierungsprozesse, forderte der UNDP-Bericht von 1994 ein Umdenken. Ausgangspunkt für entwicklungs-, aber auch sicherheitspolitische Überlegungen sollte nicht mehr der Staat, sondern der einzelne Mensch sein. Menschliche Sicherheit verstanden als Absicherung gegen chronische Bedrohungen wie Hunger, Krankheiten und Unterdrückung (*freedom from fear* – Freiheit von Angst) und als Schutz vor plötzlichen und schmerzlichen Zerrüttungen des täglichen Lebens (*freedom from want* – Freiheit von Not) sollte der zentrale Bezugspunkt (internationaler) Politik werden. Als zentral für ein zeitgemäßes Konzept von Sicherheit wurden vier Elemente hervorgehoben: Erstens müsse jedes Sicherheitskonzept in seiner normativen Grundannahme universalistisch konzipiert sein. Es müsse zweitens die Interdependenz entwicklungs- und sicherheitspolitischer Herausforderungen berücksichtigen und daher drittens einen präventiven Charakter haben. Und viertens müsse der Fokus auf Grund der Interdependenz der entwicklungs- und sicherheitspolitischen Herausforderungen auf der Schutzbedürftigkeit des einzelnen Menschen liegen – und somit Menschenrechte zentral berücksichtigen (UNDP 1994, 22-23).

Hierbei fällt auf, dass zwei Bereiche menschlicher Sicherheit unterschieden werden: ein Bereich, welcher sich auf den Schutz vor (physischer) Gewalt konzentriert (Freiheit von Furcht) und ein Bereich, welcher den Schutz vor Not und Entbehrungen und damit Themen einer entwicklungspolitischen Agenda mit einbezieht (Freiheit von Not). Das herausragend Neue im Vergleich zu vorherigen Sicherheitskonzepten ist dabei, dass für beide Bereiche als Referenzobjekt nicht der Staat, sondern der einzelne Mensch postuliert wird.

Menschliche Sicherheit gibt sich nicht mit der Einhegung des Krieges oder seiner Auswirkungen zufrieden. Das Konzept macht auch nicht halt an Grenzen. Terroristische Netzwerke, international organisierte Drogen- und Verbrecherkartelle sowie Flüchtlings- und Migrationsbewegungen verdeutlichen augenscheinlich, dass die Sicherheit und Lebensbedingungen der Menschen in einer Region oder in einem Land die Sicherheit und Lebensbedingungen in anderen Regionen und anderen Ländern beeinflussen können. Das Spektrum möglicher Bedrohungen im Hinblick auf ein menschenwürdiges Leben wird erweitert. Eben nicht nur der Schutz vor (physischer) Gewalt, sondern auch der Schutz vor (lebensbedrohender) Not wird als sicherheitspolitische Aufgabe verstanden. Das UN-Entwicklungsprogramm benennt im Bericht von 1994 sieben politische Herausforderungen (UNDP 1994, 25-33):

- ökonomische Sicherheit, sprich die Notwendigkeit eines Grundeinkommens aus produktiver und einträglicher Arbeit,
- Ernährungssicherheit, die bedeutet, dass jeder Mensch zu jeder Zeit die Sicherheit einer Grundversorgung genießt,
- gesundheitliche Sicherheit insbesondere auch für die Armen dieser Welt,
- Umweltsicherheit, also eine gesunde physische Umwelt,
- persönliche Sicherheit mit dem Ziel, die Bedrohungen durch gewaltsame Kriminalität zu minimieren,
- Sicherheit der Gemeinschaft, die die freie Zugehörigkeit zu Gruppen erlaubt (vorausgesetzt, dass die sozialen Normen und die Handlungen der Gruppen nicht das Leben anderer Menschen bedrohen), und
- politische Sicherheit, das heißt die Möglichkeit, in einer Gesellschaft zu leben, welche die fundamentalen Menschenrechte akzeptiert und gewährt.

Zentrale Logik der Argumentation ist, dass ökonomische Entwicklung, Stabilität und Frieden in Entwicklungsländern oder fragilen Staaten nicht nachhaltig sein kann, solange nicht die Menschen ihr (Über-) Leben als gesichert ansehen. Entwicklung und Sicherheit bedingen sich demnach gegenseitig.

Obwohl die Argumentation von UNDP und dessen Analyse der wechselseitigen Abhängigkeit von entwicklungs- und sicherheitspolitischen Herausforderungen breit geteilt wurde, warfen Kritiker und Kritikerinnen dem Konzept menschlicher Sicherheit vor, dass es definitorisch unscharf sei und letztlich alle Bereiche menschlichen Lebens „versicherheitliche". Entwicklungspolitik oder auch Menschenrechtspolitik sei so nicht mehr von Sicherheitspolitik zu unterscheiden. Welche Herausforderungen und Aufgaben, welche thematischen Agenden auf Grund ihrer sicherheitspolitischen Relevanz eine gesteigerte politische Priorität genießen sollten, sei hierdurch völliger Beliebigkeit anheim gegeben (vgl. etwa Khong 2001, Paris 2001). Diese Kritik erklärt sicherlich in Teilen, warum es einige Jahre dauerte, bis staatliche Akteure die Idee menschlicher Sicherheit für sich entdeckten. Allerdings übernahm keiner dieser Akteure das UNDP-Ursprungskonzept als solches. Vielmehr etablierten sich zunächst zwei Varianten, deren politische Agenden sich jeweils auf eines der beiden Themenfelder des Ursprungskonzepts konzentrierten.

### *Die politische Implementierung in zwei Varianten*

Die beiden Varianten basieren auf unterschiedlichen Verständnissen von menschlicher Sicherheit. Die eine Variante wird mit Kanada, dem *Human Security Network*, einem Zusammenschluss von Staaten, die das Konzept fördern und in ihrer Politik umsetzen wollen, der *International Commission on Intervention and State Sovereignty* (ICISS) oder auch dem Projektteam des „Human Security Report" am *Human Security Centre* verbunden. Ihr liegt ein eher enges Verständnis zugrunde. Sie konzentriert sich auf die Themenfelder im Bereich der Freiheit von Angst und betont somit vor allem den Schutz vor direkter Gewalt. Die andere Variante, welche mit Japan und der *Commission on Human Security* assoziiert wird, fasst menschliche Sicherheit sehr weit. Nicht nur direkte und indirekte Gewalt, sondern alle Aspekte, welche ein menschenwürdiges Leben gefährden können, werden als Themenfelder menschlicher Sicherheit betont. Der Freiheit von Not kommt hier eine gleichermaßen wichtige, wenn nicht gar wichtigere Bedeutung als der Freiheit von Angst zu. Die als notwendig erachtete Berücksichtigung der menschlichen Würde erweitert sogar noch das Ursprungskonzept von UNDP. Nicht nur der Schutz vor Bedrohungen, sondern auch die Befähigung (*Empowerment*) des Einzelnen, selbstständig ein Leben in Würde führen zu können, werden hier als zentrale Aufgaben einer Politik menschlicher Sicherheit gesehen.

Bezogen auf ihre unterschiedlichen politischen Agenden und Implementierungsversuche können die beiden Varianten auch wie folgt beschrieben und unterschieden werden: Die weite „japanische" Variante betont als zentrale Perspektive nachhaltige menschliche Entwicklung. Ökonomischen, sozialen und umweltpolitischen Rechten wird eine hohe (sicherheits-) politische Priorität eingeräumt. Strategien und Instrumente, mit denen menschliche Sicherheit gefördert werden sollen, umfassen umverteilende Maßnahmen, welche soziale Ungleichheiten und Ungerechtigkeiten in Reichtum und Einkommen ausgleichen, sowie die Förderung von Partizipationsmöglichkeiten auf lokaler, nationaler und globaler Ebene. Diese entwicklungspolitisch orientierte Perspektive auf menschliche Sicherheit argumentiert, dass die Ursachen vieler Bedrohungen der menschlichen Sicherheit in Ungleichheit und sozialer Ungerechtigkeit begründet liegen.

Die enge „kanadische" Variante sieht dagegen als zentrale Dimension die humanitäre Sicherheit des Einzelnen. Der Schutz des Lebens und die fundamentalen Menschenrechte werden als sicherheitspolitische Herausforderung betont. Legitime Strategien und Instrumente zur Etablierung menschlicher Sicherheit sind humanitäre Interventionen, humanitäre Nothilfe, Maßnahmen der Friedenskonsolidierung und Krisenprävention. Maßnahmen für nachhaltige menschliche Entwicklung werden zwar als durchaus förderlich zur Absicherung menschlicher Sicherheit gesehen. Ihnen wird aber keine (sicherheits-) politisch gesteigerte Priorität eingeräumt. Als entwicklungspolitische Maßnahmen legitimieren sie eben nicht die Einmischung in die inneren Angelegenheiten von Staaten, wie dies sicherheitspolitische bzw. humanitäre Notlagen unter gewissen Bedingungen (UN-Mandat) tun. Es wird argumentiert, dass Kriege und gewaltsame Konflikte immer noch eine der wichtigsten Bedrohungen menschlicher Sicherheit sind. Die internationale Gemeinschaft habe hier die Verantwortung, gerade Nicht-Kombattanten vor den gewaltsamen Bedrohungen in Folge dieser Kriege und Konflikte zu schützen. Anschauliches Beispiel für diese Perspektive ist die Initiative zum Verbot von Landminen (Ottawa-Konvention). Landminen gefährden häufig noch lange nach einem Konflikt Menschen oder auch den Wiederaufbau. Präventive und friedenskonsolidierende Maßnahmen werden allerdings primär als Initiativen zur Verhinderung des Ausbruchs oder Wiederausbruchs gewaltsam ausgetragener Konflikte gesehen. Zentraler Bezugspunkt dieser Variante bleibt somit die Bedrohung des Einzelnen durch direkte Gewalt. Daraus ergibt sich die Notwendigkeit einer Einmischung in die inneren Angelegenheiten von Staaten (humanitäre Intervention und humanitäre Nothilfe) in bestimmten Situationen und unter bestimmten Voraussetzungen.

Diese beiden Varianten dominieren weitestgehend die kritischen Auseinandersetzungen mit dem Konzept menschlicher Sicherheit. Auch haben sie, geprägt durch das Vorhandensein von staatlichen Akteuren (Kanada und Japan), welche jeweils ihre außenpolitischen Agenden und Initiativen diesen Varianten zugeordnet haben, viel Aufmerksamkeit erhalten. Daher nehmen die meisten Autoren und Autorinnen – auch dieses Bandes – in der einen oder anderen Form Bezug auf diese Varianten. Manche betrachten die beiden Varianten allerdings weniger als Ausdruck zweier unterschiedlicher Verständnisse menschlicher Sicherheit, sondern vielmehr als verschiedene Dimensionen desselben Begriffs, wobei sie nicht nur zwischen zwei, sondern zwischen drei Dimensionen menschlicher Sicherheit unterscheiden (vgl. Hampson et al. 2002, Kap. 2).

*Die dritte Dimension menschlicher Sicherheit*

Zu der „Freiheit von Furcht" und der „Freiheit von Not" treten als dritte Dimension die Menschenrechte (vgl. Abbildung 1 und Tabelle 1). Auch wenn diese Perspektive vielleicht am ehesten ihren Ausdruck im „Barcelona Report" (*A Human Security Doctrine for Europe*) der *Study Group on Europe's Security Capabilities* (2004) findet, lässt sich ihr – noch – nicht so eindeutig ein einzelner politischer Akteur zuordnen.

**Abbildung 1: Drei Dimensionen menschlicher Sicherheit**

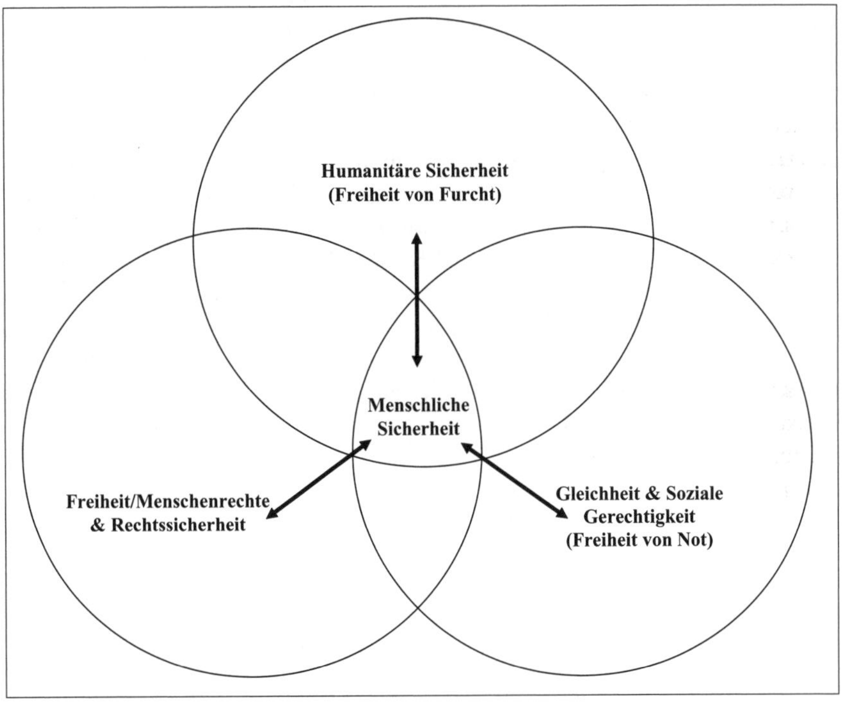


Quelle: Hampson et al. 2002, 16 (leicht adaptierte und übersetzte Fassung).

Diese dritte – wenn man so will – „europäische" Variante betont als zentrale Dimension die Menschenrechte und die Rechtssicherheit (*rule of law*). Die fundamentalen Menschenrechte, politische Rechte und bürgerliche Freiheiten, aber auch die sozialen, wirtschaftlichen und kulturellen Menschenrechte stehen im Zentrum der Aufmerksamkeit. Strategien und Instrumente, welche menschliche Sicherheit gewährleisten sollen, sind Sanktionen, öffentliche Anprangerung (*shaming*), Strafverfolgung und Verurteilung (zum Beispiel durch den Internationalen Strafgerichtshof). Diese menschenrechtsorientierte Perspektive argumentiert, dass internationale und regionale Institutionen zentral für die gemeinschaftliche Entwicklung neuer Menschenrechte, für ihre nationale Implementierung oder gar gemeinschaftliche Durchsetzung sind und dass dies eine der zentralen Aufgaben einer Politik menschlicher Sicherheit sein müsse. Anschauliches Beispiel ist der Schutz von Minderheiten durch Minderheitenrechte.

Auch wenn sich diese drei Varianten und die damit verbundenen Perspektiven, wie sie vor allem Fen Osler Hampson et al. (2002) herausgearbeitet haben, mit Blick auf die hervorgehobenen Bedrohungen, bevorzugten Strategien und Instrumente idealtypisch gegenüberstellen lassen, so bleiben die Abgrenzungen doch bis zu einem gewissen Grad oberflächlich und rudimentär. Sie verweisen letztlich deutlich auf die oft kritisierte Unterscheidungsproblematik zur klassischen Menschenrechts- und Entwicklungspolitik. Die Frage, wie sich eine Politik menschlicher Sicherheit eindeutiger abgrenzen lässt, bleibt bei dieser Betrachtungsweise zunächst weitestgehend unbeantwortet. Deutlich wird in der Zusammenschau lediglich, dass der gemeinsame Bezugspunkt der sicherheitspolitischen Überlegungen der einzelne Mensch und nicht der Nationalstaat oder dessen Territorialität ist. Zentraler Fokus ist die Sicherheit und Bedürftigkeit eines jeden einzelnen Individuums. Dieser Fokus betont zum einen den Unterschied von menschlicher und staatlicher Sicherheit und erkennt zum anderen die Möglichkeit an, dass die Orientierung auf menschliche oder staatliche Sicherheit manchmal gar in einem Spannungsverhältnis zueinander sein kann (Hampson et al. 2002, 37). Die Beiträge des vorliegenden Bandes nehmen unterschiedliche Ausschnitte dieser skizzierten Spannungslinien auf und diskutieren sie entlang einzelner Dimensionen oder regionaler Sicherheitsanforderungen.

Tabelle 1: Drei Perspektiven auf menschliche Sicherheit

| Perspektiven auf menschliche Sicherheit | Zentrale Akteure/Vertreter der Perspektive | Zentrale Elemente | Beispiele für zentrale Strategien und Instrumente | Referenzobjekt der sicherheitspolitischen Überlegungen |
|---|---|---|---|---|
| **Entwicklungs-politische Perspektive** | – UNDP<br>– Japan<br>– Commission on Human Security | – Wirtschaftliche, soziale Grundrechte, einschließlich eines Rechts auf Entwicklung und (ökologische) Nachhaltigkeit | – Umverteilungsmaßnahmen, welche auf die Beseitigung sozialer und ökonomischer Ungleichheiten und Ungerechtigkeiten abzielen<br>– Partizipationsmöglichkeiten auf subnationaler, nationaler und globaler Ebene | Individuum |
| **Humanitäre Perspektive** | – Kanada<br>– Human Security Network<br>– International Commission on Intervention and State Sovereignty (ICISS) | – Fundamentale Persönlichkeitsrechte, einschließlich wesentlicher wirtschaftlicher und sozialer Grundrechte (*subsistence rights*) | – Maßnahmen der Konflikt- und Krisenprävention<br>– Maßnahmen der Friedenskonsolidierung<br>– (humanitäre) Nothilfe<br>– (militärische) humanitäre Interventionen | Individuum |
| **(Menschen-) Rechtsorientierte Perspektive** | – Study Group on Europe's Security Capabilities | – Fundamentale Persönlichkeitsrechte, legale, politische und bürgerliche Grundrechte<br>– Rechtsstaatlichkeit (*rule of law*) | – Sanktionen<br>– Anprangern<br>– Strafverfolgung und Verurteilung (ad-hoc Strafgerichtshöfe, Internationaler Strafgerichtshof) | Individuum |

Quelle: Hampson et al. 2002, 33 (adaptierte, ergänzte und übersetzte Fassung).

### *Zur Konzeption des Bandes*

Die obigen Ausführungen zum Ursprungskonzept, seinen politischen Implikationen und den ersten Implementierungsversuchen sowie zu den drei Dimensionen menschlicher Sicherheit und den damit verbundenen Perspektiven verdeutlichen die Vielfältigkeit der Diskurse, aber auch die dem Konzept innewohnende Innovationsfähigkeit. Der hier vorliegende Band möchte zentrale Elemente dieser Debatten und Diskurse einem breiteren Publikum vorstellen. Gleichzeitig wollen wir das Konzept aber auch einer kritischen Bestandsaufnahme unterziehen, um letztlich zu seiner Weiterentwicklung und politischen Umsetzung beitragen zu können.

Daher stellen wir menschliche Sicherheit im ersten Teil des Bandes „auf den Prüfstand". Hierbei geht es nicht um die üblicherweise vorgetragene Kritik an einem weiten oder engen Verständnis von menschlicher Sicherheit. Zunächst untersucht *Keith Krause* aus der Perspektive eines kritischen Ansatzes die Entstehung und Bedeutung des Konzepts menschlicher Sicherheit. Für seine Rekonstruktion der Entstehungsgeschichte und der Verbreitung der Idee menschlicher Sicherheit stehen die Fragen im Vordergrund, wer zu deren Entstehung und Verbreitung beigetragen hat, ob sie als Konzept zu politischen Innovationen geführt hat und durch welche Widersprüche und inhärenten Spannungen dieses geprägt ist. Unter einer kritischen Perspektive kommt Krause zu dem nicht überraschenden Ergebnis, dass es sich insgesamt um einen überwiegend staatszentrierten Diskurs handelt, der eine Reihe von Problemen mit sich bringt. Zum einen bestimmen Staaten, was als sicherheitsrelevante Themen auf die Tagesordnung gesetzt wird. Der „Krieg gegen den Terrorismus", der seit dem 11. September 2001 die Sicherheitsdebatte aus staatlicher Perspektive dominiert, ist ein augenfälliger Beweis für diese Problematik. Zum anderen gibt es aus Sicht von Krause keinen wirklichen Dialog zwischen Staaten und der Zivilgesellschaft im Sicherheitsbereich. Dennoch sieht Krause das Innovations- und Mobilisierungspotenzial von menschlicher Sicherheit darin, dass vernachlässigten, aber interdependenten Themen endlich mehr Beachtung geschenkt wird.

Mit dem Vorwurf aus der feministischen und Gender-Perspektive, menschliche Sicherheit werde in der Realität auf „männliche" Sicherheit verkürzt, setzt sich *Cornelia Ulbert* auseinander. Sie zeigt in ihrem Beitrag den Zusammenhang zwischen einer durch Geschlecht geprägten Identität und der kollektiven Konstruktion von Sicherheit auf. Hierbei wird deutlich, dass Frauen und Männer unterschiedliche Vorstellungen von Sicherheit haben und Frauen und Mädchen ganz spezifischen Bedrohungen ausgesetzt sind, denen mit gezielten Bearbeitungsstrategien begegnet werden muss. Am Beispiel von UN-Friedenseinsätzen und der Rolle von Frauen in Friedensprozessen zeigt sich, dass die Gewährleistung „weiblicher" Sicherheit auf einem komplexen Prozess sozialen Wandels beruht. Dieser kann jedoch erst dann in Gang gesetzt werden, wenn das Potenzial des Konzepts menschlicher Sicherheit mit dem Fokus auf Individuen dahingehend genutzt wird, in der Umsetzung auch die Geschlechterdifferenzen und die Konsequenzen von Geschlechterhierarchien zu berücksichtigen.

Der erste Teil schließt mit einem Beitrag von *Tobias Debiel* und *Volker Franke*, die Überlegungen zu den bislang kaum beachteten normativen Begründungen von menschlicher Sicherheit anstellen. Dabei stehen drei zentrale Kontroversen im Mittelpunkt: Erstens die Frage, ob es einen essenziellen Kern menschlicher Sicherheit gibt, der universelle Gültigkeit beanspruchen kann. Zweitens die im Zeichen des „Kriegs gegen den Terror" sehr relevante Frage, inwieweit Strategien zum Schutz menschlicher Sicherheit die Freiheit des Einzelnen einschränken dürfen. Und schließlich der kritische Punkt, wer unter der Maßgabe menschlicher Sicherheit in einer Gesellschaft prioritären Schutz genießt. Unter Rückgriff auf zentrale Autoren der politischen Theorie und Philosophie kommen Debiel/Franke zu dem Ergebnis, dass es sehr wohl empirisch völkerrechtliche Mindeststandards gibt, die den philosophischen Grundsätzen der Widerspruchsfreiheit und Verallgemeinerungsfähigkeit genügen und damit einen hohen Verpflichtungsgrad mit sich bringen. Das Spannungsverhältnis zwischen Sicherheit und Freiheit lässt sich nach Ansicht der Autoren nur schwer auflösen und verschärft sich sogar dadurch, dass Individuen in Zeiten fragiler Staatlichkeit nicht nur von Eingriffen des Staates, sondern auch externer Akteure bedroht sind. Die Entscheidung, wer geschützt werden soll, sehen die Autoren jedoch unter Rückgriff auf Gerechtigkeitsprinzipien von John Rawls durch den Grundsatz erleichtert, dass in einer gerechten Gesellschaft die Verpflichtung bestehen muss, die Verwundbarsten so gut wie möglich zu stellen, also für ihr Wohlergehen die größtmögliche Sorge zu tragen.

Nach der kritischen Durchleuchtung des Konzepts menschlicher Sicherheit greifen die Beiträge des zweiten Teils explizit die Schwierigkeiten und Herausforderungen der unterschiedlichen Konzeptionalisierungsversuche im Hinblick auf die politische Umsetzung auf. Die obigen Ausführungen haben verdeutlicht, dass sich die Kritik vielfach an der Problematik einer klaren Abgrenzung und Unterscheidung von Entwicklungs-, Menschenrechts- und Sicherheitspolitik entzündet und auch der Vorwurf laut wird, in der Praxis könne mit dem Konzept keine klare Prioritätensetzung vorgenommen werden. Die Beiträge von James Busumtwi-Sam, Wolfgang Benedek und Matthias C. Kettemann sowie von Ramesh Thakur greifen die zentralen Kritikpunkte an den drei Dimensionen menschlicher Sicherheit auf. Busumtwi-Sam und Benedek/Kettemann konzentrieren sich auf die jeweilige Abgrenzungsproblematik, während sich Thakur mit der spezifischen Kritik an der Idee der humanitären Intervention auseinandersetzt.

*James Busumtwi-Sam* verweist zunächst noch einmal auf die Wechselwirkungen von menschlicher Unsicherheit und Unterentwicklung. Daran anschließend plädiert er für einen Mangel-Verwundbarkeits-Ansatz. Sicherheitsansätze beinhalten Werturteile, das heißt Entscheidungen darüber, wer geschützt werden soll und wovor. Der Mangel-Verwundbarkeits-Ansatz ermöglicht die Beurteilung der Unmittelbarkeit und Wichtigkeit von Bedrohungen. Diese Beurteilung erlaubt es zugleich, verschiedene Aufgaben als sicherheitspolitisch und entwicklungspolitisch relevant zu kategorisieren und somit voneinander abzugrenzen.

Hierzu ergänzend beschäftigen sich *Wolfgang Benedek* und *Matthias C. Kettemann* mit menschlicher Sicherheit aus der menschenrechtsorientierten Perspektive. Die Autoren arbeiten die Gemeinsamkeiten und Unterschiede der sich beständig fortentwickelnden Konzepte menschliche Sicherheit und Menschenrechte heraus und verdeutlichen die bestehenden Wechselwirkungen. So ermöglicht menschliche Sicherheit in seiner konzeptionellen Anlage beispielsweise eine Priorisierung von Gefahren, was beim Konzept der Menschenrechte nicht möglich ist und im Sinne einer wertebezogenen Über- und Unterordnung von einzelnen Menschenrechte bewusst vermieden wird. In Anspielung auf die Abgrenzungskritik verweisen sie explizit auf die Bedeutung der Konzepte füreinander, sehen aber das Konzept menschlicher Sicherheit letztlich als umfassender an.

Daran anschließend arbeitet *Ramesh Thakur* heraus, dass menschliche Sicherheit auch unter einer eher „eingeengten" humanitären Perspektive erhebliches Innovationspotenzial hat. Mit Blick auf die Vereinten Nationen und die bisherige Auseinandersetzung über humanitäre Interventionen – gedacht sei hier an Fälle wie Ruanda, Osttimor, Darfur, Kosovo – argumentiert Thakur, dass menschliche Sicherheit einen entscheidenden Beitrag bei der Bearbeitung eines dreifachen politischen Dilemmas (komplizenhafte Mitverantwortung, Paralyse oder Illegalität) leisten könne. Gerade der Bericht „Responsibility to Protect" der ICISS zeige auf, wie das Konzept menschlicher Sicherheit Verantwortung handlungsorientiert konkretisiert sowie legitimiert und hierbei die Gefahr der Paralyse der UN oder illegaler regionaler oder einzelstaatlicher Initiativen reduzieren helfen könne.

Der zweite Teil schließt mit einem Beitrag von *David Bosold*, in dem dieser einen Einblick in bisherige Versuche vermittelt, die politische Agenda verschiedener Ansätze menschlicher Sicherheit in der Praxis umzusetzen. Er nimmt dabei Bezug auf die verschiedenen nationalen und internationalen Akteure, ihre politischen Ziele und Umsetzungsstrategien in unterschiedlichen Politikfeldern. Der Autor verknüpft diese Übersicht mit einer ersten Einschätzung der bislang erzielten Ergebnisse vor dem Hintergrund erster institutioneller und prozeduraler Ausgestaltungen einer Politik menschlicher Sicherheit.

Der dritte Teil konkretisiert die Debatte um menschliche Sicherheit noch einen Schritt weiter: Nach der kritischen Auseinandersetzung mit dem Konzept im ersten Teil und der Analyse der unterschiedlichen Dimensionen von menschlicher Sicherheit im zweiten Teil steht im dritten Teil die Übertragung menschlicher Sicherheit auf verschiedene Regionen und die jeweilige Ausgestaltung im Mittelpunkt. Menschliche Sicherheit ist ein westliches Konzept, das mit Blick auf Krisen- und Konfliktregionen jenseits der OECD-Welt entwickelt wurde. Die Herausgeberin und der Herausgeber baten die Autorinnen der Regionalkapitel deshalb darum, menschliche Sicherheit aus der jeweils regionalen Perspektive zu definieren und das Verhältnis zum traditionellen Sicherheitsbegriff in der Region oder auch zu Konzepten wie menschliche Entwicklung darzustellen. Darüber hinaus wurden Cheryl Hendricks (Afrika), Mely Caballero-Anthony (Asien), Ruth Stanley (Lateinamerika) und Florence Basty (Naher und Mittlerer Osten) auch danach gefragt, welche der drei Dimensionen von menschlicher Sicherheit in „ihrer" Region am wichtigsten sei. Was die Umsetzung des Konzepts anbelangt, so sollte herausgearbeitet werden, welche Ursachen und strukturellen Herausforderungen dem Rückgriff auf das Konzept menschlicher Sicherheit zugrunde lagen und mit welchen Mitteln, Instrumenten und Strategien an der Umsetzung des Konzepts jeweils gearbeitet wird. Abschließend sollten die Autorinnen beurteilen, ob eine Agenda menschlicher Sicherheit die tatsächlichen Gefährdungen und Unsicherheiten ihrer Region aufgreift.

Im Lichte dieses Fragenkatalogs sind die Ergebnisse der Beiträge insofern aufschlussreich, als das Konzept in den einzelnen Regionen keineswegs durchgängig enthusiastisch aufgenommen wird oder als hilfreich zur Verbesserung der Sicherheit des Einzelnen oder von Gruppen angesehen wird. In der Regel betonen die Autorinnen, dass es in den jeweiligen Regionen sehr unterschiedliche Verständnisse von menschlicher Sicherheit gibt. Als positiv für die politische Entwicklung in Afrika und die Verbesserung der Lage jedes Einzelnen bewertet *Cheryl Hendricks* menschliche Sicherheit deshalb, weil mit diesem Konzept die unterschiedlichen interdependenten Probleme angesprochen werden, von denen der afrikanische Kontinent betroffen ist. Dennoch sieht sie die Weiterentwicklung einer Agenda menschlicher Sicherheit eher negativ, da die Ressourcen dafür von externen westlichen Gebern zur Verfügung gestellt werden, bei denen der Kampf gegen den Terrorismus derzeit Priorität genieße. Demgegenüber diskutiert *Mely Caballero-Anthony* eine Agenda menschlicher Sicherheit für Asien sehr stark vor der Folie innerregionaler zwischenstaatlicher Kooperation. Das Konzept hat sich fest in der Sicherheitsdiskussion in Asien etabliert und wird zur Förderung regionaler Kooperation genutzt. Gleichzeitig bietet sich dadurch die Chance, zivilgesellschaftliche Akteure stärker am Sicherheitsdiskurs zu beteiligen. Die zögerliche Aufnahme von menschlicher Sicherheit in einen lateinamerikanischen Sicherheitsdiskurs sieht *Ruth Stanley* vor allem in den spezifischen Erfahrungen der Bevölkerungen Lateinamerikas mit Militärdiktaturen begründet, in denen ein starker Staat zum Schutz der „Sicherheit" seiner Bürger Freiheitsrechte beschnitt. Daher vermutet die Autorin größere Erfolgschancen für eine Verknüpfung der drei Dimensionen Gewalt/gewaltsam ausgetragene Konflikte, Entwicklung und Menschenrechte unter einem Menschenrechtsansatz und weniger im Rahmen einer veränderten Sicherheitsagenda. Geradezu enthusiastisch begrüßt *Florence Basty* das Konzept menschlicher Sicherheit demgegenüber als Richtschnur und normative Verpflichtung für menschliche Entwicklung im Mittleren und Nahen Osten. Sie hebt das eman-zipatorische Potenzial von menschlicher Sicherheit hervor, durch das die poli-tische Praxis repressiver Staaten in der Region kritisch hinterfragt werden könne.

Der Band schließt mit einem Ausblick von *Sascha Werthes*, in dem dieser die Frage nach der Zukunftsfähigkeit von menschlicher Sicherheit diskutiert. Ausgehend von den drei skizzierten Dimensionen von menschlicher Sicherheit zeigt er auf, wie eine Differenzierung nach Empfindlichkeit und Verwundbarkeit dazu beitragen kann, Abgrenzungsproblematiken zu einer umfassenden Menschenrechtspolitik und dem Konzept menschlicher Entwicklung zu minimieren. Gleichzeitig legt er dar, wie sich daran orientiert Bereiche staatlich-autonomer Fürsorgepflichten von solchen, in denen eine inter- und transnationale Einmischung – oder besser Verantwortlichkeit – zunehmend legitimierbar scheint, abgrenzen lassen. Vor dem Hintergrund dieser Diskussion und der Beiträge des Bandes kommt er schließlich zu der Einschätzung, dass menschliche Sicherheit weiterhin von akademischer und vor allem politischer Relevanz bleiben wird, da sie sich normativ universell, aber auch regional spezifiziert begründen, politisch gestalten und theoretisch letztlich doch fundieren lässt. Auch wenn hierbei noch eine Reihe von Herausforderungen und Aufgaben zu bewältigen sein wird, so scheint das Konzept menschlicher Sicherheit doch zukunftsfähig zu sein.

### *Literatur*


Bundesministerium der Verteidigung, 2006: Weißbuch 2006 zur Sicherheitspolitik Deutschlands und zur Zukunft der Bundeswehr. Online Ausgabe. <www.bmvg.de/portal/PA_1_0_P3/PortalFiles/C1256EF40036B05B/W26UYEPT431INFODE/WB_2006_dt_mB.pdf?yw_repository=youatweb, 04.12.07>.

Bundesministerium für wirtschaftliche Zusammenarbeit und Entwicklung, 2003: Aktionsprogramm 2015. Armut bekämpfen. Gemeinsam handeln. Der Beitrag der Bundesregierung zur weltweiten Halbierung extremer Armut. 2. Aufl. Bonn. <www.bmz.de/de/service/infothek/fach/materialien/ap2015_kurz.pdf, 05.12.2007>.

Bundesministerium für wirtschaftliche Zusammenarbeit und Entwicklung, 2005: BMZ-Diskurs. Der Millennium+5-Gipfel: Weichenstellungen für unsere globale Zukunft. Ein Diskussionspapier des BMZ. Bonn. <www.bmz.de/de/service/infothek/fach/diskurs/diskurs05.pdf, 05.12.2007>.

Bundesregierung, 2004: Aktionsplan „Zivile Krisenprävention, Konfliktlösung und Friedenskonsolidierung". <www.auswaertiges-amt.de/diplo/de/Aussenpolitik/Frieden Sicherheit/Krisenpraevention/Aktionsplan-Volltext.pdf, 05.12.07>.

Commission on Human Security (CHS), 2003: Human Security Now. <www.human security-chs.org/finalreport/index.html, 04.04.07>.

Debiel, Tobias/Sascha Werthes, 2005: Human Security – vom politischen Leitbild zum integralen Baustein eines neuen Sicherheitskonzepts? in: Sicherheit und Frieden, Jg. 23/1, S. 7-14.

Hampson, Fen Osler/Jean Daudelin/John B. Hay/Todd Martin/Holly Reid, 2002: Madness in the Multitude. Human Security and World Disorder. Don Mills.

Human Security Centre, 2005: Human Security Report 2005. War and Peace in the 21st Century. Vancouver. <www.humansecurityreport.info/content/view/28/63/, 23.07.07>

ICISS (International Commission on Intervention and State Sovereignty), 2001: The Responsibility to Protect: Report of the International Commission on Intervention and State Sovereignty. Ottawa. <www.iciss.gc.ca, 23.07.07>.

Khong, Yuen Foong, 2001: Human Security: A Shotgun Approach to Alleviating Human Misery? in: Global Governance, Jg. 7/3, S. 231-236.

MacFarlane, S. Neil/Yuen Foong Khong, 2006: Human Security and the UN. A Critical History. Bloomington.

Paris, Roland, 2001: Human Security: Paradigm Shift or Hot Air? in: International Security, Jg. 26/2, S. 87-102.

Study Group on Europe's Security Capabilites (SGESC), 2004: A Human Security Doctrine for Europe. The Barcelona Report of the Study Group on Europe's Security Capabilities, 15. September 2004. <www.lse.ac.uk/Depts/global/Publications/HumanSecurityDoctrine.pdf, 02.08.07>

UNDP (United Nations Development Programme), 1994: Human Development Report 1994: New Dimensions of Human Security. <hdr.undp.org, 04.04.07>.

Erster Teil:

# Das Konzept menschlicher Sicherheit auf dem Prüfstand

# Kritische Überlegungen zum Konzept der menschlichen Sicherheit[1]

*Keith Krause*

Das Konzept der menschlichen Sicherheit ist das letzte Glied einer langen Reihe von Versuchen, traditionelle staatszentrierte Sicherheitskonzeptionen in Frage zu stellen. Abgesehen davon, dass es sich um den jüngsten Versuch einer Neuformulierung oder Neudefinition des Sicherheitsbegriffes handelt, ist dieser Ansatz auch deswegen von Bedeutung, weil politische Entscheidungsträger und Entscheidungsträgerinnen in mehreren Staaten, internationalen Organisationen und Nichtregierungsorganisationen (NGOs) den Diskurs der menschlichen Sicherheit übernommen und zur Entwicklung wichtiger und interessanter außen- und sicherheitspolitischer Initiativen benutzt haben.[2]

Auf den ersten Blick wäre zu erwarten, dass Wissenschaftler und Wissenschaftlerinnen, die für einen breiten oder „kritischen" Ansatz in Sicherheitsfragen eintreten (Krause/Williams 1996, 1997, Booth 2004, Fierke 2007), ein Loblied auf das Konzept der menschlichen Sicherheit singen würden. Doch obwohl die Entstehung eines Diskurses und einer Praxis menschlicher Sicherheit politisch und intellektuell wichtig sind, gibt es bei der Diskussion eine Reihe kritisch zu prüfender Aspekte. Dieser Beitrag wird daher aus der Perspektive eines kritischen Ansatzes die Entstehung und Bedeutung des Konzepts menschlicher Sicherheit untersuchen. Dabei werden die folgenden Fragen zu beantworten sein:

a) Welche Faktoren haben zur Entstehung und Verbreitung des Diskurses über menschliche Sicherheit beigetragen? Welche Staaten unterstützen das Konzept und weshalb? Welche Rolle spielen möglicherweise NGOs bei seiner Verbreitung?

b) Hat das Konzept der menschlichen Sicherheit zu Innovationen in der politischen Praxis geführt, oder stellt es nur wenig mehr als eine raffinierte Verpackung für außenpolitische Initiativen dar, welche letztlich doch nur auf engen Nationalinteressen beruhen?

c) Welches sind einige der dem Konzept der menschlichen Sicherheit inhärenten Spannungen und Widersprüche?

---

1 Dieses Kapitel ist eine revidierte und aktualisierte Fassung von „Une approche critique de la sécurité humaine" in Rioux 2002, 73-98. Das Copyright für die französische Originalfassung liegt beim Verlag L'Harmattan. Ich danke Savannah de Tessières für ihre Unterstützung bei der Überarbeitung des ursprünglichen Texts.

2 Besonders die Europäische Union, verschiedene Teile des Systems der Vereinten Nationen (UN) und am *Human Security Network* beteiligte Staaten sind in diesem Zusammenhang zu nennen.

Obwohl diese Arbeit eher praktisch als theoretisch orientiert ist, geht es bei diesen Fragen auch um wichtige Debatten im Bereich der Internationalen Beziehungen. Dazu gehören die Rolle von Ideen bei der Herausbildung von Interessen von Akteuren, die Rolle von Ideen bei der Gestaltung der politischen Praxis, die transnationale Verbreitung von Ideen über Staatsgrenzen hinweg sowie zwischen Staaten und nichtstaatlichen Akteuren und das Verhältnis von Theorie und Praxis im Bereich der Sicherheitsstudien.

## *Der Diskurs über menschliche Sicherheit*

### *Die Entstehung und erste Formulierungsversuche*

Das Konzept der menschlichen Sicherheit wurde erstmals 1994 im *Human Development Report* des Entwicklungsprogramms der Vereinten Nationen (UNDP) explizit formuliert. Allerdings gehen seine Ursprünge auf die Arbeit des Internationalen Komitees des Roten Kreuzes (IKRK) seit dem 19. Jahrhundert und auf das „Konzept, dass Menschen vor gewaltsamen Bedrohungen, vor Schaden und Verletzung geschützt werden müssen, [und] dass die internationale Gemeinschaft eine Pflicht hat, ihnen zu helfen“ zurück (Hampson 2002, 17). Doch die einflussreiche Definition von UNDP war viel breiter, denn ihre Version der menschlichen Sicherheit umfasst sieben verschiedene Dimensionen: Wirtschaft, Ernährung, Gesundheit, Umwelt, persönliche Sicherheit, die Gemeinschaft und politische Sicherheit (UNDP 1994). Das Gesamtziel bestand in einer Ausweitung des Sicherheitskonzepts, das „viel zu lange eng interpretiert worden war als territoriale Sicherheit vor äußeren Angriffen oder als Schutz nationaler Interessen in der Außenpolitik oder als globale Sicherheit gegenüber der Bedrohung durch einen nuklearen Holocaust“ (UNDP 1994, 22). Menschliche Sicherheit bezweckte somit eine Änderung des Referenzobjektes der Sicherheit „von der ausschließlichen Betonung territorialer Sicherheit hin zu einer weit stärkeren Akzentuierung der Sicherheit von Menschen“ und trat für „Sicherheit durch nachhaltige menschliche Entwicklung“ (UNDP 1994, 24) ein.

Diese breite Vision menschlicher Sicherheit kam auch im Bericht der *Commission on Human Security* mit dem Titel *Human Security Now* aus dem Jahre 2003 zum Ausdruck. Dieser Bericht konzentriert sich nicht nur auf Konfliktsituationen, sondern auch auf Themen wie fairen Handel, Zugang zu Gesundheitsversorgung, Patentrechte und den Zugang zu Bildung und Grundfreiheiten. Als eine erste kritische Bemerkung sei allerdings gesagt, dass eine solchermaßen ausgedehnte Definition menschlicher Sicherheit fast alles einbezieht, was als Bedrohung des Wohlbefindens angesehen werden könnte, womit man dann in die von David Deudney beschriebene Falle tappt: „Wenn alles, was zu einem Rückgang des menschlichen Wohlbefindens führt, als Sicherheitsbedrohung etikettiert wird, verliert der Terminus jeden analytischen Sinn und wird zu einem vagen Synonym von ‚schädlich‘“ (Deudney 1990: 464, vgl. auch Owen 2004).

Auf diese definitorischen Probleme der menschlichen Sicherheit wird weiter unten noch zurückzukommen sein.

Drei weitere wichtige Merkmale dieser Verknüpfung von Sicherheit und Entwicklung durch UNDP sind beachtenswert. Erstens fand sie *außerhalb* der Debatte über das neue „Sicherheitsdenken" und (fast) vollständig außerhalb des traditionellen Sicherheits-Establishments statt. Obwohl einige der an der Abfassung des *Human Development Report* von 1994 Beteiligten auch mit Sicherheitsstudien zu tun hatten, entwickelte sich das Konzept der menschlichen Sicherheit nicht vor dem Hintergrund der Diskussionen über ein neues Sicherheitsdenken Anfang der 1990er Jahre.[3] Der Bericht nimmt zwar Bezug auf die enge Definition, die Sicherheit mit militärischen Konflikten und dem Staat verknüpft, jedoch nicht auf irgendeines der anderen Konzepte, die damals im Raum standen (wie kooperative, gemeinsame oder gesellschaftliche Sicherheit).[4] Als erste kritische Anmerkung hierzu sei gesagt, dass diese Tatsache der Argumentation von Wissenschaftlern widerspricht, die (meistens implizit) behaupten, Theorien und Konzepte im Bereich der Internationalen Beziehungen würden den Diskurs und die Praxis von Akteuren in der „realen Welt" motivieren, anregen oder beeinflussen. In dem bei wissenschaftlichen Sicherheitsstudien in jüngster Zeit festzustellenden Trend, die theoretischen Diskussionen als irgendwie bedeutsam für die politische Praxis anzusehen, zeigt sich ein unzureichendes Verständnis der Rolle von Ideen in der praktischen Politik. Die Debatte über menschliche Sicherheit kann hier vielleicht zur Erhellung beitragen (Eriksson 1999).

Zweitens, wie durch Neil MacFarlane und Yuen Foong Khong (2006) gut dokumentiert, entstand das Konzept weder im nichtstaatlichen Bereich noch in einem Staat, sondern in internationalen Organisationen. Wie die Autoren feststellen, machten sich zu verschiedenen Zeitpunkten in den 1990er Jahren Schlüsselakteure im System der Vereinten Nationen (UN) (besonders innerhalb von UNDP und des Sekretariats) die Grundideen der menschlichen Sicherheit zu eigen und nutzten diese für neue politische oder programmatische Initiativen. Dies entspricht der Ansicht vieler Wissenschaftler, die argumentieren, dass neue Normen und Ideen unabhängig von ihrer Genese (gleichviel ob in Expertenkreisen oder auf nichtstaatlicher Ebene) nicht nur eines „Normensetzers", sondern auch einer institutionellen Plattform bedürfen, um auf internationaler Ebene erfolgreich vorangetrieben werden zu können (Finnemore 1996, Finne-

3 Die wichtigsten Wissenschaftler dürften Herbert Wulf (ehemaliger Leiter des Waffenhandelsprojekts beim Stockholm International Peace Research Institute und Gründungsdirektor des Bonn International Center for Conversion) und Ed Laurance (Monterey Institute, Kalifornien) gewesen sein. Ein Überblick über die verschiedenen Beiträge zur Debatte über das neue Sicherheitsdenken findet sich in der Sonderausgabe der Zeitschrift *Arms Control*, Jg. 13/1 (April 1992).

4 Eine Ausnahme bildet die Erwähnung von Umweltsicherheit, doch selbst hier unterschied das UNDP-Konzept nicht zwischen den allgemeinen Arbeiten über „Umweltwandel und Konflikt" und den stärker ökologisch ausgerichteten Beiträgen.

more/Sikkink 1998). Ein großer Teil dieser Literatur beschränkt sich jedoch auf Themen in Verbindung mit Menschenrechten oder Umweltschutz. Zugleich konzentriert sie sich eher auf die Interaktion zwischen externen Ideengebern und institutionellen Plattformen und vernachlässigt hierbei die potenzielle Rolle der internationalen Organisationen als eigene Quelle und Vorantreiber neuer Ideen (vgl. zum Beispiel Klotz 1995, Litfin 1994, Risse et al. 1999, Price 1997, Economy/Schreurs 1997). Die Formulierung des Konzepts der menschlichen Sicherheit innerhalb von UNDP ist ein interessantes Beispiel konzeptueller Innovation *innerhalb einer internationalen Organisation*, das auch denjenigen (hauptsächlich Realisten oder liberalen Institutionalisten) widerspricht, die behaupten, internationale Organisationen hätten nur wenig oder nur begrenzte Autonomie oder Möglichkeiten zur Innovation.

Drittens wurde durch den UNDP-Bericht die Diskussion über eine eventuelle Verbindung zwischen „Sicherheit“ und „Entwicklung“ wieder aufgenommen, die seit der relativ unproduktiven Polemik über die Verbindung von Abrüstung und Entwicklung in den 1970er und 1980er Jahren verstummt war. Der allgemeine Tenor dieser früheren Debatte während des Kalten Kriegs lautete, der Norden (sprich beide Seiten des Ost-West-Konflikts) sollte abrüsten und die dadurch frei werdenden Mittel dem Süden für seine Entwicklung zur Verfügung stellen. Im *Human Development Report* von 1994 erfolgte die Verknüpfung von Sicherheit und Entwicklung erheblich nuancierter. Es wurde argumentiert, Sicherheit sei eine Voraussetzung (oder Mitvoraussetzung) erfolgreicher Entwicklung. Darüber hinaus steht bei menschlicher Sicherheit nicht mehr nur die staatliche Sicherheit im Mittelpunkt, sondern die Aufmerksamkeit wird auf die in unterschiedlichem Maße bestehende Verantwortung aller Staaten für die menschliche Sicherheit ihrer Bürger gelenkt. Die Entwicklungsgemeinschaft hat anschließend große Anstrengungen unternommen, um die Zusammenhänge zwischen Sicherheit und Entwicklung herauszuarbeiten. Eine Aufgabe, die sich als schwierig herausgestellt hat. Man kann daher behaupten, dass das Konzept anfänglich lediglich die Bedürfnisse einiger Akteure in der internationalen Entwicklungsgemeinschaft formulierte und keine Neudefinition des bis dahin staatszentrierten Sicherheitsbegriffs der Akteure in der Außen- und Verteidigungspolitik anstrebte. Infolgedessen überrascht deren zunächst ablehnende Haltung auch wenig.

### *Die Aufnahme und Verbreitung der Idee*

Die Bedeutung einer neuen Idee liegt nicht in ihrer Formulierung, sondern darin, ob (und warum) sie aufgenommen und von verschiedenen Akteuren in der Weltpolitik verbreitet wird, ob sie deren Praxis beeinflusst und ob sie neue Akteure oder Akteurskonstellationen zum Handeln befähigt oder sie entmachtet. Im Folgenden soll das Konzept der menschlichen Sicherheit nun einer kritischen Evaluation unterzogen werden, welche sich folgenden Fragen widmet: Diente die Idee dazu, ein Thema oder eine Debatte in neuem Licht erscheinen zu lassen, um bestimmte Probleme, Themen oder Lösungen bekannter zu machen, und wurde die Idee von einer Vielzahl von Akteuren in deren Diskussionen aufgenommen?

Die Verbreitung und die Wirkung einer neuen Idee zu messen, ist allerdings eine äußerst schwierige Aufgabe. Reichen etwa quantitative Indikatoren (die Häufigkeit der Erwähnung eines Konzepts durch verschiedene Akteure)? Muss man sodann beachten, ob die Akteure das Gleiche meinen, wenn sie die Begrifflichkeit verwenden? Wie lässt sich die relative Bedeutung von Akteuren, die von menschlicher Sicherheit sprechen oder diese umsetzen, bewerten? Offensichtlich wäre eine Kombination aller genannten Elemente wünschenswert, doch in der gebotenen Kürze des Beitrags kann keine systematische Auswertung zur Verbreitung menschlicher Sicherheit vorgenommen werden. Stattdessen soll knapp dargestellt werden, wie das Konzept von einer Vielzahl nichtstaatlicher und internationaler Akteure begrifflich-konzeptionell aufgenommen wurde und so Einfluss auf staatliche Politik gewonnen hat.

Zunächst sollten wir fragen, warum UNDP ein Konzept menschlicher Sicherheit formulierte und welche Interessen oder Absichten hierbei verfolgt wurden. Ein Hauptziel des *Human Development Report* war die Beeinflussung der Politik von Staaten während der Vorbereitungsphase des Weltsozialgipfels 1995 in Kopenhagen. Ein breiteres Ziel war eine Rekonzeptionalisierung der Beziehungen zwischen Entwicklung und Sicherheit. Der Diskurs über menschliche Sicherheit wurde daher in den Jahren 1994 und 1995 von mehreren NGOs als ein Kernprinzip propagiert, das Bestandteil des Aktionsprogramms der Konferenz von 1995 war und in der Eröffnungsrede des Präsidenten der Konferenz erwähnt werden sollte. Letztlich wurde die Bezugnahme auf menschliche Sicherheit sowohl bei der Kopenhagener Erklärung zur sozialen Entwicklung als auch im Aktionsprogramm des Gipfels allerdings fallengelassen. Die Gründe dafür sind unklar, aber der Vorsitzende des Vorbereitungsausschusses, der Botschafter Chiles bei den UN, Juan Somavia, erklärte bei einer NGO-Sitzung, man habe das Konzept fallen gelassen, um eine Verkomplizierung der Debatte durch Konzepte, über die keine Einigkeit bestand, zu vermeiden.[5]

Doch der Umstand, dass es nicht gelang, eine konkrete Erwähnung menschlicher Sicherheit beim Kopenhagener Sozialgipfel durchzusetzen, sollte nicht darüber hinwegtäuschen, dass das Konzept eine weitgehende Neustrukturierung des Diskurses über Sicherheit und Entwicklung in Gang gesetzt hatte. Diese zeigt sich beispielsweise in der weitläufigen Betonung von „Reformen des Si-

5 Erklärung von Juan Somavia bei einer Pressekonferenz in New York nach der Sitzung des Vorbereitungskomitees für den Sozialgipfel, berichtet in *Econews Africa*, Jg. 3/18 (29. September 1994). Hierbei handelt es sich um eine beschreibende Wiedergabe, keine Mitschrift, weshalb keine Anführungszeichen verwendet werden.

cherheitssektors" durch wichtige Geberländer, insbesondere nach Konflikten.[6] Diese Bemühungen markierten eine Revolution im Denken der internationalen Entwicklungsgemeinschaft. Während der gesamten Zeit des Kalten Kriegs erfolgten Diskussionen über wirksame Entwicklungshilfe, von einigen Ausnahmen abgesehen, in strenger Abgrenzung zu jeder Art von Sicherheitsüberlegungen. Hierfür gab es drei Hauptgründe: Erstens wurde Sicherheitspolitik als Frage der nationalen Souveränität angesehen, so dass Themen wie Verteidigung oder Militärausgaben außerhalb des Kontrollbereichs von Gebern oder internationalen Finanzinstitutionen lagen. Zweitens gab es häufig eine Verstrickung der Sicherheitspolitik mit Konflikten oder Bündnissen des Kalten Krieges, was eine Tabuisierung dieses Themas für Entwicklungsinstitutionen zur Folge hatte. Drittens galt eine externe Überprüfung der Politik und Praxis eines Staates gegenüber den eigenen Bürgern als Einmischung in die inneren Angelegenheiten des Staates. Somit konzentrierte man sich in der Entwicklungspolitik auf Themen wie Bildung, Armutsbekämpfung, Infrastrukturausbau usw., während eine zentrale Aufgabe des Staats, die Gewährleistung der physischen Sicherheit seiner Bürger, praktisch nicht thematisiert werden konnte. Das kaum überraschende Ergebnis war, dass in Staaten und Regionen mit endemischen Sicherheitsproblemen und Konflikten die Entwicklungsanstrengungen oft ihren Zweck verfehlten. Im Gefolge der wachsenden Aufmerksamkeit für innerstaatliche und kommunale Konflikte in den 1990er Jahren war daher eine erneute Prüfung der Verbindung zwischen Entwicklung und Sicherheit fast unvermeidlich.

Es fällt nicht schwer, für den Zeitraum seit 1994 umfangreiche Bezugnahmen auf das Konzept der menschlichen Sicherheit zu finden. Aus einer nahezu wahllosen Liste nichtstaatlicher oder internationaler Organisationen, die direkt oder implizit das Konzept der menschlichen Sicherheit verwendet oder gefördert haben, sind zu erwähnen: Oxfam UK, der Hohe Flüchtlingskommissar der Vereinten Nationen, der *Academic Council on the UN System (ACUNS)*, die *UN University*, die *Arias Foundation*, das *World Watch Institute*, die *Commission on Global Governance*, die *Carnegie Commission on Preventing Deadly Conflict*, das *International Network on Small Arms*, Pax Christi, der Generalsekretär der Vereinten Nationen, die *Human Security Commission*, der *Barcelona Report on the Study Group on Europe's Security Capabilities* usw. Wenigstens drei Hochschullehrgänge oder Zentren für menschliche Sicherheit wurden eingerichtet (an der University of British Columbia, der Fletcher School of Law and Diplomacy und der Sciences Po in Paris) und der *Human Security Report* wird regelmäßig veröffentlicht (Human Security Centre 2005). Zudem verfasste eine internationale Kommission einen großen Bericht (Human Security Now,

6 Reformen des Sicherheitssektors standen im Mittelpunkt zahlreicher Bemühungen, darunter solchen des Britischen Ministeriums für Internationale Entwicklung (DFID), von UNDP, der Organisation für wirtschaftliche Zusammenarbeit und Entwicklung (OECD) und der Weltbank.

CHS 2003). Auch wurde der menschlichen Sicherheit ein spezieller Abschnitt im Abschlussdokument des Weltgipfels der Vereinten Nationen von 2005 gewidmet.

Diese Akteure verwendeten das Konzept auf unterschiedliche Weise, einigendes Thema war aber die Notwendigkeit, die politischen Reaktionen der internationalen Gemeinschaft auf aktuelle Herausforderungen im Hinblick auf die Schaffung von „Freiheit von Furcht" und/oder „Freiheit von Not" zu gestalten und zu bewerten. Dazu heißt es im Abschlussdokument des Weltgipfels:

> „Wir betonen das Recht der Menschen auf ein Leben in Freiheit und Würde, frei von Armut und Verzweiflung. Wir erkennen an, dass alle Individuen, insbesondere schutzlose Menschen, Anspruch auf Freiheit von Furcht, Freiheit von Not und auf Chancengleichheit bei der Nutzung aller ihrer Rechte und der vollen Entfaltung ihres menschlichen Potenzials haben. Dazu verpflichten wir uns, den Begriff der menschlichen Sicherheit in der Generalversammlung zu diskutieren und zu definieren." (UNGA 2005, Abs. 143).

Wie später darzulegen sein wird, bestand Unklarheit über das Verhältnis dieser beiden Freiheiten zueinander, so dass es seit der UNDP-Definition von 1994 bis heute keinen endgültigen Konsens über die Festlegung des Terminus gibt.

Auf eine etwas vereinfachende, aber anschauliche Weise lässt sich die Verbreitung des Konzepts der menschlichen Sicherheit demonstrieren, indem man untersucht, wie oft es in wichtigen Medien erwähnt wird. Anhand der internationalen Datenbank Lexis-Nexis ergibt sich für den Zeitraum von Januar 1991 bis Dezember 2006 für die Nennung des Terminus „menschliche Sicherheit" folgendes Bild:

**Tabelle 1: Nennungen von „menschlicher Sicherheit"**
**(*human security*) von 1991-2006**[7]

| Jahr | Zahl der Nennungen |
|---|---|
| 1991 | 4 |
| 1992 | 10 |
| 1993 | 23 |
| 1994 | 129 |
| 1995 | 113 |
| 1996 | 62 |

7 Es wurde die Datei „allnews" in Lexis-Nexis durchsucht. Sie erfasst einige Nennungen von „human security", die keinen Bezug zum Thema haben, doch die Verteilung dürfte über die Zeit zufällig sein (wahrscheinlich ist der Terminus in den ersten Jahren sogar überrepräsentiert). Nebenbei sei erwähnt, dass „human security" mit Bezug auf internationale Beziehungen erstmals in einer Aussage des Wirtschaftswissenschaftlers John Kenneth Galbraith in einer Kritik des damaligen US-Verteidigungsministers Caspar W. Weinberger vorkommt. Der erste Staat, der den Terminus verwendete, war Polen – in einem Brief an den UN-Generalsekretär im Jahre 1984! Im Kontext internationaler Organisationen wurde der Terminus erstmals 1985 bei der UN-Konferenz zur Frauendekade in Nairobi verwendet.

| Jahr | Zahl der Nennungen |
|---|---|
| 1997 | 146 |
| 1998 | 191 |
| 1999 | 642 |
| 2000 | 726 |
| 2001 | 651 |
| 2002 | 830 |
| 2003 | 1126 |
| 2004 | 1265 |
| 2005 | 1715 |
| 2006 | 1896 |

Obwohl diese Tabelle nichts über den Grund der Verwendung des Begriffs oder über diejenigen, die ihn benutzt haben, aussagt, zeigt sie doch deutlich, dass der Diskurs über menschliche Sicherheit etwa um die Zeit des *Human Development Report 1994* entstand. in den Jahren 1998-1999 wurde das Konzept zeitgleich mit der Gründung des *Human Security Network* (siehe unten) bekannter, weitere „Sprünge“ folgten 2003 (dem Jahr der Veröffentlichung von *Human Security Now*) und 2005 (dem Jahr der Veröffentlichung des *Human Security Report*).

## *Menschliche Sicherheit in der Praxis*

### *Die historische Entwicklung*

Menschliche Sicherheit erhielt seit 1997 eine begriffliche Konkretisierung und erfuhr weite Verbreitung in nichtstaatlichen und internationalen Kreisen, bevor oder zeitgleich mit der Übernahme des Konzepts als außenpolitisches Leitmotiv durch mehrere Staaten. Dies war der Zeitpunkt, als praktische Maßnahmen zunehmend ins Bild kamen. Wie oben ausgeführt, lässt sich der Einfluss einer Idee letztlich nicht allein anhand des Diskurses messen. Vielmehr muss ein Konzept die Praxis merklich durchdringen und mit ihr so verknüpft sein, dass neue Initiativen ergriffen und neue Handlungsweisen entwickelt werden.

Die Verbindung zwischen Diskurs und Praxis ist jedoch nicht geradlinig. So gab es viele mit menschlicher Sicherheit verknüpfte konkrete praktische Maßnahmen schon vor der Entwicklung und Übernahme des Diskurses der menschlichen Sicherheit. Hierzu gehören insbesondere koordinierte multilaterale Aktionen gegen Anti-Personen-Minen, Initiativen gegen Kinderarbeit und zum Schutz der Zivilbevölkerung bei Konflikten. Die Internationale Kampagne zum Verbot von Landminen entstand beispielsweise 1992 und baute auf bestehenden Initiativen einer Reihe nichtstaatlicher Organisationen auf. Regierungen schenkten dem Problem ab 1992/1993 Aufmerksamkeit, ursprünglich in Verbindung mit

Überlegungen zur Konferenz über bestimmte konventionelle Waffen (*Certain Conventional Weapons*, CCW), zu der Frankreich 1993 aufgerufen hatte und die dann 1996 stattfand. Erst 1994/1995 begannen einige Staaten, den Gedanken an ein vollständiges Verbot von Landminen zu akzeptieren. Und erst nach dem erfolgreichen Abschluss des Vertrags von Ottawa 1997 wurde das gesamte Projekt als eine Bemühung um die Förderung menschlicher Sicherheit bezeichnet (vgl. Cameron 1998, Price 1998).[8]

Dies überrascht kaum. Historisch entstanden selbst die konstitutiven Konzepte internationaler Beziehungen (wie Souveränität oder zentrale Aspekte des Völkerrechts und der Diplomatie) als Ergebnis staatlicher Praxis und der allmählichen Herausbildung des Bewusstseins, dass neue Handlungsformen im Entstehen war und einer speziellen Bezeichnung bedurfte. Es besteht kein Zweifel daran, dass das Konzept der Souveränität so entstanden ist (Holzgrefe 1989, Mattingly 1955). Dies bedeutet jedoch *nicht*, dass die diskursive Herausbildung eines Konzepts zu „lediglich Worten" führt, einer Art nachträglichem Einfall oder Slogan ohne Konsequenzen. Vielmehr bedeutet es einen Triumph des Diskurses, wenn Staaten (und vor allem Bürokraten in außenpolitischen Apparaten) „menschliche Sicherheit" für eine geeignete Bezeichnung für das halten, was sie ohnehin tun.

Neben der Feststellung, dass „menschliche Sicherheit" zu einem Mittel der Beschreibung wichtiger Aspekte der Außenpolitik mehrerer Staaten geworden ist, sollte man fragen, ob das, was Staaten oder internationale Organisationen heute „tun", von der konventionellen Politik und den Verfahrensweisen von vor zehn oder zwanzig Jahren abweicht. Auf diese Weise ließe sich nachweisen, dass der Diskurs über menschliche Sicherheit tatsächlich etwas Neues erfasst hat, dass eine ganze Reihe von Themen, die keinen prominenten Platz auf der Agenda internationaler Aktivitäten gehabt haben, nunmehr hochrangige politische Aufmerksamkeit erfährt und dass dies praktische oder programmatische Konsequenzen hat. Eines der besten multilateralen Beispiele hierfür sind die UN-Operationen auf Haiti, von denen eine 1993, also vor der Etablierung der menschlichen Sicherheit begann (UNMIH), und die zweite in und nach 2003 in Gang gesetzt wurde (MINUSTAH). Man findet eindeutige und praktische Unterschiede, in der Art der Abfassung und Durchführung des Mandats für die jeweilige Operation, wodurch sich die Einbeziehung von Überlegungen zur menschlichen Sicherheit (wie Abrüstung, Demobilisierung, Reintegration und Polizeireform) in die operative Praxis und die Programme der UN-Akteure und der Sonderorganisationen zeigt (Muggah/Krause 2006).

8 Anmerkung der Herausgeberin und des Herausgebers: In Teilen anders argumentiert Bosold in seinem Beitrag in diesem Band, da er eine Analyse der kanadischen Außenpolitik unter dem Blickwinkel von menschlicher Sicherheit durchführt, wogegen Krause den *Diskurs* zu menschlicher Sicherheit untersucht.

Die meisten praktischen oder politischen Initiativen im Zusammenhang mit der Agenda menschlicher Sicherheit gingen allerdings von einem viel engeren Verständnis des Konzeptes aus als UNDP oder die *Commission on Human Security*. Die vom *Human Security Network* oder innerhalb des UN-Systems verfolgte Agenda menschlicher Sicherheit konzentrierte sich beispielsweise überwiegend auf „Freiheit von Furcht", das heißt auf die Sicherheit Einzelner vor Gewaltdrohung, insbesondere in Konflikten. Dies bedeutet die aktive Förderung der „Agenda des zivilen Schutzes" und umfasst den besonderen Schutz von Frauen bei Konflikten, Initiativen zur Eindämmung der Verbreitung und des Missbrauchs von Handfeuerwaffen und sonstigen leichten Waffen, das Problem der Kindersoldaten (und von Kindern bei bewaffneten Konflikten), „Konfliktgüter" (Regulierung des Handels mit Waren wie Diamanten oder Tropenholz), die Einsetzung eines Internationalen Strafgerichtshofs und die Stärkung von Wiederaufbau- und Friedensaktivitäten nach Konflikten. Auf allen diesen Gebieten sind neue Koalitionen von Staaten und zwischen Staaten und nichtstaatlichen Organisationen entstanden, die ihre Aktivitäten gezielt als Förderung menschlicher Sicherheit bezeichnen (Krause 2006).

Viele Problematiken und Herausforderungen menschlicher Sicherheit, wie sie UNDP oder die *Human Security Commission* verstehen, sind damit auf der Strecke geblieben (etwa Gesundheit oder Ernährungssicherheit), da der Gedanke der menschlichen Sicherheit praktisch auf Probleme im Zusammenhang mit der Gefahr und den Konsequenzen organisierter Gewalt und organisierter Konflikte auf allen Ebenen des politischen, gesellschaftlichen und wirtschaftlichen Lebens eingeengt wurde. Auch wenn dieses Verständnis immer noch umfassender als das traditionelle Sicherheitsverständnis (zwischenstaatliche militärische Konflikte) ist, ist es doch erheblich enger als die Formulierung des UNDP.

Die Verengung auf die „Freiheit von Furcht" und Themen im Zusammenhang mit organisierter Gewalt ist kein Zufall. Sie entstand wohl vielmehr auf Grund bestimmter institutioneller oder politischer Interessen *innerhalb* von Staaten und ihren außenpolitischen Bürokratien, die letztlich eine engere Vision der menschlichen Sicherheit vertreten. Die wichtigsten mit der Umsetzung der Sicherheitsagenda in der staatlichen Politik befassten Akteure haben, mit einigen Ausnahmen, bisher nicht mit Entwicklungsakteuren oder mit Menschenrechtsarbeit zu tun gehabt, sondern mit den außenpolitischen Staatsapparaten einschließlich jener Abteilungen, die sich mit multilateralen Beziehungen und den UN, mit Rüstungskontrolle und Abrüstung, mit Friedenerhaltung und Friedenschaffung usw. befassen.[9] In vielen Fällen befinden sich die mit diesen Fragen

9 Diese Behauptung lässt sich für Kanada, Norwegen, Österreich, die Niederlande und die Schweiz belegen, im Gegensatz dazu jedoch nicht für Irland. Hinsichtlich anderer Staaten, die sich am Diskurs über menschliche Sicherheit beteiligen, besteht Unklarheit.

befassten politischen Kreise in einer Übergangsphase oder sogar in einer Krise, da ihre traditionelle Agenda (zum Beispiel Rüstungskontrolle oder Friedenserhaltung) entweder in eine Sackgasse geführt hat, obsolet geworden oder durch andere Probleme verdrängt worden ist. Doch ihr Kernanliegen, die Abschwächung von Konflikten und die Stärkung der Sicherheit, spielt bei ihnen für das Verständnis ihrer Aufgabe weiterhin eine zentrale Rolle. Ein ausgezeichnetes Beispiel dafür war eine von Kanada und Norwegen im Februar 1999 unter dem Titel „*Retreat on Human Security*" einberufene Veranstaltung, bei der eine Konzeption menschlicher Sicherheit nach den Wünschen der teilnehmenden Länder im Hinblick auf die bevorstehende Tagung des späteren *Human Security Network* ausgearbeitet werden sollte. Menschliche Sicherheit wurde dabei in Bezug zu staatlicher Sicherheit, Menschenrechten und menschlicher Entwicklung gesetzt. Natürlich sah man sie als verschieden von diesen drei Elementen an, mit der unvermeidlichen Konsequenz, dass die in die traditionellen Bereiche der Menschenrechte oder der Entwicklung fallenden Aspekte der UNDP-Definition als für die Agenda menschlicher Sicherheit marginal angesehen wurden.

Dies ist nicht unbedingt nachteilig. Ohne die Bedeutung potenziell existenzieller Fragen wie Umweltzerstörung oder Ernährungs- und Gesundheitssicherheit schmälern zu wollen, ist der Sicherheitsgedanke historisch unauflösbar mit dem Kampf um Kontrolle der Institutionen und Instrumente organisierter Gewalt verknüpft.[10] Dies hat bei der Entstehung des modernen Staates, seiner Vorstellung von repräsentativen Institutionen, der Zivilgesellschaft und der Beziehungen zwischen Militär und ziviler Gewalt eine zentrale Rolle gespielt. Die erfolgreiche Verdrängung von Gewalt aus dem öffentlichen Bereich ist in vielerlei Hinsicht eine Voraussetzung moderner Politik. Für den Diskurs und die Praxis menschlicher Sicherheit bedeutet dies, dass letztere zum integralen Bestandteil der laufenden globalen Ausweitung der Logik des Westfälischen Systems wird. Übrigens lassen sich auch die Aussagen von der „dritten Welle der Demokratisierung"[11] und von *good governance*[12] im gleichen Licht sehen. Die politischen Ziele der engen Konzeption menschlicher Sicherheit liegen damit in einer

10 Damit ist die Kontrolle über das Militär und die Möglichkeit zur Kriegsführung gemeint, die dem modernen Staat die Durchsetzung des Gewaltmonopols nach außen und auch nach innen sichert.

11 Dieser Begriff geht auf ein Buch von Samuel Huntington zurück, in dem er die unterschiedlichen Phasen beschreibt, in denen sich die Demokratie als Staatsform seit Beginn des 19. Jahrhunderts ausbreitete. Die dritte Welle der Demokratisierung beginnt für ihn ab 1974 in Südeuropa und erfasst Lateinamerika, Ostasien und schließlich ab Ende der 1980er Jahre auch Osteuropa.

12 Der Begriff „good governance", der auf Deutsch häufig mit „guter Regierungsführung" übersetzt wird, wurde von der Weltbank Ende der 1980er Jahre in die entwicklungspolitische Diskussion eingeführt und von zahlreichen Entwicklungsinstitutionen übernommen. Mit diesem Konzept werden Bewertungsmaßstäbe für staatliches Handeln verknüpft, die sich in der Regel auf positiv besetzte Prinzipien wie Transparenz, Effizienz, Partizipation, Verantwortlichkeit, Marktwirtschaft, Rechtsstaatlichkeit, Demokratie und Gerechtigkeit beziehen.

Art „negativer“ Konzentration auf die Schwachstellen, Misserfolge und Pathologien des Westfälischen Staates, wobei in der postkolonialen Periode die Entstehung von *de jure*-Staaten zu verzeichnen war, die in den Gebieten, auf die sie Herrschaftsanspruch erhoben, nur wenig oder gar keine Grundlagen hatten (Jackson 1993, Barnett 1995).

Die gezielte Konzentration auf Institutionen der organisierten Gewalt, das bedeutsamste Merkmal der Eingliederung der postkolonialen Staaten in das Westfälische System, war der Weg, auf dem moderne Ideen, Institutionen und Instrumente der organisierten Gewalt vom Norden auf den Süden übertragen wurden. In vielen Fällen führte diese Weitergabe von moderner Militärtechnologie und Organisationstechniken an postkoloniale Staaten dazu, dass die Institutionen organisierter Gewalt die einzigen irgendwie „modernen“ Institutionen in den neuen Staaten waren. Doch anders als die frühen Modernisierungstheoretiker gehofft hatten, spielten die Sicherheitskräfte keine positive Rolle als integrierende Kraft in fragmentierten Gesellschaften. Sie waren nicht das Instrument für die Verbreitung moderner Entwicklungsideen und spielten auch in der Politik keine positive Rolle (zum Beispiel bei der Achtung von Menschenrechten und Rechtsstaatlichkeit). Stattdessen bildeten sie ein riesiges Reservoir politischer Macht, das häufig bestimmte Gruppen an sich rissen und missbrauchten, um dem zivilen und politischen Leben eine bestimmte (und oft gewalttätige) Ordnung aufzuzwingen. Der Einsatz beispielloser institutionalisierter Gewalt und Überwachung in politischen Bereichen, in denen es kein Gegengewicht durch *checks and balances* gab, wie sie sich in modernen Staaten Europas über Jahrhunderte entwickelt hatten, führte zu einigen der schlimmsten Formen politischer Gewalt im 20. Jahrhundert. Die Praxis der menschlichen Sicherheit und insbesondere deren Betonung von Reformen des Sicherheitssektors stellen einen Versuch dar, mit diesen pathologischen Ergebnissen umzugehen.

### *Der Weg zur Institutionalisierung*

Der nächste Test für die Haltbarkeit einer Idee folgt, wenn wichtige Akteure über die Verwendung des Konzepts hinausgehen, um neue Interessen (politische Agenden) zu formulieren. Entscheidend ist letztlich, ob das Konzept Teil der außenpolitischen Identität der Akteure selbst wird. Fragen der „Identität“ in den internationalen Beziehungen werden viel diskutiert, aber selten untersucht. Die Wissenschaft hat erst jetzt begonnen zu erfassen, was es bedeutet, einem Staat oder dessen Außenpolitik eine Identität zuzuschreiben. Ein für die Praxis der menschlichen Sicherheit wichtiger sozialer Aspekt der Identität liegt darin, dass die eigene Identität starken Einfluss darauf hat, mit wem man sich „wohlfühlt“, wem man vertraut, mit wem man „Geschäfte machen kann“, welche Partnerschaften man eingehen kann und welche Aktivitäten man unternehmen kann. Die einzige Supermacht in einer unipolaren Welt kann beispielsweise kaum gleichberechtigte Partnerschaften mit anderen Staaten eingehen, ohne irgendwie zu leugnen, was es bedeutet, eine Supermacht zu sein.[13] Daher überrascht es kaum, dass der Diskurs über menschliche Sicherheit von so genannten Mittelmächten oder von Staaten, die einen „sanften" Ansatz beim Einsatz von Macht in der Welt vertreten, monopolisiert wurde. Zu diesem Kreis gehören an führender Stelle Kanada, Norwegen, die Schweiz, Japan, die Niederlande und Österreich. Zahllose Reden und Erklärungen von Außenministern oder hohen Beamten belegen die Verschiebung in der Außenpolitik, die die Doktrin der menschlichen Sicherheit für diese Staaten bedeutete (vgl. Gervais/Roussel 1998, Behringer 2005, Edström 2005).

Die vielleicht wichtigste institutionelle Entwicklung lag in der Formalisierung von Diskurs und Praxis der menschlichen Sicherheit durch das *Human Security Network* (HSN). Dieses aus der kanadisch-norwegischen Partnerschaft entstandene Netzwerk hat 14 teilnehmende Staaten, darunter die Schweiz, Jordanien, Thailand, Österreich, Chile, Slowenien, Mali, Griechenland, Irland, Costa Rica (2005) und Südafrika (als Beobachter). Es finden jährlich Treffen auf der Ebene der Außenminister statt, auf denen auf vielfache formelle und informelle Art koordinierte Aktivitäten als Mittel zur Beeinflussung der internationalen Sicherheitsagenda verfolgt werden.

Die erste Ministertagung des HSN im Mai 1999 berief sich auf menschliche Sicherheit sowohl im Sinne von „Freiheit von Furcht" als auch im Sinne von „Freiheit von Not", doch in der anschließenden Liste politischer Initiativen oder programmatischer Ziele zeigte sich hauptsächlich eine Hinwendung zur engen Vision der „Freiheit von Furcht". Das HSN förderte eine breite Palette von Initiativen zu Kernthemen wie Handfeuerwaffen, Kindern in bewaffneten Konflikten, Landminen, nichtstaatlichen bewaffneten Gruppen und öffentlicher Sicherheit. Die Agenda war aber nicht allein von Anliegen der „Freiheit von Furcht" dominiert, da auch Themen wie die Auswirkungen der HIV/AIDS-Pandemie, Aufklärung über Menschenrechte und die Verbindung zwischen „Sicherheit und Entwicklung" diskutiert wurden. Obwohl viele Staaten und internationale Organisationen in diesen Problembereichen aktiv sind, lässt sich dennoch sagen, dass die wichtigsten HSN-Staaten in Bereichen wie der Verbreitung und dem Missbrauch von Handfeuerwaffen und anderen leichten Waffen die Agenda in neuer Zeit bestimmt haben.

Die konkreten politischen Aktivitäten des HSN waren nur ein Teil eines breiteren Geflechts multilateraler Initiativen, die im letzten Jahrzehnt zur Förderung menschlicher Sicherheit unternommen wurden. Zu diesen Initiativen gehörten

13 Natürlich bedeuteten die Gründung des Nordatlantischen Bündnisses (NATO) und das amerikanische Engagement bei mehreren anderen multilateralen Abkommen genau dies, doch es fällt schwer, sich derartige Entwicklungen heute vorzustellen, wie die amerikanischen Debatten über den Internationalen Strafgerichtshof, das Kyoto-Protokoll, den Vertrag von Ottawa oder den Krieg im Irak eindeutig belegen.

die von Kanada geförderte *International Commission on Intervention and State Sovereignty* (ICISS) mit ihrem Bericht „Responsibility to Protect“ (Verantwortung zum Schutz), die Unterstützung der Veröffentlichung des ersten *Human Security Report* 2005 und die Förderung der Agenda menschlicher Sicherheit innerhalb der UN.

Diese Institutionalisierung der Agenda menschlicher Sicherheit wirft die Frage auf, ob die kollaborative Verfolgung gemeinsamer politischer Ziele über die enge Verfolgung gemeinsamer Interessen hinausgeht und damit eine neue – nachhaltige – außenpolitische Identität für die HSN-Staaten impliziert. Das Urteil darüber ist bis heute unklar. Anfänglich war das Netzwerk ein Nebenprodukt der informellen Gruppe von Staaten, die im Rahmen des Ottawa-Prozesses erfolgreich beim Kampf gegen Anti-Personen-Minen zusammengearbeitet hatten.[14] Die Länder hatten eine Reihe interessanter außenpolitischer Themen mit starker innenpolitischer Resonanz entdeckt und hatten Gelegenheit, eine „neue Diplomatie“ zu vertreten, die ihre Rolle auf der Weltbühne stärkte. Darüber hinaus war auch bei einigen Mitgliedern des Netzwerks eine „außenpolitische Identitätskrise“ erkennbar. Kanada, Norwegen und die Schweiz stehen außerhalb der EU und bemühen sich ähnlich wie Jordanien, Chile oder Thailand um die Stärkung ihres Profils gegenüber größeren regionalen Nachbarn. Das Gleiche mag für mehrere andere Mitglieder des Netzwerks gelten, zumindest in dem Sinne, dass ihre Außenminister im Bruch mit traditionellen Mustern der Diplomatie einen möglichen Vorteil sahen.

Wenn es nur darum ginge, wäre das Netzwerk für menschliche Sicherheit keine sonderliche Innovation in der multilateralen Diplomatie. Es wäre dann die zu erwartende Antwort relativ schwacher Staaten auf ihre Stellung im internationalen System und absolut im Einklang mit ihrer traditionellen Konzentration auf humanitäre Themen. Doch durch eine derartige Sichtweise lässt sich das Engagement für den spezifischen *Inhalt* des Netzwerks für menschliche Sicherheit nicht erklären, durch das der Stellenwert von Themen der menschlichen Sicherheit auf der internationalen Agenda erfolgreich gesteigert wurde (die von Norwegen angeführte Kampagne gegen Streumunition dürfte das jüngste Beispiel sein).

Mitglieder des Netzwerks haben ihre Ansichten aktiv über die Gruppe hinaus getragen und sie in einer Vielzahl multilateraler Foren verkündet. Dies bedeutet, dass diese Staaten das inhaltliche Engagement für menschliche Sicherheit internalisiert haben, denn eine Erklärung aus reinen Eigeninteressen könnte kaum begründen, warum diese Staaten sich für Themen engagieren (und erhebliche

14 Kanada sorgte für den Schwung bei den zügigen Vertragsverhandlungen; Österreich lieferte den ersten Entwurf, Oslo sorgte für den Tagungsort und die Schweiz war, sowohl diplomatisch als auch über das IKRK ein wichtiger Angelpunkt für Aktivitäten vor und nach dem Vertragsschluss (mit dem *International Center on Humanitarian Demining*).

Mittel investieren), an denen sie kein Eigeninteresse haben (keines der Länder hat beispielsweise mit Landminen oder Kindersoldaten zu tun). Ein ausgezeichnetes Beispiel hierfür ist die Agenda der „Verantwortung zum Schutz" (ICISS 2001), die letztlich eine Ausweitung der Verpflichtung von Staaten zur Verhinderung des Leidens von anderen bedeutet. Obwohl dies vielleicht nicht zur Entwicklung einer kollektiven Identität führt, lässt sich der schwächere Anspruch, dass mehrere Staaten die Belange menschlicher Sicherheit in ihrer außenpolitischen Identität verinnerlicht haben, sehr wohl belegen.[15]

Schließlich liegt aus institutioneller Perspektive der wohl wichtigste Aspekt der Institutionalisierung menschlicher Sicherheit nicht in dem Netzwerk von Staaten, sondern in dem neuen Multilateralismus, den diese zu praktizieren beanspruchen. Dazu gehören die Entwicklung enger Arbeitspartnerschaften mit nichtstaatlichen Akteuren, die Betonung der Rolle der Zivilgesellschaft und die Bereitschaft, abseits etablierter diplomatischer Kanäle (einschließlich der UN) zu arbeiten (Krause 2006). In Reinform wäre dies die Demokratisierung der Außenpolitik. Doch dies ist noch nicht erreicht. Nicht nur praktizieren einige Staaten den neuen Multilateralismus besser als andere, sondern auch Einzelpersonen in den außenpolitischen Bürokratien unterscheiden sich weitgehend in ihrer Aufgeschlossenheit gegenüber den Belangen nichtstaatlicher Akteure und der Zivilgesellschaft.

## *Zusammenfassung*

Die Verwendung des Konzepts der menschlichen Sicherheit durch Staaten und Entscheidungsträger ist keine triviale Frage der Bezeichnung, sondern veranlasst Staaten und Politiker, sich auf andersartige Themen zu konzentrieren, andersartige Fragen zu stellen und sogar eine andersartige Politik zu fördern. Obwohl diese Entwicklungen eine positive Wirkung auf die heutige internationale Sicherheitsagenda haben, ist das Konzept der menschlichen Sicherheit dadurch gegenüber einer kritischen Prüfung nicht immun.

Paradoxerweise entwickelte sich ein großer Teil der Konzeptionalisierung der menschlichen Sicherheit und der konkreten politischen Initiativen in Staaten und internationalen Organisationen statt in der Zivilgesellschaft, so dass es sich heute um einen staatszentrierten Diskurs handelt.

Damit stellen sich zwei Probleme: Das erste ist der unvermeidliche System- und Konkurrenzdruck, dem Staaten ausgesetzt sind, der diese zur Rückkehr zu traditionelleren Positionen in Außen- und Sicherheitspolitik veranlasst, wenn sie von der größeren internationalen Gemeinschaft als „zu weit vorangehend"

15 Zum Beispiel hat nur einer der HSN-Staaten, die Niederlande, die von den USA angeführte Invasion des Irak öffentlich unterstützt.

wahrgenommen werden. In jeder außenpolitischen Bürokratie gibt es „Traditionalisten“ neben „politischen Unternehmern“, zwischen denen sich das Kräfteverhältnis verschiebt, je nach den Vor- und Nachteilen, die der jeweilige Ansatz für den Staat (oder seinen Außenminister) bedeutet. Dieses politische Tauziehen überrascht nicht, doch es kann dadurch weit entfernt von den realen Belangen menschlicher Sicherheit liegen. Zweifellos haben das internationale Klima nach 2001 und der „Krieg gegen den Terror“ das Gewicht der Traditionalisten in vielen außenpolitischen Bürokratien gestärkt.

Das zweite Problem bezieht sich auf die Rolle der Zivilgesellschaft und der nichtstaatlichen Akteure bei der Umsetzung menschlicher Sicherheit. Damit menschliche Sicherheit realisiert werden kann, muss der Einzelne in die Lage versetzt werden, sein Umfeld zu kontrollieren und zum aktiven Teilnehmer der ihn betreffenden politischen, wirtschaftlichen und sozialen Prozesse zu werden. Wenn allerdings der Gedanke der menschlichen Sicherheit nur von einigen prominenten westlichen Wissenschaftlern und NGOs getragen wird und man deren Beiträge zu einer Reihe politischer Fragen erbittet, bedeutet dies allein noch keinen Fortschritt für diesen Prozess des sozialen Wandels von unten. Offensichtlich ist ein umfassenderer Dialog zwischen Staaten und Zivilgesellschaften wünschenswert. Doch im Bereich der menschlichen Sicherheit, wie in so vielen anderen Bereichen, geht der Multilateralismus nicht sehr weit, und die nichtstaatlichen Akteure sind außerdem nicht gleichberechtigte Mitwirkende oder Partner. Noch immer sind die Menschen, für die die „Freiheit von Frucht“ am wichtigsten ist, größtenteils passive Teilnehmer am Diskurs über menschliche Sicherheit.

Die Agenda der menschlichen Sicherheit ist auch weiterhin ein in mancher Hinsicht „von Gebern getriebener“ Prozess. Von nur wenigen Ausnahmen abgesehen, haben Schlüsselthemen der menschlichen Sicherheit beispielsweise keinen Eingang in die innenpolitische Diskussion der am HSN beteiligten Staaten gefunden. In ähnlicher Weise wurde in der Stellungnahme der *Barcelona Study Group* (Barcelona Study Group 2004, vgl. auch Glasius/Kaldor 2005, Debiel/Werthes 2006) die Forcierung menschlicher Sicherheit als eine Projektion europäischer Politik und europäischer Werte auf die internationale Bühne behandelt. Durch Förderung menschlicher Sicherheit im Ausland würde die europäische Sicherheit gewährleistet; mit der innenpolitischen Praxis in Europa habe dies wenig zu tun.

Die meisten Aktivitäten, die auf die Entwicklung menschlicher Sicherheit in Staaten der südlichen Halbkugel gerichtet sind, erfolgten durch die Arbeit der UN-Organisation für Erziehung, Wissenschaft und Kultur (UNESCO) bei verschiedenen Foren und Konferenzen. Konferenzen in Lateinamerika, Ostasien, dem Mittleren Osten und im südlichen Afrika führten einen großen Kreis von Wissenschaftlern zusammen, die über Inhalt und Bedeutung menschlicher Sicherheit für ihre jeweilige Region diskutierten. Ihre Vorstellungen lassen sich nur schwer in Einklang bringen mit der Debatte über „Freiheit von Furcht versus Freiheit von Not“, die einen Großteil der Diskussionen über menschliche Sicherheit geprägt hat (Chourou 2005, Fuentes/Rojas Aravena 2005, Lee 2004, Goucha/Cilliers 2001). Sie haben denn auch keinen wirksamen Eingang in den breiteren Diskurs über menschliche Sicherheit und in deren Praxis gefunden.

Die dritte kritische Feststellung bezieht sich auf das Verhältnis von menschlicher Sicherheit und Souveränität sowie auf das Verhältnis zwischen dem Einzelnen und dem Staat im Rahmen des Diskurses über menschliche Sicherheit. Die Propagierung menschlicher Sicherheit ist nur ein Teil einer zurzeit in der Weltpolitik stattfindenden breiteren Konzeptionalisierung des Begriffs der Souveränität. Obwohl die Doktrin der absoluten Souveränität und des Rechts auf Nichteinmischung in die inneren Angelegenheiten zu einigen der krassesten Menschenrechtsverletzungen und zu zahllosen menschlichen Tragödien geführt haben, trifft es doch nicht zu, dass alle Übel gebannt wären, wenn ein verallgemeinertes Recht auf humanitäre Intervention oder eine Verantwortung zum Schutz (multilateraler oder anderer Art) anerkannt würden. Die selektive Verfolgung bestimmter Themen im Rahmen der Agenda menschlicher Sicherheit – Kindersoldaten, aber nicht Militärausgaben; illegaler Handel mit Kleinfeuerwaffen, aber nicht der „legale“ Waffenhandel oder bestehende staatliche Arsenale – wirft ein weiteres Schlaglicht auf die Dilemmata bei der Förderung eines am Menschen orientierten Sicherheitskonzeptes in einer Welt, in der Staaten die letzte Entscheidung über Prioritäten haben.

Zudem implizieren alle Initiativen im Bereich menschlicher Sicherheit, insbesondere bei Themen wie der Reform des Sicherheitssektors oder Wiederaufbau und Rehabilitierung nach Konflikten, eine Stärkung der Rolle und der Ressourcen des Staates. Doch der Staat wird in den mit humanitären und entwicklungspolitischen Fragen befassten Kreisen zu Recht als Teil des Problems gesehen, da ja Staaten (oder besser die herrschenden Eliten) immer wieder für die Verschwendung von Ressourcen, die Vernachlässigung der Infrastruktur und die Unterdrückung oder Tötung von Bürgern verantwortlich waren oder einfach nicht für ein Minimum an Sicherheit in der jeweiligen Gesellschaft gesorgt haben. Die Akzeptanz einer politischen Agenda, die letztlich auf eine Stärkung des Staates hinausläuft, ist daher eine in ethischer Hinsicht problematische Position. Eine Entwaffnung der Schwachen ohne Kontrolle der Starken wird beispielsweise nicht zur Verbesserung menschlicher Sicherheit beitragen und kann langfristig sogar die Lage vieler Menschen verschlimmern. Andererseits können die Förderung von Reformen im Sicherheitssektor, ökonomische Liberalisierung, Strukturanpassung oder niedrigere Militärausgaben einen Staat praktisch der Gesetzlosigkeit und Anarchie aussetzen. Vielleicht gibt es letztlich keine Alternative zum Aufbau legitimer und starker Staaten, doch diese Frage sollte zumindest gestellt werden.

Schließlich lenkt die Förderung einer Agenda menschlicher Sicherheit unsere Aufmerksamkeit auf eine Reihe wesentlicher Sicherheitsprobleme unserer Zeit. Eine solche Agenda geht weit über die traditionellen Methoden der Konfliktverhütung oder Konfliktlösung hinaus und veranlasst uns zu einigen grundlegenden Fragen, wie man das Alltagsleben der Menschen sicher machen kann, zu Hause, auf der Straße, in den Gemeinden und Regionen. Auch lenkt diese Betrachtungsweise das Augenmerk auf die Verbindungen zwischen Gewalt und Mangel an Sicherheit sowie zwischen Unterentwicklung und Armut und kann den sich für die Entwicklung engagierenden Gruppen neue Richtungen aufzeigen.

Für politische Akteure und Aktivisten ist menschliche Sicherheit ein ausgezeichneter Mobilisierungsslogan. Er spricht eine Reihe zusammenhängender politischer Probleme an, darunter Fragen der Abrüstung und Reintegration nach Konflikten, die Lage schutzloser Gruppen bei Konflikten, das Problem der bewaffneten Gewalt sowohl in Kriegs- als auch in Nichtkriegssituationen sowie das effektive und legitime Funktionieren der von uns für die Sicherheit im modernen Staat geschaffenen Institutionen. In diesem Sinne ist die heutige Förderung der menschlichen Sicherheit der Höhepunkt des liberalen Projektes zum Aufbau starker, legitimer und repräsentativer politischer Institutionen und hat tiefe Wurzeln in den Ideen der Aufklärung über individuelle Rechte und persönliche Freiheiten.

*Übersetzung: Jobst Ellerbrock*

### *Literatur*

Barcelona Study Group on Europe's Security Capabilites, 2004: A Human Security Doctrine for Europe. The Barcelona Report of the Study Group on Europe's Security Capabilities. 15. September 2004. <www.lse.ac.uk/Depts/global/Publications/HumanSecurityDoctrine.pdf, 02.08.07>

Barnett, Michael, 1995: The New UN Politics of Peace: From Juridical Sovereignty to Empirical Sovereignty, in: Global Governance, Jg. 1/1, S. 79-98.

Behringer, Ronald, 2005: Middle Power Leadership on the Human Security Agenda, in: Cooperation and Conflict, Jg. 40/1, S. 305-342.

Booth, Ken (Hg.), 2004: Critical Security Studies and World Politics. Boulder.

Cameron, Maxwell, 1998: To Walk without Fear. Toronto.

Chourou, Bechir, 2005: Promoting Human Security: Ethical, Normative and Educational Frameworks in the Arab States. UNESCO, Paris.

CHS (Commission on Human Security), 2003: Human Security Now. New York.

Debiel, Tobias/Sascha Werthes (Hg.), 2006: Human Security on Foreign Policy Agendas: Changes, Concept and Cases. Duisburg.

Deudney, David, 1990: The Case Against Linking Environmental Degradation and National Security, in: Millennium: Journal of International Studies, Jg. 19/3, S. 461-476.

Economy, Elizabeth/Miranda Schreurs (Hg.), 1997: The Internationalization of Environmental Protection. Cambridge.

Edström, Bert, 2005: Japan's Foreign Policy and Human Security, in: Japan Forum, Jg. 15/2, S. 209-225.

Eriksson, Johan, 1999: Observers or Advocates? On the Political Role of Security Analysts, in: Cooperation and Conflict, Jg. 34/3, S. 311-330.
Fierke, Karin, 2007: Critical Approaches to International Security. Cambridge.
Finnemore, Martha, 1996: National Interests in International Society. Ithaca.
Finnemore, Martha/Kathryn Sikkink, 1998: International Norm Dynamics and Political Change, in: International Organization, Jg. 52/4, S. 887-917.
Fuentes, Claudia/Francisco Rojas Aravena, 2005: Promoting Human Security: Ethical, Normative and Educational Frameworks in Latin America and the Caribbean. UNESCO. Paris.
Gervais, Myriam/Stéphane Roussel, 1998: De la sécurité de l'Etat à celle de l'individu: l'évolution du concept de sécurité au Canada (1990-1996), in: Etudes Internationales, Jg. 29/1, S. 25-51.
Glasius, Marlies/Mary Kaldor (Hg.), 2005: A Human Security Doctrine for Europe; Project, Principles, Practicalities. London.
Goucha, Moufida/Jakkie Cilliers (Hg.), 2001: Peace, Human Security and Conflict Prevention in Africa, Proceedings of the UNESCO-ISS Expert Meeting, Pretoria, South Africa, 22-24 July 2001. ISS, Pretoria.
Hampson, Fen Osler, et al., 2002: Madness in the Multitude: Human Security and World Disorder. Toronto.
Holzgrefe, Jeff, 1989: The Origins of Modern International Relations Theory, in: Review of International Studies, Jg 15/1, S. 11-26.
Human Security Centre, 2005: Human Security Report 2005: War and Peace in the 21st Century. New York.
ICISS (International Commission on Intervention and State Sovereignty), 2001: The Responsibility to Protect. IDRC, Ottawa.
Jackson, Robert, 1993: Quasi-States: Sovereignty, International Relations and the Third World. Cambridge.
Klotz, Audie, 1995: Norms in International Relations: The Struggle Against Apartheid. Ithaca.
Krause, Keith, 2006: Building the Agenda of Human Security: Policy and Practice within the Human Security Network, unpublished report prepared for UNESCO, Paris.
Krause, Keith/Michael C. Williams, 1996: Broadening the Agenda of Security Studies: Politics and Methods, in: Mershon International Studies Review, Jg. 40/2 (Suppl. 2), S. 229-254.
Krause, Keith/Michael C. Williams (Hg.), 1997: Critical Security Studies. Minneapolis.
Lee, Shin-wha, 2004: Promoting Human Security: Ethical, Normative and Educational Frameworks in East Asia. UNESCO, Paris.
Liftin, Karen, 1994: Ozone Discourses: Science and Politics in Global Environmental Cooperation. New York.
MacFarlane, S. Neil/Yuen Foong-Khong, 2006: Human Security and the UN: A Critical History. Bloomington.
Mattingly, Garrett, 1955: Renaissance Diplomacy. Boston.
Muggah, Robert/Keith Krause, 2006: A True Measure of Success? The Discourse and Practice of Human Security in Haiti, in: Timothy Shaw (Hg.), A Decade of Human Security: Global Governance and the New Multilateralism. London.
Owen, Taylor, 2004: Human Security – Conflict, Critique and Consensus: Colloquium Remarks and a Proposal for a Threshold-Based Definition, in: Security Dialogue, Jg. 35/3, S. 373-387.
Price, Richard, 1997: The Chemical Weapons Taboo. Ithaca.
Price, Richard, 1998: Reversing the Gun Sights: Transnational Civil Society Targets Land Mines, in: International Organization, Jg. 52/3, S. 613-644.
Rioux, Jean-François (Hg.): La sécurité humaine. Paris.

Risse, Thomas/Stephen Ropp/Kathryn Sikkink (Hg.), 1999: The Power of Human Rights. Cambridge.
UNDP (United Nations Development Program), 1994: Human Development Report. New York.
UNGA (United Nations General Assembly), 2005: 2005 World Summit Outcome, 24. Oktober 2005. New York. <daccessdds.un.org/doc/UNDOC/GEN/N05/487/60/PDF/N0548760.pdf, 08.08.07>.

# Menschliche Sicherheit = männliche Sicherheit?

## Der Einfluss von Gender und Identität(en) auf die kulturelle Konstruktion von (Un-)Sicherheit

*Cornelia Ulbert*

Über lange Jahre hinweg galt der Begriff „Sicherheit“ in der internationalen Politik als relativ unstrittig. Sicherheit wurde gleichgesetzt mit der Sicherheit eines Staates, sprich dem Schutz eines staatlichen Territoriums vor militärischen Angriffen eines anderen Staates. Selbst innerstaatliche Auseinandersetzungen bezogen sich unter Sicherheitsaspekten auf die Sicherung des Überlebens eines „Staates“. Doch bereits in den 1980er Jahren wurden Stimmen laut, Sicherheit „neu zu definieren“ (vgl. Ullmann 1983). Mit der Auflösung des Ost-West-Konflikts setzte eine Dynamik in der Diskussion um den Sicherheitsbegriff ein, die dazu führte, dass „Sicherheit“ nunmehr als ein „grundsätzlich umstrittenes Konzept“ gilt. Mittlerweile gibt es Sicherheitsbegriffe, die mit den Adjektiven „erweitert“, „umfassend“ oder auch „menschlich“ beschrieben werden und die andere Antworten auf die Fragen „Sicherheit wovor? Sicherheit durch wen? Sicherheit wodurch?“ geben als der traditionelle Sicherheitsbegriff.[1] Aus feministischer Perspektive wird in diesem Zusammenhang vor allem die Frage „Sicherheit für wen?“ (vgl. Tickner 1992, Braunmühl 2002, Hudson 2005) in den Vordergrund gerückt.

Dieser Frage liegt die Beobachtung zugrunde, dass – je nach Definition des Bezugsobjekts für Sicherheit – entsprechend festgelegt wird, was als „Sicherheitsproblem“ oder „Bedrohung“ wahrgenommen wird (vgl. Hansen 2000, Hoogensen/Rottem 2004). Fragt man, um wessen Sicherheit es gehen soll, dann erkennt man, dass es sich dabei nicht nur um den Staat handelt, sondern auch um das Individuum, die Gruppe oder soziale Institutionen wie die Familie. Feministische Ansätze finden es daher begrüßenswert, dass menschliche Sicherheit den Schwerpunkt auf das Individuum legt. Gleichzeitig wird betont, dass die Beziehung des Individuums zur Gesellschaft, in der es lebt, nicht außer Acht gelassen werden darf (vgl. Hoogensen/Stuvøy 2006, 215). Aus einer Geschlechterperspektive wird die Konstruktion von Geschlechterrollen und -stereotypen thematisiert. Dabei wird deutlich, dass soziale Beziehungen durch eine Ungleichheit der Geschlechter und daraus resultierende asymmetrische Machtverhältnisse gekennzeichnet sind. Nicht nur existierende Geschlechterhierarchien werden erkennbar, sondern auch die Tatsache, dass Frauen und Mädchen in Sicher-

1 Zur Debatte um den Sicherheitsbegriff und die erweiterte Agenda der akademischen Teildisziplin der Sicherheitsstudien (*security studies*) siehe Baldwin 1997 und Krause/Williams 1996.

heitsbelangen bislang eine eher untergeordnete Rolle spielten. Auch am Konzept menschlicher Sicherheit wird kritisiert, es sei – selbst in einer weiten Definition wie der im Report „Human Security Now“ (Commission on Human Security 2003) – über weite Strecken auf rein „männliche Sicherheit“ verkürzt (Bunch 2004, McKay 2004, 164-166), da spezifische Gefährdungen, denen Frauen sowohl in Konflikt- als auch in Post-Konfliktphasen ausgesetzt sind, nicht thematisiert werden.

Um diese Kritik nachvollziehbar zu machen, möchte ich in diesem Beitrag aufzeigen, dass das, was als „Sicherheit“ oder „Unsicherheit“ erfahren wird, kollektiven Konstruktionsprozessen unterliegt, bei denen die Identität des Bezugsobjekts eine wichtige Rolle spielt. Identität ist rückgebunden an unterschiedliche Kategorien, anhand derer Individuen oder Gruppen systematisch voneinander unterschieden werden, wie etwa „Geschlecht“, „Rasse“, „Ethnie“, „Klasse“ oder „Nationalität“. Wie wir uns selbst sehen, welche Beziehung wir zu anderen haben und wie wir die Welt und unseren Platz darin wahrnehmen, hängt zu einem großen Teil davon ab, wie wir uns und andere als geschlechtliche Wesen wahrnehmen. In der Geschlechterforschung und feministischen Theorie ist die Untersuchung der politischen, sozialen und kulturellen Rolle von Identität von zentraler Bedeutung, da die durch Geschlecht geprägte Identität auch die Ungleichheit zwischen den Geschlechtern reflektiert. Feministische Autoren und Autorinnen haben darüber hinaus nachgewiesen, dass auch kollektive Identitäten wie „Staat“ oder „Nation“ geschlechtskodiert sind (Krause 1996, Peterson 1992).

In einem ersten Schritt werde ich nachfolgend kurz die feministische Kritik am dominierenden Sicherheitsdiskurs skizzieren, bevor ich auf die Bedeutung von Geschlecht und Identität für die Debatte um Sicherheit eingehe. Nimmt man die Geschlechterperspektive ernst und orientiert sich an den Erfahrungen von Frauen und Mädchen, dann erkennt man, worin sich die Bedrohungen der Sicherheit von Männern und Frauen unterscheiden und dass diese jeweils kulturell unterschiedlich konstruiert werden. Abschließend werde ich am Beispiel von Friedenseinsätzen der Vereinten Nationen (UN) und der Rolle von Frauen in Friedensprozessen diskutieren, welche Schritte unternommen werden können, um aus „menschlicher Sicherheit“ mehr als nur „männliche Sicherheit“ zu machen.

## *Die feministische Kritik am dominierenden Sicherheitsdiskurs*

Die feministische Kritik an einem männlich geprägten Sicherheitsverständnis in den internationalen Beziehungen geht zwar von der theoretisch-konzeptionellen Ebene aus, entfaltet damit aber auch Rückwirkungen auf der praktisch-politischen Ebene.[2] Ausgangspunkt ist die Kritik am traditionellen Sicherheitsbegriff,

2 Einen Überblick über die Entwicklung feministischer Sicherheitstheorien gibt Blanchard 2003.

der mit dem theoretischen Ansatz des Realismus verbunden und von feministischer Seite vor allem wegen seiner Betonung der nationalstaatlichen Sicherheit kritisiert wird. Die amerikanische Politikwissenschaftlerin Ann Tickner hebt beispielsweise hervor, dass die Trennlinie zwischen Anarchie und Ordnung nicht entlang der Trennlinie zwischen internationalem und nationalem System verlaufe (Tickner 1988). Das Phänomen häuslicher Gewalt und die Betroffenheit von Frauen und Kindern durch Krieg zeige deutlich, dass die „weibliche" Perspektive auf Gewalt ein anderes Bild vermittelt als das eines internationalen anarchischen Selbsthilfesystems auf der einen und die durch das staatliche Gewaltmonopol zivilisierte Sphäre des Nationalstaates auf der anderen Seite. Aus einer Geschlechterperspektive ist der Staat damit nicht unbedingt als Garant von Sicherheit zu verstehen. Vielfach erweisen sich das Ringen um Nationalstaatlichkeit und bestimmte Formen der Herausbildung staatlicher Identität geradezu als Problem für einzelne schwache Gruppen einer Gesellschaft.

Grundsätzlich kritisieren feministische Autoren und Autorinnen am dominierenden Sicherheitsdiskurs – und dies schließt auch das herrschende Verständnis von menschlicher Sicherheit ein –, dass als Folge der Trennung zwischen öffentlich und privat Frauen im Sicherheitsbereich keine oder nur eine marginale Rolle spielen. Dies führt nicht nur dazu, dass Frauen von den relevanten Entscheidungsprozessen ausgeschlossen sind, sondern auch dazu, dass deren spezifische Erfahrungen weder im Sinne der Gewaltprävention noch produktiv bei der Bearbeitung von Konflikten eingebracht werden. Aus einer Geschlechterperspektive geht es nicht nur um Frauen, sondern auch um Männer und das Verhältnis der Geschlechter zueinander. „Geschlecht" bzw. der mittlerweile auch im Deutschen übliche englische Begriff „Gender" bezeichnen hierbei nicht das biologische, sondern das soziale Geschlecht, das mit spezifischen Rollenzuschreibungen verbunden ist, die gesellschaftlich konstruiert sowie kulturell und historisch geprägt sind. Mit der Zuweisung sozialer Geschlechterrollen werden bestimmte Erwartungen an das Verhalten der jeweiligen Rollenträger verbunden, die auch sozial sanktioniert werden. Wie weiter unten noch ausgeführt wird, gehen damit auch Geschlechterhierarchien einher, die asymmetrische Machtverhältnisse zwischen den Geschlechtern begründen. Indem die Geschlechterforschung im Sicherheitsbereich die Gleichsetzung von „Männlichkeit" und „Krieg" einerseits und „Weiblichkeit" und „Frieden" andererseits kritisch hinterfragt, zeigt sie auch auf, dass Frauen nicht nur Opfer, sondern auch Täterinnen in gewaltsamen Konflikten sein können (Moser/Clark 2001). Um Gesellschaften dauerhaft befrieden zu können, müssen daraus Schlussfolgerungen für die Post-Konfliktphase gezogen und entsprechende Bearbeitungsstrategien entwickelt werden.

Eine zentrale Forderung und das Ziel von feministischer und Gender-Forschung ist es daher, den Zusammenhang zwischen militärischer Gewalt, ökonomischer Ungleichheit und geschlechtsbezogener Gewalt aufzuzeigen. Methodisch stehen dabei das Individuum und die Gruppe im Vordergrund, nicht der Staat. Gleichzeitig sollen die Erfahrungen und die Standpunkte von Frauen und Mädchen, die bislang in der traditionellen Sicherheitspolitik weitgehend ausgeblendet waren, sichtbar gemacht und die Wirkung männlicher Geschlechterstereotypen herausgearbeitet werden, die gewaltsamem Verhalten zugrunde liegen. Aus Sicht der Geschlechterforschung hat Gender als Bestandteil personaler und kollektiver Identitäten damit eine wesentliche Bedeutung für den Sicherheitsdiskurs.

## *Die Bedeutung von Identität und Geschlecht für den Sicherheitsdiskurs*

Ausgangspunkt für eine feministische Rekonzeptualisierung von Identität ist eine machtkritische Perspektive, die nach den Hierarchien fragt, die zwischen dem „Selbst“ und dem „Anderen“ konstruiert werden, und die sowohl die Anpassungszwänge, die nach innen bestehen, als auch die Ausschlüsse nach außen analysiert. Darüber hinaus werden Identitäten nicht als Zustand, sondern als Prozess verstanden, der kulturell und historisch zufällig und damit wandelbar ist (vgl. Locher-Dodge 1999, 278f.). Wichtig ist allerdings festzuhalten, dass der Prozess der Identitätsstiftung nicht lediglich ein Prozess der Selbstzuschreibung ist. Identität ist immer auch mit der Konstruktion sozialer Kategorien und Rollen durch andere verbunden, wodurch sozialer Druck entsteht. Identitätszuweisungen vollziehen sich daher in bestimmten Machtstrukturen und begründen gleichzeitig bestimmte Machtverhältnisse. Die soziale Praxis der Geschlechterhierarchien wird dabei aber auch kulturell durch die symbolische Zuweisung des „Männlichen“ in eine öffentliche Sphäre und des „Weiblichen“ in eine private Sphäre abgesichert. Dabei steht das Männliche für ein handelndes Subjekt, das rational denkt und produktiv für eine Gemeinschaft tätig ist. Demgegenüber wird das Weibliche mit einem schützenswerten Objekt gleichgesetzt, das emotional ist und dem die Aufgabe der Reproduktion zufällt. Bei der Zuschreibung derartiger geschlechtskodierter Eigenschaften fällt auf, dass eine Geschlechterdifferenz zwischen „männlich“ und „weiblich“ festgelegt wird, durch die männliche Eigenschaften eindeutig gegenüber weiblichen Eigenschaften privilegiert werden. Mit der Auf- und Abwertung von Geschlechterzuweisungen geht auch die Übernahme von Stereotypen einher (vgl. Tabelle 1).

Besonders auffällig und wirkungsmächtig wird die Geschlechterdifferenz in der Gleichsetzung von Krieg mit Männlichkeit und Frieden mit Weiblichkeit.[3] Eine

3 Im Kontext der Debatte um die militärische Intervention im Irak 2002 prägte etwa der US-amerikanische Politikwissenschaftler Robert Kagan die Metapher, in Fragen der internationalen Politik seien die Amerikaner vom Mars und die Europäer von der Venus (Kagan 2002). Dieses gegensätzliche Verhalten setzte er in der Überschrift seines viel beachteten Aufsatzes mit „Power and Weakness“ gleich, womit er auf ein überlegenes männliches versus ein unterlegenes weibliches Verhalten anspielte, was auch die heftige publizistische Reaktion auf europäischer Seite erklärt.

Erklärung hierfür lautet, dass Menschen erst zum Töten motiviert werden müssen. Ein Mechanismus, wie die natürliche Tötungshemmung überwunden werden kann, besteht darin, die Bereitschaft zu töten und getötet zu werden mit positiven Eigenschaften wie der eines „patriotischen Kriegers" und „(Kriegs-) Heldentum" zu verknüpfen. Im Krieg bewähren sich damit gerade männliche Tugenden wie Tapferkeit, Disziplin, körperliche Stärke, Beschützerinstinkt und Aggressivität.[4]

**Tabelle 1: Übertragungen von männlichen und weiblichen/unmännlichen Eigenschaften**

| männlich (positive Konnotation) | | weiblich/unmännlich (negative Konnotation) | |
|---|---|---|---|
| Charakteristikum | Träger | Träger | Charakteristikum |
| paternale Fürsorge | Familienväter, Fabrik- oder Grundbesitzer | Frauen, Kinder, Sklaven, Leibeigene, Lohnarbeiter, Kleinpächter | auf paternale Fürsorge angewiesen |
| Disziplin, Askese | Soldaten, Diener des Staates | Frauen, Schwarze, Juden, „Pöbel" | Disziplinlosigkeit, keine Triebkontrolle |
| Verantwortlichkeit, Loyalität | Staatsbürger | Frauen, Kinder, Besitzlose, Nicht-Staatsbürger, „vaterlandslose Gesellen" | unverantwortlich, illoyal |

Quelle: Schirmer 1998, 210.

Obwohl von vielen Seiten hinterfragt, ist der Topos der „friedfertigen Frau" immer noch sehr wirkungsmächtig und verstellt damit den Blick auf die ambivalente und komplexe Rolle, die Frauen beim gewaltsamen Austrag von Konflikten spielen können. Ein anschauliches Beispiel aus einem aktuellen Konflikt bietet sich in der westsudanesischen Region Darfur. Während Frauen dort allgemein eine untergeordnete soziale und politische Stellung haben, fällt ihnen im Kontext einer „Kultur der Schande" (*shame culture*) eine wichtige Rolle zu. Unter den dort lebenden nomadischen Gemeinschaften gibt es Sängerinnen, so genannte *Hakkamas*, die in ihren Liedern das Verhalten einzelner Männer öffentlich loben oder kritisieren (Mohamed 2004). Da der Standard angemessenen Verhaltens sich am Bild des „männlichen Kriegers" orientiert, fürchten Männer die Schande, öffentlich vom schwachen Geschlecht als Feigling gebrandmarkt zu werden, der die Ehre und das Wohlergehen des eigenen Stammes nicht gewaltsam verteidigt hat. Ein Grund, warum der blutige und sehr opferreiche Konflikt in Darfur andauert, wird in dieser sozialen Institution der *Hakkamas* gesehen, die auf hierarchischen Geschlechterrollen basiert (Mohamed 2006).

4 Siehe hierzu grundlegend Elshtain 1987. Einen guten Überblick über die Debatte und eine kritische Auseinandersetzung mit den traditionellen Geschlechterstereotypen bietet Goldstein 2001.

Durch die ethnisch kodierten Bürgerkriege in Ex-Jugoslawien und Ruanda gerieten in den 1990er Jahren Massenvergewaltigungen als Instrument für den gewaltsamen Konfliktaustrag und als spezifische Form der Gewalt gegen Frauen in den Blickpunkt der geschlechterkritischen Konfliktforschung. Am Beispiel von Massenvergewaltigungen werden die Verknüpfung von (ethnischer) Identität und Geschlecht und deren enorme Wirkungsmächtigkeit deutlich. Auf einer individuellen Ebene handelt es sich bei Vergewaltigungen im Kontext von (Bürger-) Kriegen zunächst um einen Akt von Gewalt gegen Frauen mit dem Ziel der Einschüchterung und als Zeichen der Überlegenheit der Täter. Auf einer kollektiven symbolischen Ebene zeigt sich aber die vielschichtige Bedeutung von Geschlechterrollen im Kontext von Krieg und Gewalt: Mit dem Akt der Vergewaltigung soll nicht nur die Frau gedemütigt werden. Gleichzeitig zielen insbesondere Massenvergewaltigungen auch darauf ab, die Ehre der Ehemänner, Väter und Söhne der betroffenen Frauen zu verletzen. Damit werden nicht nur familiäre Strukturen zerstört, sondern auch die „Reinheit" der ethnischen Gruppe. Vergewaltigungen dienen jedoch auch dazu, die männlichen Kämpfer zu „sozialisieren" und die Solidarität der nun durch die gemeinsame Gewalttat zu Komplizen gewordenen Kampftruppe zu erhöhen (vgl. Allen 1996, Handrahan 2004).

Die Massenvergewaltigungen in Ex-Jugoslawien und in Ruanda waren auch ein Grund für die Einsetzung einer Sonderberichterstatterin zur Gewalt gegen Frauen, ihren Ursachen und Folgen (*Special Rapporteur on violence against women, its causes and consequences*) durch die UN-Menschenrechtskommission im Jahr 1994.[5] Vor allem die Aktivitäten von feministischen Menschenrechtsaktivisten und -aktivistinnen und von Frauen-Nichtregierungsorganisationen (NGOs), die im Hinblick auf die Wiener Menschenrechtskonferenz von 1993 gefordert hatten, Frauenrechte als Menschenrechte anzuerkennen (Bunch 1990), haben dazu beigetragen, dass sich die Vereinten Nationen in der zweiten Hälfte der 1990er Jahre verstärkt den Belangen von Frauen widmeten. Ein wesentlicher Punkt der Aktionsplattform, die auf der vierten Weltfrauenkonferenz in Peking 1995 formuliert wurde (UN-Dok. A/CONF.177/20/1995), bezog sich auf institutionelle Mechanismen zur Förderung von Frauen. Staaten wurden darin aufgefordert, über alle Ressorts hinweg dazu beizutragen, dass eine Perspektive der Gleichberechtigung der Geschlechter in sämtlichen Politikfeldern verankert wird. Damit sollte das Prinzip von „Gender Mainstreaming", ein Konzept, das aus der Entwicklungszusammenarbeit stammt, weltweit Gültigkeit über alle Politikbereiche hinweg erhalten (vgl. Braunmühl 2001, 183). Auch im Sicherheitsbereich haben sich diese Bemühungen des Gender Mainstreaming mittlerweile sichtbar in der

5 Diese Sonderberichterstatterin hat das Recht, einzelnen Ländern Besuche abzustatten und die dortige Lage von Frauen zu untersuchen. Darüber hinaus legt sie jährliche Berichte vor (abrufbar unter www.ohchr.org/english/issues/women/rapporteur/annual.htm).

Sicherheitsratsresolution 1325 zu „Frauen, Frieden und Sicherheit" vom Oktober 2000 niedergeschlagen (UN-Dok. S/RES/1325/2000). In dieser Resolution werden die Vereinten Nationen und ihre Mitgliedstaaten aufgefordert, die Stimmen, Perspektiven und Betroffenheiten von Frauen und Mädchen in sämtlichen Sicherheitsfragen stärker zu berücksichtigen. Was zeigt sich nun, wenn man diese Verpflichtung ernst nimmt?

### *Die kulturelle Konstruktion von (Un-) Sicherheit aus der Geschlechterperspektive*

Legt man eine Geschlechterperspektive zugrunde, so erkennt man, dass Frauen und Mädchen „Sicherheit" und „Unsicherheit" anders erfahren und definieren als Männer und Jungen. Generell gilt, dass Frauen und Mädchen in Friedens- wie in Kriegszeiten weltweit während sämtlicher Lebensphasen von unterschiedlichen Formen von Gewalt betroffen sind (Ellsberg/Heise 2005, 10; Vlachoud/Biason 2005, 4). Im Auftrag der Weltgesundheitsorganisation wurden die mittlerweile vorliegenden Studien zu Gewalt gegen Frauen aus über 60 Ländern ausgewertet. Danach gaben zwischen 5 % und 69 % der befragten Frauen an, im Laufe ihres Lebens schon einmal Opfer von Gewalt geworden zu sein (Ellsberg/Heise 2005, 13-15). In der Mehrzahl der Studien bewegen sich die Antworten im Bereich von 20 %-40 %.

Einer speziellen Dynamik von Gewalt unterliegen Frauen und Mädchen in Konflikt- und Post-Konfliktphasen. In der Regel ist für Frauen und Mädchen mit dem Ende von Kampfhandlungen, also dem, was dann häufig als Frieden bezeichnet wird, nicht der Zustand der Sicherheit hergestellt. Für sie wirken sich Geschlechterhierarchien und Machtungleichheiten weiter oder auch erneut negativ aus (vgl. Tabelle 2). Innerfamiliäre oder gesellschaftliche Konflikte ergeben sich etwa dann, wenn Frauen, denen in Kriegs- und Krisenzeiten oft die Rolle zufällt, das Überleben der Familie zu sichern, oder die unter Umständen als Kämpferinnen oder Soldatinnen an Kampfhandlungen beteiligt waren, in Friedenszeiten nach der Rückkehr der männlichen Familienmitglieder wieder die traditionelle untergeordnete Position zugewiesen wird. So haben Untersuchungen gezeigt, dass in Familien, in denen männliche Mitglieder von Kampfeinsätzen zurückgekehrt waren, ein Anstieg von häuslicher Gewalt zu beobachten war (Handrahan 2004, 434).

Ähnliche Erfahrungen von Unsicherheit erleben Frauen und Mädchen aber auch dann, wenn in Transformationsprozessen, die nach Beendigung gewaltsamer Konflikte einsetzen, die weibliche Rolle gesellschaftlich neu definiert wird und mehr Geschlechtergerechtigkeit angestrebt wird. Das Beispiel Afghanistan zeigt, dass das traditionelle Machtgefüge ins Wanken gerät, wenn von außen ein Emanzipationsprozess angestoßen wird, der Frauen und Mädchen bessere Bildungs- und Erwerbschancen eröffnen soll. Das kann – durchaus auch gewaltsame – Gegenbewegungen sowohl auf gesellschaftlich-politischer Ebene als auch innerfamiliär hervorrufen.

**Tabelle 2: Bedrohungen weiblicher Sicherheit in Konflikt- und Post-Konflikt-phasen**

| | Direkte Gewalt | Strukturelle (indirekte) Gewalt |
|---|---|---|
| Formen unorganisierter Gewalt (individuelle Gewaltakte auf der Mikroebene) | Vergewaltigung; häusliche Gewalt; verbaler oder emotionaler Missbrauch durch Partner und Familienangehörige; Ehrenmorde; Gefährdung durch sexuell übertragbare Krankheiten (wie HIV/AIDS) | Geringere ökonomische Ressourcen als Männer und Jungen; mangelnde ökonomische Wahlfreiheit; Krankheitsgefährdungen aufgrund von schlechter Wasser- und Nahrungsversorgung und schlechteren Wohnbedingungen; Umweltgefährdungen, die die Lebensqualität und Lebenserwartung beeinträchtigen; fehlende persönliche und politische Freiheitsrechte; Zwangsheirat; Unterwerfung unter traditionelle Bekleidungsregeln; soziale Ausgrenzung und Stigmatisierung von Vergewaltigungsopfern |
| Formen organisierter Gewalt (auf der institutionellen/ strukturellen (Makro-) Ebene) | Gewalt durch Militär oder andere organisierte kämpfende Gruppen wie etwa Mord, Schläge, Entführung, systematische Vergewaltigungen (mit der Gefahr sexuell übertragbarer Erkrankungen); Zwangsabtreibungen; geschlechtsspezifische Formen der Folter; Zwangsrekrutierung; Zwangsprostitution/sexuelle Sklaverei; Frauenhandel; Formen der physischen und psychischen Körperverletzung; gezielte Verletzung durch Landminen; weibliche Genitalverstümmelung | Keine Beachtung in formalen Entwaffnungs-, Demobilisierungs- und Reintegrationsprozessen (DDR); Ausgrenzung oder Marginalisierung in Friedensverhandlungen und Friedensabkommen; mangelnde Beteiligung an politischen Entscheidungsprozessen und im Wirtschaftsleben; Ausgrenzung aus dem öffentlichen (politischen) Leben und Ausschluss von Wahlen; mangelnde Geschlechtergerechtigkeit; religiös motivierte Unterdrückung; mangelnder Zugang zu (Aus-) Bildung, Gesundheitsversorgung und Möglichkeiten der Familienplanung |

Quelle: McKay 2004, 160-161 (leicht adaptierte und übersetzte Fassung).

Im Sinne der Umsetzung eines Gender-Ansatzes wurden in einem Projekt, in dem es um Vorstellungen von „Sicherheit“ in Post-Konflikt-Gesellschaften (Libanon, Nordirland und Südafrika) ging, Frauen und Männer befragt. Interessanterweise zeigten Frauen ein grundsätzliches Unbehagen, von „Sicherheit“ (*security*) zu sprechen, da dieser Begriff häufig mit „Sicherheitskräften“, also Gruppen, die Gewalt ausüben, assoziiert und eher als Handlungsbereich der Männer angesehen wurde (Hamber et al. 2006, 492). Die in englischsprachigen Ländern (Südafrika und Nordirland) befragten Frauen bevorzugten stattdessen den englischen Begriff „safety“, bei dem sie auch Handlungsmöglichkeiten für Frauen sahen. Für alle Länder ergab sich bei den weiblichen Befragten, die sehr unterschiedliche soziale Hintergründe aufwiesen, als Befund, dass sie Gewalt als Bedrohung ihrer Sicherheit ansahen und ein sehr umfassendes Verständnis von Sicherheit deutlich werden ließen, das auch freie Entfaltungsmöglichkeiten und ökonomische Sicherheit (Ausbildung, Arbeitsplatz) mit einschloss (Hamber et al. 2006, 493f.).

Die unterschiedlichen und sehr spezifischen Formen von Gewalt, die Frauen und Mädchen erfahren, und ihre strukturelle Benachteiligung in politischer und ökonomischer Hinsicht legen es nahe, dass ihren Sicherheitsbedürfnissen in besonderer Weise Aufmerksamkeit geschenkt werden muss und neue beziehungsweise weitergehende Strategien zur Herstellung ihrer menschlichen Sicherheit entwickelt werden müssen.

## *Wie wird aus „menschlicher" Sicherheit mehr als nur „männliche" Sicherheit?*

Menschliche Sicherheit bezieht sich zwar auf das Individuum, dennoch sollte nach den vorangegangenen Diskussionen klar geworden sein, dass „Sicherheit" von Männern und Frauen ganz unterschiedlich definiert wird und in regionalen und lokalen Kontexten jeweils ganz spezifischen Voraussetzungen unterliegt (vgl. Hoogensen/Stuvøy 2006, 221). Die Belange von Frauen und Mädchen in sämtlichen die Sicherheit betreffenden Fragen mit einzubeziehen, wie es die Sicherheitsratsresolution 1325 einfordert, weist den Weg, wie aus „menschlicher Sicherheit" mehr als nur „männliche Sicherheit" werden kann. Exemplarisch möchte ich dies kurz an den Beispielen der UN-Friedenseinsätze und der Rolle von Frauen im Friedensprozess aufzeigen.

Mit der Zunahme von UN-Friedenseinsätzen in den 1990er Jahren und den neuen komplexen Aufgabenstellungen, die damit einhergingen, wurde deutlich, wie stark diese Einsätze auch Einfluss auf die Gesellschaften in den jeweiligen Zielländern haben. Hinzu kam die Erkenntnis, dass Männer und Frauen sowie Jungen und Mädchen in sehr unterschiedlicher Weise von gewaltsamen Konflikten und deren Folgen betroffen sind. Indem auch bei Friedenseinsätzen der Vereinten Nationen verstärkt eine Gender-Perspektive eingenommen wurde, wurden zudem Problembereiche sichtbar, die vorher nicht oder nicht in einer geschlechtersensiblen Form thematisiert worden waren. Dadurch gelangten diverse „Begleiterscheinungen" von UN-Missionen in den Blickpunkt wie beispielsweise die Zunahme von (Zwangs-) Prostitution und Mädchen- und Frauenhandel sowie sexuelle Übergriffe von UN-Mitarbeitern auf Insassen von Flüchtlingslagern, was auch in einem offiziellen Bericht dokumentiert wurde, der im Auftrag des UN-Generalsekretärs im März 2005 an die UN-Generalversammlung erging (UN-Dok. A/59/710).

Eine Reihe von Studien haben sich unter einer Geschlechterperspektive kritisch mit UN-Friedensmissionen auseinandergesetzt und Empfehlungen formuliert, wie das Bewusstsein über unterschiedliche Geschlechterrollen und Betroffenheiten in UN-Friedensmissionen verankert werden kann (vgl. Higate/Henry 2004, International Alert 2002, Martin 2005, Mazurana et al. 2005). Dazu gehört es, dass Gender-Aspekte grundsätzlich bereits bei der Formulierung des Mandats, der Auswahl des militärischen und zivilen Personals sowie der politischen Führung und im Planungs- und Budgetierungsprozess Berücksichtigung finden. Hierzu wurde etwa eine Beratungsposition in den einzelnen Missionen geschaffen (*Gender Advisor*), die den gesamten Prozess begleiten soll. Es wurde als sehr wichtig erkannt, dass das beteiligte Personal auf allen Ebenen für Geschlechterfragen sensibilisiert wird und die eigenen Einstellungen überprüft. Gerade wenn von außen die gesellschaftliche Position der Frauen gefördert werden soll, wird das Handeln der externen internationalen Akteure wenig glaubwürdig, wenn in deren Reihen – und hier geht es nicht nur um das militärische, sondern auch um das zivile Personal – der sexuelle Missbrauch von Schutzbefohlenen und die Förderung von (Zwangs-) Prostitution zum Alltag gehören.

Das kanadische Außenministerium und das britische Ministerium für Entwicklungszusammenarbeit entwickelten gemeinsam ein Trainingspaket für Friedenseinsätze, das erstmals 2000 zum Einsatz kam und seither aufgrund der Rückmeldungen von UN-Abteilungen, verschiedenen Regierungen, Militärorganisationen und NGOs weiterentwickelt wurde und auch über das Internet verfügbar ist.[6] Das *UN Department of Peacekeeping Operations* (DPKO) seinerseits hat ebenfalls Trainingsmaterial zur Ausbildung der nationalen Streitkräfte seiner Mitgliedstaaten erarbeitet, das jeweils für die nationalen Kontexte angepasst werden kann und sowohl zur Ausbildung vor einem Peacekeeping-Einsatz dient, als auch Handreichungen in der konkreten Arbeit vor Ort geben soll.[7]

Dass die Gender-Trainings jeweils in den einzelnen Mitgliedstaaten stattfinden, ist nicht nur der Tatsache geschuldet, dass Truppenkontingente für die Friedenseinsätze jeweils in einzelnen Mitgliedstaaten rekrutiert werden müssen. Ein wesentlicher Aspekt ist auch die Anpassung der Trainings an nationale kulturelle Gegebenheiten. Da die Rolle und Stellung von Frauen in einzelnen Gesellschaften stark von den jeweils herrschenden kulturellen Werten abhängig ist, beruht das Trainingsmaterial auf einem Ansatz, der Menschenrechte in den Vordergrund rückt (Mackay 2004, 103). Das Gender-Training veranschaulicht, was Gender bedeutet, inwiefern Geschlechterrollen kulturell verankert sind und

6 Das Trainingsprogramm ist zweisprachig (englisch und französisch) abrufbar unter www.genderandpeacekeeping.org.

7 Ein Kapitel des umfangreichen „Handbook on United Nations Multidimensional Peacekeeping Operations" beschäftigt sich mit dem Thema Gender Mainstreaming (http://pbpu.unlb.org/Pbps/library/Handbook%20on%20UN%20PKOs.pdf). Darüber hinaus stellt das DPKO neben anderen Materialien auch ein mehr als zweihundert Seiten umfassendes „Gender Resource Package for Peacekeeping Operations" zur Verfügung (http://pbpu.unlb.org/pbpu/library/GRP%20Full%20Version.pdf).

warum die Geschlechterperspektive in Friedenseinsätzen relevant ist. Darüber hinaus werden Frauenrechte in den Kontext der Menschenrechte und des internationalen humanitären Rechts eingebettet und konkrete Beispiele für die Relevanz von Gender in der Konfliktphase und Post-Konfliktphase erarbeitet, um dem Peacekeeping-Personal eigene Handlungsmöglichkeiten aufzuzeigen. Zentral für den Ansatz des Gender-Trainings ist, dass unabhängig von kulturell geprägten Wertvorstellungen die international anerkannten Menschenrechtskonventionen im Mittelpunkt stehen und dem militärischen und zivilen Personal als Standards angemessenen Verhaltens dienen.

Mit der Entwicklung von Gender-Trainings und der Auflage, Gender-Aspekte auch im Planungsprozess und bei der Durchführung von Friedenseinsätzen zu berücksichtigen, geht allerdings noch keine deutliche Verbesserung der Situation von Frauen und Mädchen einher. Vor allem die mangelnde Repräsentanz von Frauen in Peacekeeping-Einsätzen hat immer wieder große Kritik von Frauenorganisationen hervorgerufen.[8] Zudem sind Geschlechterfragen nur ein Aspekt in der zeitlich sehr begrenzten Ausbildung von zivilem und militärischem Personal. In der Praxis geht das Gender-Training in einer Fülle anderer Ausbildungsinhalte und den komplexen Anforderungen vor Ort unter. Dennoch sind die Gender-Trainings ein wichtiger Ansatz, über den ein Bewusstsein für genderrelevante Fragestellungen und für ein der Achtung und dem Schutz von Menschenrechten angemessenes Verhalten geweckt wird und durch den praktikable Handlungsmöglichkeiten aufgezeigt werden können.

Neben dem Aspekt der Verhaltensänderung auf Seiten der externen Akteure wird auch die aktive Einbindung von Frauen in Friedensprozessen gefordert. Wie notwendig die Integration der Geschlechterperspektive in friedensschaffende Einsätze und den Aufbau von Gesellschaften in der Post-Konflikt-Phase ist, zeigen Studien, die auf zwei wesentliche Punkte aufmerksam machen: Zum einen wird betont, dass der Grad der Geschlechterungleichheit in einer Gesellschaft ein Indikator für deren Anfälligkeit für gewaltsame Konflikte ist (Caprioli 2000, Caprioli/Trumbore 2003). Dies belegt den positiven Zusammenhang zwischen Geschlechtergerechtigkeit und dem sozialen Frieden in einer Gesellschaft. Zum anderen zeigt etwa die Initiative der „1000 FriedensFrauen Weltweit“ (www.1000peacewomen.org), welch positives Potenzial Frauen zur Wiederherstellung des Friedens einbringen können (Baksh et al. 2005).

Im Auftrag des UN-Entwicklungsfonds für Frauen (UNIFEM) wurde 2002 der Bericht „Women, War and Peace“ vorgelegt, in dem detaillierte Empfehlungen zur Stärkung und konkreten Einbindung von Frauen in Friedensprozessen formuliert werden (Rehn/Sirleaf 2002, 136-142). Dies umfasst auch eine Verbesse-

8 Siehe hierzu die Informationen von UNIFEM unter www.womenwarpeace.org/issues/peacekeeping/peacekeeping.htm und der Women's International League for Peace and Freedom unter www.peacewomen.org/un/pkwatch/facts.html.

rung der ökonomischen Position und der Gesundheitsvorsorge von Frauen. Darüber hinaus wird gefordert, auf die Ausgangsbedingungen vor Ort Rücksicht zu nehmen und die lokale Ebene besser mit der internationalen Ebene zu verschränken. Externe Akteure sollten darauf achten, dass Frauen in politische Entscheidungsprozesse auf allen Ebenen einbezogen werden, Geber sollten konkret Projekte unter einer geschlechtssensiblen Perspektive fördern. Immer wieder wird schließlich darauf hingewiesen, nicht nur Männer, sondern auch Frauen bei Demobilisierungs- und Reintegrationsprozessen anzusprechen und konkret auf deren spezifische Belange einzugehen (Karamé/Bertinussen 2001, 11-16).

## *Schlussfolgerungen*

Die kurz skizzierten Maßnahmen und Empfehlungen machen deutlich, dass die Herstellung „menschlicher Sicherheit“ unter einer Geschlechterperspektive ein sehr komplexer Prozess ist, der auf einen grundlegenden sozialen Wandel abzielt. Das Konzept menschlicher Sicherheit kommt zwar den Forderungen feministischer Autoren und Autorinnen nach, Individuen zum Bezugspunkt für Sicherheit zu machen. Dennoch blendet es Geschlechterdifferenzen und die Bedeutung und Konsequenzen der Geschlechterhierarchien für den Sicherheitsdiskurs (noch) weitgehend aus. Gleichzeitig eröffnet es jedoch Perspektiven, wie den spezifischen Belangen von Frauen und Mädchen einerseits, Männern und Jungen andererseits stärkere Aufmerksamkeit zuteil werden kann.

In der Debatte um menschliche Sicherheit wurde vor der Gefahr der „Versicherheitlichung“ von Problemen gewarnt, die unter Umständen zu einer militärischen Bearbeitung dieser Probleme führen könnte. Dass diese Gefahr besteht, zeigt sich am „Krieg gegen den Terrorismus“, der vor allem von US-amerikanischer Seite mit militärischen Mitteln geführt wird. Stellt man bei menschlicher Sicherheit jedoch die unterschiedlichen Verwundbarkeiten verschiedener Gruppen und Individuen in den Vordergrund (vgl. die Beiträge von Busumtwi-Sam und Werthes in diesem Band), dann muss es um die Beseitigung der Ursachen für diese Verwundbarkeit gehen (vgl. Grayson 2003, 341). Eine Grundvoraussetzung, um dies leisten zu können, sind entsprechende Daten, aus denen man die jeweiligen Formen und Niveaus von Verwundbarkeit ablesen kann und die derart disaggregiert sind, dass sich auch geschlechtsrelevante Unterschiede ablesen lassen. Die von der Weltgesundheitsorganisation oder dem Weltbevölkerungsfonds der Vereinten Nationen unternommenen Bemühungen, verlässliche Daten über Formen und Ausmaß von Gewalt gegen Frauen zu erhalten, sind ein Schritt in diese Richtung (Ellsberg/Heise 2005).

Freiheit von Angst und Freiheit von Mangel sind die zwei wesentlichen Facetten menschlicher Sicherheit. Damit einher geht nicht nur die Identifizierung der Faktoren, die das physische Überleben und das Wohlergehen jedes Einzelnen bedrohen, sondern im Sinne des *Empowerment* auch die Förderung von Fähigkeiten Einzelner oder spezifischer Gruppen, mit diesen Gefährdungen umzugehen. Eine Verbesserung der Stellung von Frauen und Mädchen kann nur erreicht werden, indem ihre unveräußerlichen Rechten betont werden, also auch die dritte Dimension menschlicher Sicherheit ernst genommen wird (vgl. die Einleitung zu diesem Band). Insofern ist es entscheidend, nicht nur auf die politischen und bürgerlichen Rechte von Frauen hinzuweisen und deren Geltung einzufordern, sondern auch deren soziale und kulturelle Rechte in den Vordergrund zu rücken. Ansätze dazu, dies zumindest in das Bewusstsein der an Friedensprozessen Beteiligten zu rücken, gibt es mittlerweile. Die Umsetzung in eine sich dadurch verändernde soziale Praxis gestaltet sich jedoch wie alle sozialen Wandlungsprozesse noch sehr schwierig. Diese Aufgabe anzugehen ist allerdings notwendig, um aus menschlicher Sicherheit auch weibliche Sicherheit zu machen.

### *Literatur*


Allen, Beverly, 1996: Rape Warfare: The Hidden Genocide in Bosnia-Herzegovina and Croatia. Minneapolis.

Baksh, Rawwida/Linda Etchart/Elsie Onubogu/Tina Johnson (Hg.), 2005: Gender Mainstreaming in Conflict Transformation. Building Sustainable Peace. London.

Baldwin, David A., 1997: The Concept of Security, in: Review of International Studies, Jg. 23/1, S. 5-26.

Blanchard, Eric M., 2003: Gender, International Relations, and the Development of Feminist Security Theory, in: Signs, Jg. 28/4, S. 1289-1312.

Braunmühl, Claudia v., 2001: Gender Mainstreaming Worldwide – Rekonstruktion einer Reise um die Welt, in: Österreichische Zeitschrift für Politikwissenschaft, Jg. 30/2, S. 183-201.

Braunmühl, Claudia v., 2002: Sicherheit für wen und wovor? Kritische Anfragen zum Sicherheitskonzept der Vereinten Nationen, in: epd-Entwicklungspolitik, Jg. /1, S. 44-49.

Bunch, Charlotte, 1990: Women's Rights as Human Rights: Toward a Re-Vision of Human Rights, in: Human Rights Quarterly, Jg. 12/4, S. 486-498.

Bunch, Charlotte, 2004: A Feminist Human Rights Lens, in: Peace Review, Jg. 16/1, S. 29-34.

Caprioli, Mary, 2000: Gendered Conflict, in: Journal of Peace Research, Jg. 37/1, S. 51-68.

Caprioli, Mary/Peter F. Trumbore, 2003: Ethnic Discrimination and Interstate Violence. Testing the International Impact of Domestic Behavior, in: Journal of Peace Research, Jg. 40/1, S. 5-23.

Commission on Human Security, 2003: Human Security Now. New York.

Ellsberg, Mary/Lori Heise, 2005: Researching Violence Against Women. A Practical Guide for Researchers and Activists. Washington.

Elshtain, Jean Bethke, 1987: Women and War. New York.

Goldstein, Joshua S., 2001: War and Gender: How Gender Shapes the War System and Vice Versa. Cambridge.

Grayson, Kyle, 2003: Securitization and the Boomerang Debate: A Rejoinder to Liotta and Smith-Windsor, in: Security Dialogue, Jg. 34/3, S. 337-343.

Hamber, Brandon/Paddy Hillyard/Amy Maguire/Monica McWilliams/Gillian Robinson/David Russell/Margret Ward, 2006: Discourses in Transition: Re-Imagining Women's Security, in: International Relations, Jg. 20/4, S. 487-502.

Handrahan, Lori, 2004: Conflict, Gender, Ethnicity and Post-Conflict Reconstruction, in: Security Dialogue, Jg. 35/4, S. 429-445.

Hansen, Lene, 2000: The Little Mermaid's Silent Security Dilemma and the Absence of Gender in the Copenhagen School, in: Millennium, Jg. 29/2, S. 285-306.

Higate, Paul/Marsha Henry, 2004: Engendering (In)security in Peace Support Operations, in: Security Dialogue, Jg. 35/4, S. 481-498.

Hoogensen, Gunhild/Svein Vigeland Rottem, 2004: Gender Identity and the Subject of Security, in: Security Dialogue, Jg. 35/2, S. 155-171.

Hoogensen, Gunhild/Kirsti Stuvøy, 2006: Gender, Resistance and Human Security, in: Security Dialogue, Jg. 37/2, S. 207-228.

Hudson, Heidi, 2005: ‚Doing' Security As Though Humans Matter. A Feminist Perspective on Gender and the Politics of Human Security, in: Security Dialogue, Jg. 36/2, S. 155-174.

International Alert, 2002: Gender Mainstreaming in Peace Support Operations. Moving Beyond Rhetoric to Practice. London.

Kagan, Robert, 2002: Power and Weakness. Why the United States and Europe See the World Differently, in: Policy Review, Jg. 113 (June & July). <www.hoover.org/publications/policyreview/3460246.html, 23.07.07>.

Karamé, Kari/Gudrun Bertinussen, 2001: Gendering Human Security. From Marginalisation to the Integration of Women in Peace-Building, Recommendations for Policy and Practice from the NUPI-Fafo Forum on Gender Relations in Post-Conflict Transitions. Oslo.

Krause, Jill, 1996: Gendered Identities in International Relations, in: Jill Krause/Neil Renwick (Hg.), Identities in International Relations. Basingstoke, S. 99-117.

Krause, Keith/Michael C. Williams, 1996: Broadening the Agenda of Security Studies: Politics and Methods, in: Mershon International Studies Review, Jg. 40/2, S. 229-254.

Locher-Dodge, Birgit, 1999: „Identität" in den Internationalen Beziehungen: Von geschlechtssensiblen Kritiken zur Rekonzeptualisierung, in: Österreichische Zeitschrift für Politik, Jg. 28/3, S. 269-284.

Mackay, Angela, 2004: Training the Uniforms: Gender and Peacekeeping Operations, in: Haleh Afshar/Deborah Eade (Hg.), Development, Women and War. Feminist Perspectives. Oxford, S. 100-108.

Martin, Sarah, 2005: Must Boys be Boys? Ending Sexual Exploitation and Abuse in UN Peacekeeping Missions. Washington.

Mazurana, Dyan E./Angela Raven-Roberts/Jane L. Parpart (Hg.), 2005: Gender, Conflict and Peacekeeping. Lanham.

McKay, Susan, 2004: Women, Human Security and Peace-Building. A Feminist Analysis, in: Hideaki Shinoda/Ho-Wong Jeong (Hg.), Conflict and Human Security. A Search for New Approaches of Peace-Building (IPSHU English Research Report Series No. 19). Hiroshima, S. 152-175.

Mohamed, Adam Azzain, 2004: From Instigating Violence to Building Peace: The Changing Role of Women in Darfur Region of Western Sudan, in: African Journal on Conflict Resolution, Jg. 4/1, S. 11-26.

Mohamed, Adam Azzain, 2006: Indigenous Institutions and Practices Promoting Peace and/or Mitigating Conflicts: The Case of Southern Darfur of Western Sudan, in: University for Peace (Hg.), Environmental Degradation as a Cause of Conflict in Darfur. Conference Proceedings. Addis Abeba, S. 67-79.

Moser, Caroline O.N./Fiona C. Clark (Hg.), 2001: Victims, Perpetrators or Actors? Gender, Armed Conflict and Political Violence. London.

Peterson, V. Spike (Hg.), 1992: Gendered States. Feminist (Re)Visions of International Relations Theory. Boulder/London.
Rehn, Elisabeth/Ellen Johnson Sirleaf, 2002: Women, War and Peace. The Independent Experts' Assessment on the Impact of Armed Conflict on Women and Women's Role in Peace-building. New York.
Schirmer, Dietmar, 1998: Die Kategorie Geschlecht als kultureller Code. Über Exklusion, Inklusion und Demokratisierung, in: Eva Kreisky/Birgit Sauer (Hg.), Geschlechterverhältnisse im Kontext politischer Transformation (PVS-Sonderheft 28). Opladen, S. 194-219.
Tickner, J. Ann, 1988: Hans Morgenthau's Principles of Political Realism. A Feminist Reformulation, in: Millennium, Jg. 17/3, S. 429-440.
Tickner, J. Ann, 1992: Gender in International Relations. Feminist Perspectives on Achieving Global Security. New York.
Ullmann, Richard H., 1983: Redefining Security, in: International Security, Jg. 8/1, S. 129-153.
Vlachoud, Marie/Marie Biason (Hg.), 2005: Women in an Insecure World. Violence against Women - Facts, Figures and Analysis. Executive Summary. Genf.

# Auf tönernen Füßen?

## Zur normativen Begründbarkeit menschlicher Sicherheit[1]

*Tobias Debiel/Volker Franke*

Das Konzept menschlicher Sicherheit hat drei Dimensionen: eine empirisch-analytische, eine präskriptive und eine normative. Die Debatte hat sich bislang stark auf die präskriptiven und empirischen Komponenten konzentriert. Als die Diskussion um menschliche Sicherheit aufkam, ging es vornehmlich darum, akademische und politische Diskurse zu sicherheits- und entwicklungsrelevanten Fragen zu beeinflussen und auf diese Weise neue politische Prioritätensetzungen zu erzielen. Verschiedenste Projekte – wie der *Human Security Report* (Human Security Centre 2005) oder *Human Security Now* (Commission on Human Security 2003) – und eine Reihe von Fallstudien haben zudem versucht, die empirische Realität menschlicher Sicherheit zu erfassen, so etwa zu Afghanistan (Rubin et al. 2005, Tadjbakhsh 2005, UNDP 2004), Bangladesh (UNDP 2002), oder Kambodscha (Owen 2003).

Verhältnismäßig unterbelichtet blieb demgegenüber die normative Begründung menschlicher Sicherheit. Mit zunehmender Verbreitung des Konzepts kristallisieren sich aber mindestens drei Kontroversen heraus, die ohne Bezug auf normative Erwägungen nicht seriös beantwortet werden können:

1. Gibt es einen essenziellen Kern menschlicher Sicherheit, der universelle Gültigkeit beanspruchen kann?
2. Inwieweit dürfen Strategien zum Schutz menschlicher Sicherheit die Freiheit des Einzelnen einschränken?
3. Wer verdient unter der Maßgabe menschlicher Sicherheit in einer Gemeinschaft oder Gesellschaft prioritären Schutz?

Zur vorläufigen Beantwortung dieser Fragen rekurrieren wir im Rahmen dieses Beitrags auf ausgewählte Ansätze der politischen Philosophie. Unser Anliegen ist dabei natürlich keine erschöpfende Analyse der verschiedenen, hier nur schlaglichtartig behandelten Denkrichtungen. Vielmehr möchten wir andeuten, auf welche Traditionen sich eine normative Reflektion des Konzepts menschlicher Sicherheit stützen kann – und dass eine derartige Rückbesinnung durchaus von Wert ist.

---

1 Wir möchten an dieser Stelle ganz herzlich Tarquin Mészarós und Marie-Christine Heinze danken, die an ersten Überlegungen und Vorfassungen zu diesem Beitrag beteiligt waren. Neben dem Herausgeber und der Herausgeberin sind wir insbesondere Karsten Malowitz und Manuel Probst zu tiefem Dank für eingehende Kritik und Kommentare zu diesem Artikel verpflichtet. Wir haben uns bemüht, die Anregungen weitestmöglich zu berücksichtigen. Selbstverständlich zeichnen für verbleibende Schwächen des Artikels die beiden Autoren verantwortlich.

## *Gibt es einen universellen normativen Kern?*

Den vielleicht einflussreichsten Vorschlag, menschliche Sicherheit näher zu bestimmen, hat die *Commission on Human Security* vorgelegt. Sie definiert menschliche Sicherheit als die Pflicht, „den vitalen Kern allen menschlichen Lebens in einer Weise zu schützen, dass menschliche Freiheiten und die menschliche Erfüllung des Lebens erhöht werden“ (2003, 4).[2] Neben dem unmittelbaren Schutz menschlichen Lebens geht es ihr auch um die Menschenwürde (2003, 8). Wenngleich die *Commission on Human Security* den „vitalen Kern“ (*vital core*) als „einen Satz elementarer Rechte und Freiheiten, die Menschen genießen“, definiert, verdeutlicht der Bericht, dass das, „was Menschen als ‚vital‘ ansehen – was sie als ‚die Essenz des Lebens‘ und ‚von zentraler Bedeutung‘ betrachten – zwischen Individuen und Gesellschaften variiert“ (2003, 4).

Wie sich diese elementaren Rechte und Freiheiten konkret begründen lassen, wird in „Human Security Now“ nicht näher aufgelöst. Allerdings ist deutlich, dass die Menschenrechte einen zentralen Bezugspunkt bilden sollen und insofern die Gültigkeit dieser Normen in den Mittelpunkt rückt. Es bietet sich vor diesem Hintergrund zunächst an, auf universalistische Ansätze in der neuzeitlichen und modernen Philosophie zurückzugreifen, die dem menschlichen Wesen Kernrechte als quasi-ontologische, also wesensbestimmende Eigenschaft zuschreiben, über die sie bereits vor Eintritt in die Gesellschaft verfügen. Die wirkmächtigsten Versuche einer derartigen Herleitung folgen einer naturrechtlichen Begründung und sind mehrheitlich in Vertragstheorien eingebettet. Menschenrechte sind universell, unveräußerbar, unabhängig von Zeit und Raum, nicht an gesetztes Recht gebunden und von ihrem Wesen her moralischer Natur und dem Individuum zugeordnet (Probst 2006, 9-11).

Tatsächlich bewegt sich eine derartige Letztbegründung von Normen auf wackeligem Boden. Denn sie betrachtet das Individuum isoliert und entäußert es seiner kulturellen Einbettung. Genau dies ist einer der Kritikpunkte, die *Kulturrelativisten* vorbringen (vgl. Renteln 1988). Doch sie schießen über das Ziel hinaus mit ihrer grundsätzlichen Skepsis, dass Werte und Normen überhaupt universelle Gültigkeit haben können. Erkenntnistheoretisch geraten sie in die Bredouille, insofern sie für ihre relativistischen Grundannahmen selbst eine „universelle Wahrheit“ behaupten müssen, obwohl andererseits eine allgemeine Anerkennung von Normen abgelehnt wird. Empirische Argumente treten hinzu: Im beginnenden 21. Jahrhundert gibt es kaum noch „geschlossene Räume“, in denen ohne Einbezug globaler Diskussionen Normen diskutiert und etabliert werden könnten. Zudem findet man jenseits nicht-westlicher Normensysteme selten relativistische Positionen, sondern zum Teil konkurrierende Vorstellun-

2 Übersetzungen aus englischsprachigen Dokumenten wurden, wenn keine autorisierte deutsche Version verfügbar war, von den Autoren vorgenommen.

gen zum westlich geprägten Universalismus. Von daher bietet der Kulturrelativismus weder erkenntnistheoretisch noch politisch-praktisch eine Lösung, da letztlich eine kultur- und regionenübergreifende Verständigung erforderlich ist.

Auch *Kommunitaristen* bezweifeln, dass Menschenrechte von einer Kultur in eine andere übertragen werden können (zum Beispiel Etzioni 2004). Zugleich beharren kommunitaristische Philosophen aber im Unterscheid zu konsequenten Kulturrelativisten darauf, dass moralische Begriffe auch eine „dünne Bedeutung" (*thin meaning*) haben, welche interkulturelle Kommunikation möglich macht (Walzer 1994). Die *Commission of Human Security* kommt mit ihrer Hybrid-Definition kulturrelativistischen und kommunitaristischen Positionen entgegen. Dadurch vermeidet sie Konflikte, doch schwächt sie zugleich ihre eigene Überzeugungskraft. Dass die genauere inhaltliche Ausgestaltung des *vital core* den einzelnen Individuen und Gesellschaften überlassen wird, wirft nämlich Fragen auf: Lässt sich noch von einem „vitalen Kern" sprechen, wenn dieser je nach Kontext variiert? Und: Wie verständigen sich Individuen und Gesellschaften über abweichende oder gar konfligierende Vorstellungen?

Der radikale Kulturrelativismus, aber auch der Kommunitarismus bieten keine wirklichen Alternativen. Denn die Etablierung menschenrechtlicher Fundamentalnormen, die zumindest in der Staatenwelt regionenübergreifend akzeptiert werden und in einigen Fällen sogar als bindendes Recht (*ius cogens*) gegenüber allen (*erga omnes*) gelten, haben diese Positionen bereits erheblich in Bedrängnis gebracht. In Art. 53 der Wiener Vertragsrechtskonvention (WVK) von 1969 wird *ius cogens* dabei definiert als

> „(...) eine Norm, die von der internationalen Staatengemeinschaft in ihrer Gesamtheit angenommen und anerkannt wird, als eine Norm, von der nicht abgewichen werden darf und die nur durch eine spätere Norm des allgemeinen Völkerrechts derselben Rechtsqualität geändert werden kann".

Es besteht zwar keine Einigkeit darüber, welche Normen heute als unabweisbar (*peremptory*) anerkannt sind. Zugleich bietet der Kommentar der *International Law Commission* zu den „Draft Articles on Responsibility of States for Internationally Wrongful Acts" in der Fassung von 2001 wichtige Anhaltspunkte. So werden in Art. 26 Abs. 5 das Verbot eines Angriffs, des Genozids, der Sklaverei, der Rassendiskriminierung, Verbrechen gegen die Menschlichkeit und Folter sowie das Recht auf Selbstbestimmung als allgemein anerkanntes zwingendes Völkerrecht genannt (ILC 2001, 208). In ähnlicher Weise kam Mathias Pape bereits 1997 zu dem Schluss, dass das *human rights law* und das humanitäre Völkerrecht – bei unterschiedlichem sachlichen und persönlichen Anwendungsbereich – vier Fundamentalnormen gemeinsam haben: das Recht auf Leben, die Freiheit von Folter, die Freiheit von Sklaverei und das Diskriminierungsverbot (Pape 1997, 63). Die völkerrechtliche Empirie entzieht also in gewisser Weise allzu grundsätzlichen Relativierungen den Boden. Vor diesem Hintergrund bietet sich zur normativen Grundlegung von Konzepten menschlicher Sicherheit eine Position an, die wir als „pragmatischen Universalismus" bezeichnen wollen. Statt sich die Bürde von „Letztbegründungen" aufzuladen, identifiziert ein solcher Ansatz völkerrechtlich bindende „harte" Kernnormen, die in internationalen Konventionen kodifiziert sind.

### *Sicherheit versus Freiheit? Das klassische Dilemma*

Wie nun aber soll menschliche Sicherheit geschützt werden? Ob es um staatliches Handeln im Zeichen von Krieg, Naturkatastrophen oder Terrorismus geht – im Kern zeitgenössischer Kontroversen steht die Jahrhunderte alte Debatte, wie weit die Verantwortung des Staates geht und wo er die Freiheit seiner Bürger einschränken kann. Während die aristotelische Philosophie die Bestimmung des (Stadt-)Staates in der Generierung von Vorteilen für seine Bürger und in der Schaffung von Bedingungen erkannte, die es den Bürgern ermöglichen, ein „gutes Leben" zu führen, sah die politische Philosophie der Neuzeit und der Aufklärung die Aufgabe des Staates eher darin, den rechtlichen Rahmen bereit zu stellen und zu schützen, innerhalb dessen die Bürger ihre jeweils individuellen Ziele verfolgen können, und zwar insbesondere Überleben, Eigentum und Freiheit. Im Zentrum dieser Theorien steht der Kampf zwischen der Freiheit des Einzelnen und der staatlichen Autorität oder wie John Stuart Mill es ausdrückt, „die Natur und die Grenzen der Macht, die die Gesellschaft legitimerweise über das Individuum ausüben kann" (Mill 1969, 7).

Die Ausgangsfrage der vertragstheoretischen Ansätze lautete: Warum sollten Individuen zustimmen, von einem Staat regiert zu werden? Thomas Hobbes argumentierte in seinem „Leviathan" (1651/2003) im Lichte der Erfahrungen des englischen Bürgerkrieges, dass es darum gehe, einem Leben in einem von Unsicherheit, Güterknappheit und Konkurrenz geprägten Naturzustand zu entkommen, das er als „evil, nasty, brutish and short" beschrieb. Folglich gibt der Einzelne seine naturgegebenen Rechte auf, um im Gegenzug Sicherheitsgarantien durch den „Leviathan" zu erhalten und einige Kernrechte behalten zu können (so das Recht auf Überleben und Selbstverteidigung) (vgl. Probst 2006, 16-19). Auf diese Weise konstruiert Hobbes den Idealtypen eines negativen Staates, in dem er dem Leviathan absolute Macht über die Individuen zugesteht, insofern dieser die Minimalform menschlicher Sicherheit, nämlich die „freedom from violent death" (Jütersonke/Schwarz 2006, 33), gewährleistet.

Im Gegensatz zu Hobbes spielt für John Locke die Moral die zentrale Rolle auch im Naturzustand, wo das Naturgesetz jedes Individuum bindet. Die Vernunft als Naturgesetz lehrt dabei, „dass niemand einem anderen, da alle gleich und unabhängig sind, an seinem Leben und Besitz, seiner Gesundheit und Freiheit Schaden zufügen soll" (Locke 1689/1967, Kap. II-6, 202). Das Verständnis der menschlichen Natur, wie Locke es in seinen „Zwei Abhandlungen über die Regierung" (1689/1967) entfaltet, ist deutlich komplexer als die Hobbessche

Konstruktion und bezieht sowohl gewaltsame Auseinandersetzungen als auch friedliche Zusammenarbeit mit ein. Die funktionale Begründbarkeit des Staates beschränkt sich nicht nur auf den unmittelbaren Schutz des Lebens seiner Bürger, sondern auch auf die Aufrechterhaltung von Freiheit und Eigentum (Probst 2006, 20-22). Damit ist der Einzelne nicht nur Objekt von Schutzbemühungen, sondern auch ein Subjekt, welches sein eigenes Leben über freie Wahlmöglichkeiten bestimmt, die sich auf Minimalvoraussetzungen für sein materielles Wohlbefinden stützen. Empowerment-Ansätze, wie sie die *Commission on Human Security* (2003) hervorgebracht hat, stehen in dieser Tradition.

Eine Modifizierung der vertragstheoretischen Ansätze findet sich dann bei Jean-Jacques Rousseau in seiner „Déclaration des droits de l'hommes et du citoyen" (1793), die zwischen natürlichen und bürgerlichen Freiheiten unterscheidet. Indem das Individuum in die Zivilgesellschaft eintritt, tauscht es seine natürlichen Freiheiten gegen die Herrschaft des Rechts und die Eigentumsgarantie ein – zwei grundlegende Merkmale bürgerlicher Freiheiten. Problematisch an Rousseaus Ansatz ist freilich, dass der Bürger anschließend dem *volonté general* unterworfen ist. Minderheitenrechte sind diesem Konzept fremd; jenseits der zwei Grundprinzipien (*rule of law/property rights*) gibt es kein Grundrecht, welches nicht abgeändert werden könnte. Dennoch betont Rousseau stärker als andere Denker der Aufklärung, dass die Teilhabe aller ein inhärentes Merkmal von Souveränität darstellt – ein Gesichtspunkt, der häufig von Top-Down-Konzepten menschlicher Sicherheit vernachlässigt wird.

John Stuart Mill, ein sehr einflussreicher liberaler Denker des 19. Jahrhunderts und sozialer Reformer, knüpft in seiner Begründung für die Notwendigkeit des Staates zunächst durchaus an Hobbes an: „Um die schwächeren Mitglieder der Gemeinschaft davor zu schützen, von unzähligen Geiern gefressen zu werden, war es notwendig, dass es ein Raubtier, stärker als alle anderen, gab, das den Auftrag hatte, sie niederzuhalten" (Mill 1969, 8). Gleichwohl konzentriert sich Mills Hauptinteresse auf den Schutz der Freiheit des Einzelnen und auf eine klare Trennung zwischen öffentlichem und privatem Raum. Die Regeln des Staates müssen der „do no harm"-Bestimmung folgen: „die einzige Absicht, um derentwillen Macht rechtmäßig über irgendein Mitglied einer zivilisierten Gemeinschaft gegen seinen Willen ausgeübt werden kann, ist die, eine Schädigung anderer zu verhindern. Sein eigenes physisches oder moralisches Wohl ist kein ausreichender Grund" (1969, 16). Mill fordert vor diesem Hintergrund breitere politische Mitwirkungsrechte und soziale Teilhaberechte für die Bürger, womit er nicht nur über Hobbes, sondern auch über Locke hinausgeht. Gerade die demokratische Mitwirkung ist eine Gedankenwelt, auf die etwa der *Human Security Report* rekurriert, wenn er das Recht der Bürger einfordert, „an Entscheidungen teilzuhaben, die in fundamentaler Weise die Sicherheit der Gemeinschaften, in denen sie leben, betreffen, insbesondere wo knappe Ressourcen die schwierige Abwägung zwischen verschiedenen Sicherheitszielen erfordert" (Human Security Centre 2005, 47). Gleichzeitig kritisiert der Bericht die traditionelle Hobbessche Konzeption staatlicher Sicherheit wegen ihres Top-Down-Ansatzes, der zumeist „die Prioritäten von Regierungen widerspiegelt anstelle derer ihrer Bürger" (Human Security Centre 2005, 47).

Die wohl konsequenteste Begründung eines Vorrangs der Freiheit ist die Transzendentalphilosophie Immanuel Kants, der zufolge menschliche Freiheit jedem vernunftbegabten Wesen *a priori* gegeben ist. Diese Grundidee markiert ideengeschichtlich einen der philosophischen Höhepunkte der europäischen Aufklärung. Zugleich bildet sie die erkenntnistheoretische Grundlage für Kants praktisch-politische Forderung nach dem „Ausgang des Menschen aus seiner selbstverschuldeten Unmündigkeit" (Kant 1784, 481). Im Kern zielt sein Ansatz nicht primär auf den Schutz oder auf das *Empowerment*, sondern vielmehr auf die *Emanzipation* des menschlichen Wesens (Probst 2006, 26-29). Allerdings bleibt Kant Antworten auf Probleme der institutionellen Umsetzung des Freiheitsschutzes schuldig und hinsichtlich der Kontrolle der Regierung sowie der Partizipationsmöglichkeiten der Bürgerinnen und Bürger hinter Locke, Rousseau und Mill zurück.

Kants Ansatz beschränkt sich auf die Forderungen nach Rechtsstaatlichkeit und Publizität. Grundsätzlich ist er mit jeder Regierungsform vereinbar, deren Gesetzgebung so gehalten ist, dass sie dem formalen Grundsatz der Universalisierbarkeit gehorcht. Diese Bedingung lässt sich auch unter der Herrschaft eines aufgeklärten Autokraten erfüllen. Für einen auf Partizipation angelegten Ansatz menschlicher Sicherheit bringt der Bezug auf Kant also wenig. Freilich bildet seine Philosophie eine starke argumentative Grundlage für diejenigen, die in Übergangsgesellschaften Rechtssicherheit und nicht Demokratie für vorrangig halten.

Die Quintessenz der hier erfolgten Rekonstruktion philosophischer Argumentationsstränge fällt ambivalent aus: Wird die Sicherheit vor gewaltsamer Bedrohung im Hobbes'schen Sinne als Kernproblem des Verhältnisses von Individuum und Gesellschaft gesehen und eine tendenzielle Fähigkeit des Leviathan unterstellt, diese sozusagen „top-down" und ohne Partizipation und zivilgesellschaftliche oder parlamentarische Kontrolle zu garantieren, so steht es um die Freiheitsrechte der Bürgerinnen und Bürger schlecht. Anders sieht es aus, wenn der Gesellschaftsvertrag von vornherein über die Garantie der physischen Existenz hinaus Freiheits- und Eigentumsrechte mit umfasst: Hier wird in der Tendenz unterstellt, dass es auch eine schutzbedürftige Privatsphäre geben muss, die dem Zugriff des Leviathan entzogen bleibt. Dahinter steckt auch eine Grundskepsis gegenüber dem nutzbringenden Handeln eines demokratisch nicht kontrollierten Staates. Am radikalsten und konsequentesten aber positioniert sich der Kant'sche Ansatz: Die Achtung des Freiheitsprinzips wird bei ihm zum einzigen und universellen Kriterium für die Legitimität von Gesetzen (Kant 1785/1956, 345). Ein Konzept menschlicher Sicherheit, welches mit diesen

Ideen kompatibel sein will, wird in Sachen Rechtsstaatlichkeit keine falschen Kompromisse machen können.

### *Gerechte Gesellschaftsordnung und das verwundbare Individuum*

Wie lässt sich das Anliegen menschlicher Sicherheit in Konzepte einer gerechten Gesellschaftsordnung einbetten? Welche Prioritäten sind zu setzen? Gebührt den Individuen Vorrang oder ist menschliche Sicherheit eher ein zweitrangiges Ziel, das sich der Sicherheit der Gemeinschaft (*community security*) unterzuordnen hat?

Eine radikale Herausforderung der letztlich am Individuum orientierten neuzeitlichen Philosophie stellt der *utilitaristische Kritizismus* in der Tradition von Jeremy Benthams „Anarchical Fallacies" (1791/1843) dar. Er wählt nicht den Einzelnen als zentralen Bezugspunkt, sondern die akkumulierte Wohlfahrt aller Menschen in einem gesellschaftlichen Kollektiv. Für den Ansatz menschlicher Sicherheit würde eine utilitaristische Fundierung bedeuten, extreme Menschenrechtsverletzungen nur dann als Problem zu erachten, wenn sie die aggregierte Nutzenfunktion einer Gesellschaft berühren, also insgesamt die „Netto-Wohlfahrt" einer Gesellschaft hin zum Negativen ändern. Eine derartige Ausrichtung würde dem tendenziell emanzipatorischen Anspruch menschlicher Sicherheit zuwiderlaufen und hinter geltendes Völkerrecht zurückfallen. Auch bleibt der Utilitarismus schlüssige Argumente schuldig, warum allein die Wohlfahrt der Gemeinschaft das entscheidende Kriterium für die Legitimität einer Regierung darstellen soll (Probst 2006, 46-48).

Einer der faszinierendsten Versuche, die Frage nach einer gerechten Gesellschaftsordnung sozialphilosophisch zu beantworten, wurde von John Rawls unternommen. In „Eine Theorie der Gerechtigkeit" (1975) entwickelt Rawls das Konstrukt eines fairen und gerechten, deliberativen Forums, in welchem der Vertrag für eine spezifische Gesellschaftsordnung abgeschlossen werden soll. In diesem fiktiven Forum müssen sich die Beteiligten auf ein Gerechtigkeitskriterium verständigen, um machbare Grundstrukturen einer Gesellschaft etablieren zu können. Die ganz spezifischen Einstellungen und Bedürfnisse wie auch die jeweiligen persönlichen Hintergründe und Talente der künftigen Bürger sind durch einen „Schleier der Unwissenheit" (*veil of ignorance*) verborgen. Die am Forum beteiligten Parteien können insofern neutral und unparteiisch agieren mit dem Ziel, die Interessen ihrer Klienten bestmöglich zu schützen. Rawls versucht nun nachzuweisen, dass unter diesen Bedingungen zwei Gerechtigkeitsprinzipien und zwei Prioritätsregeln festgelegt würden, wobei für unsere Zwecke die Gerechtigkeitsprinzipien interessant sind. Rawls' erstes Gerechtigkeitsprinzip ist mehr oder weniger absolut und lautet: „Jedermann soll gleiches Recht auf das umfangreichste System gleicher Grundfreiheiten haben, das mit dem gleichen System für alle anderen verträglich ist." (Rawls 1975, 81).

Die Grundfreiheit der Bürger umfasst dabei die politische Freiheit (im Sinne eines aktiven wie passiven Wahlrechts), die Rede- und Versammlungsfreiheit, die Gewissens- und Gedankenfreiheit, das Eigentumsrecht und die Freiheit vor willkürlicher Verhaftung.

Das zweite Gerechtigkeitsprinzip formuliert Rawls wie folgt:

> „Soziale und wirtschaftliche Ungleichheiten müssen folgendermaßen beschaffen sein: (a) sie müssen unter der Einschränkung des gerechten Spargrundsatzes den am wenigsten Begünstigten den größtmöglichen Vorteil bringen und (b) sie müssen mit Ämtern und Positionen verbunden sein, die allen gemäß fairer Chancengleichheit offenstehen." (Rawls 1975, 336).

Für den Diskurs um menschliche Sicherheit ist diese „Theorie der Gerechtigkeit" in zweifacher Weise relevant: Zum einen führt sie den Kant'schen Gedanken fort, dass die Freiheit nur um der Freiheit willen eingeschränkt werden darf und nicht aufrechenbar ist. Rawls etabliert damit eine regulative Idee, die die bereits erwähnte Debatte um den Konflikt zwischen Sicherheit und Freiheit weiter bereichert. Allerdings muss kritisch hinterfragt werden, ob gerade für Übergangsgesellschaften ein System der größtmöglichen Grundfreiheiten passend ist, sind freiheitliche Regierungssysteme doch äußerst voraussetzungsvoll und im Habermas'schen Sinn auf „entgegenkommende Verhältnisse" kultureller, sozialer und ökonomischer Art angewiesen.

Zweitens, und für uns hier wichtiger, etabliert Rawls die Sorge für die verwundbarsten Individuen als zentrale Verpflichtung gerechter Gesellschaften: Denn die im zweiten Gerechtigkeitsprinzip formulierte Maximim-Entscheidungsregel, derzufolge die am stärksten benachteiligten Mitglieder einer Gesellschaft so gut wie möglich gestellt sein sollen, bedeutet nicht weniger als eine Verpflichtung für das Wohlergehen der ärmsten Mitglieder einer Gesellschaft. Die auf diese Weise sozial eingebettete Betonung der individuellen Rechte und Selbstverwirklichung ist ein attraktiver Gegenentwurf zu kommunitaristischen oder kollektivistischen Ideen.[3] Freilich bleibt die Rawls'sche Vorrangregel inhaltlich leer. Für die politische Praxis wird sie mithin nur nutzbar gemacht werden können, wenn man das Gedankenexperiment sehr konkret anhand tatsächlich verfügbarer Alternativen durchspielt.

## *Fazit und Perspektiven*

Menschliche Sicherheit ist in ihrem Kern ein normatives Konzept. Es definiert zentrale Bedrohungen, denen das verwundbare Individuum ausgesetzt ist. Und es kann nur dann sinnvoll in der Entwicklungs- und Konfliktforschung eingesetzt werden, wenn die Prävention derartiger Bedrohungen von verschiedenen

3 Vgl. für eine grundlegende Kritik an der Rawls'schen Konstruktion des Verhältnisses von Individuum und Gesellschaft insbesondere Mulhall/Swift 1992, Sandel 1982, Walzer 1983.

Akteuren als moralische Verpflichtung im Rahmen von Global Governance aufgefasst wird.

Zu Beginn unseres Beitrags argumentierten wir wie folgt: Die Philosophen des klassischen Liberalismus haben gute Gründe für die Geltung der Menschenrechte geliefert, eine Letztbegründung jedoch nicht. Die Kritiker universeller Menschenrechte vermögen es zwar mitunter, den Finger sozusagen in die Wunde zu legen. Doch bleiben ihre Gegenentwürfe schwach und sind insbesondere dem Zeitalter der Globalisierung kaum mehr angemessen. Zugleich sind in der empirischen Wirklichkeit durch Menschenrechtskonventionen und humanitäres Völkerrecht bereits harte Kernnormen etabliert, die wir im Sinne eines „pragmatischen Universalismus“ zum Ausgangspunkt eines menschenrechtlich begründeten Verständnisses menschlicher Sicherheit machen. Im Sinne einer prinzipientheoretischen Bescheidenheit spricht viel dafür, sich auf derartige völkerrechtliche Mindeststandards zu konzentrieren, die den philosophischen Grundsätzen der Widerspruchsfreiheit und Verallgemeinerungsfähigkeit genügen (Pape 1997). Das *ius cogens* und die Gültigkeit von Normen *erga omnes* bilden die zentralen Anknüpfungspunkte. Der Preis einer solchen Position ist der Verzicht auf eine explizite normative Begründung. Dieser Preis ist aber unseres Erachtens verschmerzbar, da die Position nicht einem generellen Rechtspositivismus das Wort redet. Sie weist nur mit Nachdruck darauf hin, dass es im Völkerrecht bereits ein hohes normatives Verpflichtungsniveau gibt, welches keineswegs hinter naturrechtlichen Begründungen zurück bleibt.

Unser Vorschlag läuft mithin darauf hinaus, innerhalb des *vital core* von menschlicher Sicherheit Mindeststandards zu definieren, deren Interpretation – im Unterschied zur *Commission on Human Security* – nicht einfach „freigegeben“ werden kann. Es handelt sich um die völkerrechtlich kodifizierten menschenrechtlichen Fundamentalnormen der Staatenwelt, die im Zweifelsfall auch eine „Verantwortung zum Schutz“ (ICISS 2001) menschlicher Sicherheit hat. Diesem „harten Kern“ lässt sich ein „weicher Kern“ der Gesellschaftswelt hinzufügen, der in unterschiedlichen regionalen, kulturellen, politischen und religiösen Kontexten jeweils spezifisch definiert wird. Freilich darf die Ausgestaltung des weichen Kerns nicht im Widerspruch zu den „harten“ Normen stehen. Auch können die im weichen Kern angesiedelten Normen nur dann Geltung beanspruchen, wenn ihre Entstehung Verfahren unterworfen ist, die gewissen Mindeststandards deliberativer Willensbildung und Entscheidungsfindung gehorchen.

Woran könnte ein solches Verfahren gemessen werden? Der diskursorientierte Ansatz, wie er in der modernen Philosophie in Anlehnung an die Transzendentalpragmatik von Karl Otto Apel (1976) und die Sprechakttheorie von John Searle (1969) prominent von Jürgen Habermas (1984) vertreten wird, könnte einen Ausgangspunkt für die Entwicklung von Kriterien bilden. Die Quintessenz dieser Denkschule lautet: Die Begründung von Normen findet formell in einem universalistisch angelegten Rahmen statt; das substantielle Ergebnis kann jedoch je nach Kontext deutlich variieren. Konkret können Normen Gültigkeit nur beanspruchen, wenn sich vorstellen lässt, dass sie einer „idealen Sprechsituation" entsprungen sind, basierend auf Chancengleichheit aller Diskursteilnehmer bezüglich kommunikativer Sprechakte, Deutungen, Behauptungen, Empfehlungen, Erklärungen und Rechtfertigungen sowie Einstellungen, Gefühlen und Wünschen, Verboten, Befehlen oder Versprechen.

Es ist offensichtlich, dass die ideale Sprechsituation empirisch nie vorfindbar sein wird.[4] Zugleich kann sie als erste Orientierung dienen, wenn es darum geht, Maßstäbe für die Beurteilung der Legitimität von Normbildungsprozessen auf internationaler, regionaler, transnationaler, nationaler und lokaler Ebene zu liefern. Die empirische Forschung könnte dabei untersuchen, welche Akteure an Diskursen teilnehmen und normsetzend wirken, wie die Diskurse jeweils strukturiert sind (hegemonial/repressiv versus zwangfrei) und inwiefern sie sich einer idealen Sprechsituation annähern.

Die zentralen Auseinandersetzungen der Zukunft werden sich allerdings vermutlich weniger um das „Was" menschlicher Sicherheit, sondern verstärkt um das „Wie" ihrer Umsetzung drehen. Dabei gerät mit zunehmender Gefährdungswahrnehmung der klassische Konflikt zwischen „Sicherheit" und „Freiheit" in den Blickpunkt – und es spitzen sich konkurrierende Vorstellungen vom Staat als Leviathan versus vom Staat als rechtsstaatlich und demokratisch kontrollierter Institution zu. Zu wenig wird heute noch beachtet, dass die entsprechenden Kontroversen sich in Zeiten fragiler Staatlichkeit und asymmetrischer Bedrohungen unterdessen nicht mehr allein im Verhältnis des Individuums zum Staat, sondern auch im Verhältnis des Individuums zu externen Akteuren stellen, die in Extremsituationen staatliche Hoheitsfunktionen übernehmen. Die maßgeblich von der *International Commission on Intervention and State Sovereignty* (ICISS 2001) vorangetriebene Neudefinition der zentralen Norm staatlicher Souveränität sieht ja vor, dass die internationale Staatengemeinschaft bei gravierendsten Menschenrechtsverletzungen eine „Verantwortung zum Schutz" übernehmen muss, wenn der primär zuständige Staat hierzu nicht willens oder in der Lage ist. Eine emanzipatorische, in der Tradition der Aufklärung argumentierende Position tut in diesem Kontext gut daran, am Kant'schen Diktum festzuhalten, dass der Einzelne als vernunftbegabtes und autonomes Wesen nie allein als Mittel, sondern stets auch als Zweck behandelt werden muss.

4 Möglich wäre es alternativ auch, an deliberative Ansätze anzuknüpfen, die sich näher mit den Räumen und Verfahren beschäftigen, in denen bzw. durch die eine Entscheidungsfindung zwischen freien und gleichen Bürgern und Bürgerinnen möglich ist. Eine „deliberative Demokratie" (zum Beispiel Elster 1998) zeichnet sich dabei nicht durch bloße Interessenaggregation, sondern durch eine Transformation von Interessen im Zuge von Argumentationsprozessen aus. Insgesamt ist dieses von Habermasschen Ideen inspirierte Konzept weniger voraussetzungsreich als die „ideale Sprechsituation".

Das Konzept menschlicher Sicherheit betrifft in einer „Weltrisikogesellschaft" (Beck 2007) jeden und jede. Zugleich ist deutlich, dass sowohl innerhalb der einzelnen Gesellschaften als auch innerhalb der Weltgesellschaft die Empfindlichkeit (also die potenzielle Betroffenheit) und die Verwundbarkeit (das heißt die Fähigkeit bzw. Unfähigkeit, auf eine Bedrohung wirksam zu reagieren) unterschiedlich verteilt sind (vgl. Keohane/Nye 1986). Vor diesem Hintergrund stellt sich auf gesellschaftlich-politischer Ebene die Grundfrage, wo beim Schutz menschlicher Sicherheit Prioritäten gesetzt werden sollen. Utilitaristische Ansätze, die auf die gesamtgesellschaftliche Wohlfahrtsfunktion hin orientiert sind, würden extrem schlechte Lebenslagen einzelner Individuen akzeptieren, wenn sie durch Nutzengewinne bei anderen Individuen überkompensiert werden. Überzeugender ist vor diesem Hintergrund die in liberaler Tradition stehende „Theorie der Gerechtigkeit" von John Rawls, die von einer gerechten Gesellschaftsordnung Garantien dafür einfordert, dass es dem Verwundbarsten besser als in jeder anderen denkbaren Gesellschaftsordnung geht. Dass wir hiervon in der Realität auf nationaler und erst recht auf globaler Ebene noch weit entfernt sind, sollte Ansporn zum Handeln und zum weiteren Forschen über die Voraussetzungen menschlicher Sicherheit sein. Und sollte eine normative Reflektion diesen Ansporn auch noch plausibel begründen, so hätte sie einiges erreicht.

### *Literatur*

Apel, Karl-Otto, 1976: Transformation der Philosophie. Band 2: Das Apriori der Kommunikationsgemeinschaft. Frankfurt a. M.

Beck, Ulrich, 2007: Weltrisikogesellschaft. Auf der Suche nach der verlorenen Sicherheit. Frankfurt a. M.

Bentham, Jeremy, 1791/1843: Anarchical Fallacies. Being an Examination of the Declarations of Rights Issued During the French Revolution, in: John Bowring, The Works of Jeremy Bentham, Part 2. Edinburgh.

Commission on Human Security, 2003: Human Security Now. Protecting and Empowering People. Washington, D.C.

Elster, Jon (Hg.), 1998: Deliberative Democracy. Cambridge.

Etzioni, Amitai, 2004: Auf dem Weg zu einer globalen Wertegemeinschaft (WZB Lectures 8; June 2004). Berlin.

Habermas, Jürgen, 1984: Vorstudien und Ergänzungen zur Theorie des kommunikativen Handelns. Frankfurt a. M.

Hobbes, Thomas, 1651/2003: Leviathan, 6th printing. Cambridge.

Human Security Centre, 2005: The Human Security Report 2005. War and Peace in the 21st Century. Oxford et al. <www.humansecurityreport.info, 24.09.07>.

ICISS (International Commission on Intervention and State Sovereignty), 2001: The Responsibility to Protect. Report of the International Commission on Intervention and State Sovereignty. Ottawa. <www.iciss.ca/pdf/Commission-Report.pdf, 24.09.2007>.

ILC (International Law Commission), 2001: Commentaries to the Draft Articles on Responsibility of States for Internationally Wrongful Acts, adopted by the International Law Commission at its fifty-third session (2001), November 2001 <www.ilsa.org/jessup/jessup06/basicmats2/DASRcomm.pdf, 24.09.07>.

Jütersonke, Oliver/Rolf Stephan Schwarz, 2006: Freedom from Fear, not Freedom from Violent Death. Critical Reflections on the Human Security Report 2005, in: Die Friedens-Warte, Jg. 81/2, S. 33-38.

Kant, Immanuel, 1784: Beantwortung der Frage: Was ist Aufklärung?, in: Berlinische Monatsschrift. Dezember-Heft 1784, S. 481-494.

Kant, Immanuel, 1785/1956: Metaphysik der Sitten, in: Immanuel Kant: Werke in sechs Bänden, Band IV: Schriften zur Ethik und Religionsphilosophie. Wiesbaden.

Keohane, Robert O./Joseph S. Nye, 1986: Macht und Interdependenz, in: Karl Kaiser/Hans-Peter Schwarz (Hg.), Weltpolitik. Strukturen – Akteure – Perspektiven, 2. Aufl. Stuttgart, S. 74-88.

Locke, John, 1689/1967: Zwei Abhandlungen über die Regierung. Frankfurt a. M./Wien.

Mill, John Stuart, 1969: Über Freiheit. Frankfurt a. M./Wien.

Mulhall, Stephen/Adam Swift, 1992: Liberals and Communitarians. Oxford.

Owen, Taylor, 2003: Measuring Human Security: A View of Cambodian Vulnerability, Master's Thesis, Department of Geography, The University of British Columbia. Vancouver.

Pape, Mathias, 1997: Humanitäre Intervention. Zur Bedeutung der Menschenrechte in den Vereinten Nationen. Baden-Baden.

Probst, Manuel, 2006: Die Menschenrechte als universeller Rechtsmaßstab. Eine ideengeschichtliche Analyse (Forschungsstelle Kriege, Rüstung, Entwicklung, Arbeitspapier Nr. 2/2006). Hamburg.

Rawls, John, 1975: Eine Theorie der Gerechtigkeit. Frankfurt a. M.

Renteln, Alison, 1988: Relativism and the Search for Human Rights, in: American Anthropologist, Jg. 90/1, S. 56-72.

Rousseau, Jean-Jacques, 1793: Déclaration des droits de l'homme et du citoyen. Encyclopédie Microsoft Encartaen ligne 2007. <www.fb10.uni-bremen.de/romanistik/projekte/biscuit/pdf/schuelermaterialmappe_la_declaration_des_droits_des_homme.pdf, 24.09.07>.

Rubin, Barnett/Humayun Hamidzada/Abby Stoddard, 2005: Afghanistan 2005 and Beyond. Prospects for Improved Stability Reference Document (Netherlands Institute of International Relations ‚Clingendael', Conflict Research Unit, April 2005). Den Haag.

Sandel, Michael, 1982: Liberalism and the Limits of Justice. Cambridge.

Searle, John, 1969: Speech Acts: An Essay in the Philosophy of Language. Cambridge.

Tadjbakhsh, Shahrbanou, 2005: Human Security. Concepts and Implications with an Application to Post-Intervention Challenges in Afghanistan. Paris. <www.ceri-sciencespo.com/publica/etude/etude117_118.pdf, 20.02.07>.

UNDP (United Nations Development Programme), 2002: Human Security in Bangladesh. In Search of Justice and Dignity. Dhaka.

UNDP (United Nations Development Programme), 2004: Afghanistan National Human Development Report 2004. Security with a Human Face. Challenges and Responsibilities. Kabul. <www.undp.org/dpa/nhdr/af-files/ForewordPrefaceintro.pdf, 20.02.07>.

Walzer, Michael, 1983: Spheres of Justice. New York.

Walzer, Michael, 1994: Thick and Thin: Moral Argument at Home and Abroad. Chicago.

Zweiter Teil:

# Menschliche Sicherheit im Spannungsfeld konkurrierender Ansprüche

# Menschliche Sicherheit und Entwicklung

*James Busumtwi-Sam*

Das Konzept der menschlichen Sicherheit entstand in den 1990er Jahren als Teil eines holistischen Paradigmas der menschlichen Entwicklung mit dem Ziel einer Neudefinition der Verknüpfung von Sicherheit und Entwicklung. Mit dieser Rekonzeptionalisierung rückten Individuen und Gemeinschaften an Stelle von Staaten in den Mittelpunkt von Sicherheits- und Entwicklungsdiskursen. Was bedeutet nun menschliche Sicherheit *tatsächlich* im Hinblick auf Entwicklung? Welchen Mehrwert schafft dieses Konzept? Welche Möglichkeiten und Herausforderungen bestehen bei der Implementierung eines entwicklungsorientierten Ansatzes für menschliche Sicherheit auf globaler Ebene? Diese Fragen werden im vorliegenden Beitrag mit Hilfe eines Analyserahmens untersucht, in dem Sicherheit in drei Komponenten aufgegliedert wird: den Gegenstandsbereich, den Umfang und die Methode. So können einige Unklarheiten des Konzepts menschlicher Sicherheit beseitigt werden, wodurch ein Beitrag zum besseren Verständnis des Verhältnisses von menschlicher Sicherheit und Entwicklung für Forschung und Politik geleistet wird. Dieser Aufsatz wählt eine vermittelnde Position zwischen den umfassenderen Ansätzen, die ein breites Spektrum von Faktoren einbeziehen, durch die menschliche Wohlfahrt und die Menschenwürde beeinflusst werden, und den engeren Ansätzen, die sich ausschließlich auf Gewalt konzentrieren. Dabei wird sich zeigen, dass diese beiden Ansätze einander nicht so stark entgegengesetzt sind, wie dies vereinzelt dargestellt wird. Ein Brückenschlag zwischen beiden dürfte eher zu dem breiteren globalen Konsens führen, der notwendig ist, um zu wirksameren Rahmenbedingungen für menschliche Sicherheit zu gelangen.

Die Analyse zeigt, dass menschliche Sicherheit und menschliche Entwicklung sich zwar deutlich voneinander unterscheiden, einander jedoch auch ergänzen. Menschliche Sicherheit beeinflusst den Entwicklungsprozess und wird von diesem beeinflusst. Entwicklungshindernisse führen zu menschlicher Unsicherheit, Entwicklungsfortschritte stärken die menschliche Sicherheit. Gleichzeitig ist menschliche Entwicklung nur schwer zu erreichen, wenn die Mindestvoraussetzungen menschlicher Sicherheit fehlen. Bei einem hohen Maß an menschlicher Unsicherheit konzentrieren sich die Menschen auf das elementare Überleben und die elementare Sicherheit, wodurch sie nur wenig oder gar keine Möglichkeiten zur Verbesserung ihrer Alternativen und Fähigkeiten haben, die zu einer allgemeinen Verbesserung ihrer Lebensbedingungen führen würden. Menschliche Sicherheit ergänzt menschliche Entwicklung, indem sie mit diesen speziellen Notlagen umgeht. Erstere ist eine notwendige, jedoch keine hinreichende Bedingung für letztere.

Dieser Beitrag argumentiert, dass das Konzept der menschlichen Sicherheit im Stande ist, einige der dringlichsten Sicherheits- und Entwicklungsprobleme in einem einzigen einheitlichen Rahmen zu behandeln. Um dieses Potenzial zu nutzen, bedarf es einer Abgrenzung der Beziehung zwischen Sicherheit und Entwicklung. Dies geschieht mit Hilfe klar definierter Zusammenhänge, Beziehungen und Aktivitäten als Gegenstandsbereich, Umfang und Methode menschlicher Sicherheit, so dass menschliche Entwicklung durch menschliche Sicherheit ergänzt statt dupliziert wird. Dies kann dadurch geleistet werden, dass man die Bedrohungen menschlicher Sicherheit kontextualisiert, allerdings nicht anhand ihrer Quellen, sondern anhand ihrer Unmittelbarkeit und Wichtigkeit, also durch einen „Schwellen"-Ansatz, der Bedrohungen menschlicher Sicherheit von anderen Schadensursachen trennt. Einige Autoren haben angeregt, sich bei dieser Frage auf die „Plötzlichkeit" und die „Schwere" von Bedrohungen zu konzentrieren (zum Beispiel Taylor 2004). Hierin liegt zwar ein sinnvoller Ausgangspunkt, doch der Ansatz geht nicht weit genug. Es ist auch notwendig, Verwundbarkeit zu kontextualisieren und zu betonen, dass Bevölkerungen verschiedene Formen des Mangels erleiden, was man daran erkennen kann, dass sich unterschiedliche Gemeinschaften nicht nur darin unterscheiden, in welchem Ausmaß sie Bedrohungen ausgesetzt sind, sondern auch im Grad der Verwundbarkeit gegenüber den physischen und psychosozialen Schäden, die diese Bedrohungen verursachen. Durch einen solchen Ansatz wird sichergestellt, dass bei der Implementierung menschlicher Sicherheit auf verschiedenen Ebenen (global, national, sub-national) *zunächst* diejenigen notleidenden Bevölkerungen Priorität erhalten, die der menschlichen Entwicklung am meisten bedürfen und deren Überleben und Sicherheit am stärksten durch unmittelbare und ausgeprägte Bedrohungen gefährdet sind.

Die Durchsetzung menschlicher Sicherheit ist eine Form des Risikomanagements und beinhaltet als solche Grenzen, Chancen und Herausforderungen. Dessen ungeachtet bietet sich eine große Chance zur Förderung menschlicher Sicherheit durch die Einbeziehung von Techniken des Risikomanagements in neu entstehende institutionelle Rahmen wie zum Beispiel Entwicklungspartnerschaften. Dabei sollten diese dem Prinzip folgen, dass verwundbaren Gruppen und notleidenden Menschen vorrangig geholfen wird. Entscheidende Herausforderungen ergeben sich dabei aus der Frage, inwieweit sich Geber von Entwicklungshilfe an dieses Prinzip gebunden fühlen, und aus der Gefahr, dass der Diskurs zu menschlicher Sicherheit für Partikularinteressen missbraucht wird.

## *Auswirkungen menschlicher Sicherheit auf Entwicklung*

In der Zeit nach dem Zweiten Weltkrieg wurden Sicherheit und Entwicklung zum Zweck der Erhaltung und Stärkung von Staaten miteinander verknüpft. Anfang der 1990er Jahre entwickelte sich eine Neudefinition dieser Verknüpfung von Sicherheit und Entwicklung, die auf die Sicherheit und Wohlfahrt von Individuen und Gemeinschaften fokussiert, was sich in Begriffen wie „menschliche Entwicklung“ und „menschliche Sicherheit“ niedergeschlagen hat. Eine Vielzahl von Entwicklungsakteuren hat sich das Konzept der menschlichen Sicherheit seit dessen Einführung durch das Entwicklungsprogramm der Vereinten Nationen (UNDP) im Jahre 1994 zu eigen gemacht. Dabei scheint es jedoch unterschiedliche Interpretationen des Konzepts zu geben. Generell haben sich zwei Positionen hinsichtlich der inhaltlichen Bedeutung menschlicher Sicherheit und deren Implikationen für Entwicklung herausgebildet: ein breit angelegter Ansatz auf der Grundlage der ursprünglichen Formulierung von UNDP, verbunden mit einem ebenso breit angelegten Konzept der menschlichen Entwicklung, und ein engerer Ansatz, der sich auf bewaffnete Konflikte konzentriert. Beide Sichtweisen waren Gegenstand von Diskussion und Kritik.

Die wichtigste Kritik an dem umfassenden Ansatz bezieht sich auf die konzeptuelle Unschärfe des Begriffs, die dazu führt, dass menschliche Sicherheit nicht klar von anderen Begriffen abgegrenzt werden kann. Einige Experten haben lange Listen aufgestellt, was Ursache mangelnder menschlicher Sicherheit ist. Dabei haben sie vom schlechten Gesundheitszustand und Krankheit über Mangel an Bildung bis zur politischen Unterdrückung und bewaffneten Konflikten alle möglichen Punkte einbezogen. Doch dies sind auch einige der Hauptfaktoren, die menschliche Entwicklung beeinflussen. Wenn menschliche Sicherheit und menschliche Entwicklung nicht unterscheidbar sind, stellt sich die Frage, warum wir dann zwei Konzepte brauchen? Wo fängt menschliche Sicherheit an und wo hört sie auf? Und welche Quellen der Unsicherheit sollten vorrangig behandelt werden, insoweit es notwendig ist, klare Prioritäten im politischen Handeln zu setzen, wenn eine globale Agenda menschlicher Sicherheit vorangebracht werden soll? Ist menschliche Sicherheit nur wenig mehr als eine neue Bezeichnung für menschliche Entwicklung, mit dem alleinigen Zweck – wie einige der schärfsten Kritiker argumentieren –, dem Ansatz größere Dringlichkeit zu verleihen, mehr Beachtung zu finden und mehr Ressourcen zu erlangen (Paris 2001)?

Was den engeren Ansatz anlangt, so ist es gewiss eine wichtige Komponente menschlicher Sicherheit, sich mit den menschlichen Verlusten bewaffneter Konflikte zu befassen. Doch mit einer Beschränkung menschlicher Sicherheit auf militärische Gewalt weicht man vom ursprünglichen Zweck dieses Konzeptes ab, der darin bestand, einen neuen Sicherheitsansatz in einem neuen, auf Individuen und Gemeinschaften konzentrierten Entwicklungsansatz fest zu verankern. Auch wenn einige Vertreter des engeren Konzeptes behaupten, sich bewusst zu sein, dass ein Mangel an menschlicher Sicherheit seinen Ursprung in unzulänglicher menschlicher Entwicklung hat, enthalten ihre Studien und Berichte nur Lippenbekenntnisse zu diesen breiteren Anliegen (Human Security Centre 2005). Zudem gibt es, wenn man menschliche Sicherheit auf bewaffnete

Konflikte beschränkt, bereits hinreichend klare Konzepte und Ansätze, um Frieden zu stiften, um Menschenrechte zu fördern und um vom Krieg zerrüttete Gesellschaften wieder aufzubauen, einschließlich „Friedensschaffung", „Friedenssicherung", „Friedenskonsolidierung", „humanitäre Hilfe", usw. Warum soll man dies alles nun in menschliche Sicherheit umbenennen und verpacken?

Diese Fragen zeigen, dass der tatsächliche Wert menschlicher Sicherheit erst dann erkennbar wird, wenn man das Konzept so operationalisiert, dass klar wird, inwieweit es sich von anderen politischen Konzepten und Modellen mit vergleichbaren Zielen unterscheidet, inwieweit es diese ergänzt und letztendlich vorantreibt. Aus diesem Grund wird hier ein Mittelweg vorgeschlagen, der den umfassenden Ansatz menschlicher Sicherheit enger fasst und stärker akzentuiert und den engen Ansatz erweitert um den stärkeren Einbezug von Problemen der menschlichen Entwicklung. Ausgangspunkt für einen derartigen Mittelweg könnte der Bericht der *Commission on Human Security* (CHS) aus dem Jahre 2003 sein. In diesem Bericht wurde der Versuch unternommen, das breitere Konzept von UNDP neu zu definieren und präziser zu formulieren durch eine Konzentration auf „kritische (ernste) und umfassende (weit verbreitete) Bedrohungen und Situationen" (CHS 2003, 4). In dem Bericht wird darauf hingewiesen, dass bei menschlicher Entwicklung positive Ergebnisse angestrebt werden, während es bei menschlicher Sicherheit um die Vermeidung negativer Ergebnisse geht, einschließlich der *downside risks*, worunter „Unsicherheiten, die das menschliche Überleben bedrohen" oder gegenwärtige „Gefahren plötzlichen Mangels" verstanden werden (CHS 2003, 8). Auf dieser Grundlage lassen sich Gegenstandsbereich, Umfang und Methode der menschlichen Sicherheit weiter abgrenzen, um den Mehrwert dieses Konzepts herauszuarbeiten.

### *Der Nutzen des Konzepts menschlicher Sicherheit*

Ein sinnvoller erster Schritt, um den Nutzen des Konzepts menschlicher Sicherheit zu erkennen, besteht in der Klärung der konzeptuellen Grundlagen. Im Allgemeinen bedeutet Sicherheit den Schutz bestimmter zentraler Werte (Menschenleben, Eigentum usw.) vor Zerstörung oder Schäden. Sicherheit ist ein Zustand mit interdependenten physischen (objektiven) und psychosozialen (subjektiven/intersubjektiven) Komponenten. Objektiv ist eine Person (oder Gruppe) sicher, wenn sie frei von physischem Schaden ist. Subjektiv/intersubjektiv ist eine Person (oder Gruppe) sicher, wenn sie frei von Furcht vor einem Schaden ist. Um Sicherheit zu erlangen, bedarf es des Schutzes vor der Bedrohung durch Schäden, die durch unterschiedliche Ursachen hervorgerufen werden können, und einer Verringerung der Verwundbarkeit durch derartige Schadensursachen. Durch das Konzept der menschlichen Sicherheit erfolgt eine Neudefinition des Gegenstandsbereichs, Umfangs und der Methode des traditionellen Sicherheitsansatzes in den Internationalen Beziehungen.

Der Gegenstandsbereich bezieht sich auf den Typ der Sicherheit und deren Referenzobjekte (wer/was ist zu schützen). Beim traditionellen Ansatz war der Gegenstandsbereich die nationale Sicherheit. Der Schutz der politischen Unabhängigkeit und der territorialen Integrität, also der Souveränität des Staates hatte unter der Annahme, dass dieser Schutz sich auch auf die Bevölkerung des Staates erstreckt, oberste Priorität. Vertreter des Konzepts der menschlichen Sicherheit stellen diese Annahme unter Hinweis auf die zahlreichen Fälle, in denen Staaten der eigenen Bevölkerung Schaden zugefügt haben, in Frage. Sie definieren den Gegenstandsbereich neu und bestimmen Individuen und Gemeinschaften als wichtigste Referenzobjekte. Der Umfang bezieht sich auf die Hauptquellen der Unsicherheit, also auf die Ursachen, die zur Schädigung der Referenzobjekte führen können. Da externe Angriffe auf die staatliche Souveränität die größte Bedrohung waren, lagen traditionell die Hauptursachen der Unsicherheit in den militärischen Außenbeziehungen des Staates. Beim Konzept der menschlichen Sicherheit wird der Umfang dahingehend neu definiert, dass auch eine Reihe auf die menschliche Entwicklung bezogene Bedrohungen eingeschlossen werden, die Individuen und Gruppen direkt oder indirekt schädigen können. Die Methode bezieht sich auf Strategien und Verfahren zur Erlangung von Sicherheit. Traditionell bestand die Methode hauptsächlich aus Abschreckungsstrategien, die unilateral oder im Bündnis mit anderen umgesetzt wurden, um ein „Gleichgewicht der Kräfte“ zu erzielen. Alternativ wurde ein multilateraler institutioneller Rahmen zur kollektiven Sicherheit durch die Vereinten Nationen (UN) oder durch regionale Organisationen wie das Nordatlantische Bündnis (NATO) angestrebt. Im Gegensatz dazu argumentieren Befürworter der menschlichen Sicherheit, dass auf Abschreckung basierende Sicherheitsstrategien zwar Staaten schützen können, jedoch nicht in der Lage seien, Menschen und gesellschaftlichen Gruppen Schutz vor Bedrohungen zu bieten. Stattdessen müssten wirkungsvollere und angemessenere Strategien zur menschlichen Sicherheit entwickelt werden.

### *Ein Mangel-Verwundbarkeits-Ansatz*

Nach der Klärung der konzeptuellen Grundlagen besteht der nächste Schritt in der Unterscheidung zwischen Schadensursachen, die in den Bereich menschlicher Sicherheit fallen, und solchen, die dies nicht tun. Dabei ist zunächst die in der Literatur häufig vernachlässigte Unterscheidung zwischen Risiken und Bedrohungen zu nennen. Ein Risiko ist die Eintrittswahrscheinlichkeit eines negativen, schadensverursachenden Ereignisses. Eine Bedrohung ist ein anthropogenes Risiko, also ein durch Menschen oder deren Handlungen herbeigeführtes Risiko. Daher sind eine Reihe von Schadensursachen (wie neue Krankheiten, Erdbeben, Überschwemmungen und andere Naturkatastrophen) zwar ein Schadensrisiko für die Bevölkerung, jedoch nicht zwangsläufig Bedrohungen der Sicherheit, es sei denn, derartige Ereignisse oder deren Auswirkungen werden durch menschliche Intervention beeinflusst (wobei sie dann eigentlich keine Naturkatastrophen mehr wären).

Eine Einordnung von Bedrohungen anhand ihrer Auswirkungen und nicht anhand ihrer Quellen steckt den Umfang menschlicher Sicherheit weiter ab. Unter Bezugnahme auf Völkerrechtsprinzipien wird hier der im Bericht der *Commission on Human Security* und von anderen entwickelte Ansatz modifiziert und eine durch die Unmittelbarkeit und Bedeutsamkeit von Bedrohungen bestimmte Schwelle vorgeschlagen. Der Begriff der Unmittelbarkeit bedeutet im Völkerrecht nicht nur die zeitliche Nähe und Dringlichkeit einer Bedrohung (ihre „Plötzlichkeit"), sondern auch eine hohe Eintrittswahrscheinlichkeit derselben. Der Begriff der Bedeutsamkeit zielt ab auf die Größenordnung des drohenden Schadens (die „Schwere" der Bedrohung). Doch wie wird bestimmt, welche Bedrohungen tatsächlich unmittelbar und bedeutsam sind? Die Literatur über Schwellenansätze bleibt bisher eine Antwort auf diese Frage schuldig.

Eine Möglichkeit besteht in der Abschätzung der wahrscheinlichen Auswirkungen bestimmter Bedrohungen auf das Leben der Menschen. Sicherheit ist ein relativer Zustand; absolute Sicherheit im Sinne einer Kontrolle über alle möglichen Schadensursachen dürfte unmöglich sein. Sicherheit zu erlangen erfordert daher eine Auswahl derjenigen Bedrohungen, auf die man sich auf der Grundlage einer Reihe besonders wichtiger Grundwerte konzentrieren will. Daher beinhalten alle Sicherheitsansätze Werturteile – Entscheidungen darüber, *wer* geschützt werden soll und *wovor*. Vor diesem Hintergrund wird hier ein „Mangel-Verwundbarkeits"-Ansatz menschlicher Sicherheit vorgeschlagen, bei dem die Beurteilung der Verwundbarkeit der Menschen die Grundlage für eine Abschätzung der Unmittelbarkeit und Wichtigkeit von Bedrohungen liefert. Die Auswirkungen einer bestimmten Bedrohung sind unter sonst gleichbleibenden Umständen stärker bei denjenigen, die wegen verschiedener Formen des Mangels am wenigsten in der Lage sind, sich selbst zu schützen und die daher durch physische und psychosoziale Schäden verwundbarer sind.

Die Beurteilung der Unmittelbarkeit, Wichtigkeit und Verwundbarkeit erfolgt stets in einem bestimmten Zusammenhang und beinhaltet eine kritische Analyse der potenziell mehrdimensionalen Auswirkungen der Bedrohung. Diese Zusammenhänge lassen sich anhand der Probleme (politische, wirtschaftliche, soziokulturelle Probleme, Probleme des Friedens, der Menschenrechte, der Ökologie usw.) und der Ebene (global, regional, national und subnational) klassifizieren. Wenn beispielsweise auf globaler Ebene das Ziel die engere Verknüpfung von menschlicher Sicherheit und menschlicher Entwicklung ist, stellt sich die Schlüsselfrage, welches die dringlichsten globalen Probleme menschlicher Entwicklung sind und wie und wo sie sich mit Belangen der menschlichen Sicherheit überschneiden. Das wohl derzeit dringlichste Problem der menschlichen Entwicklung, das als erstes der acht Millennium-Entwicklungsziele (*Millennium Development Goals*, MDGs) aufgeführt wird, ist das Problem der globalen Armut mit den damit einhergehenden Mangelsituationen wie Hunger, Unterernährung, Krankheitsanfälligkeit und schlechten Lebensbedingungen.

Der hier verwendete Armutsbegriff bezieht sich nicht nur auf Einkommensarmut, sondern nach Amartya Sen und anderen auch auf das Fehlen grundlegender Entfaltungsmöglichkeiten (Sen 1999). Obwohl ein gewisses Maß an menschlicher Unsicherheit sowohl in armen als auch in reichen Gesellschaften besteht, sind die menschlichen Kosten der Unsicherheit in ärmeren Gesellschaften größer. Deshalb sollten sich Anstrengungen zur Förderung menschlicher Sicherheit auf globaler Ebene *zunächst* auf die Notlage der Ärmeren konzentrieren. Diese Empfehlung ergibt sich aus der Beobachtung, dass ein qualitativer Unterschied besteht zwischen den Typen von Unsicherheit, denen Menschen in prosperierenden, postindustriellen „Risikogesellschaften" (Beck 1992) ausgesetzt sind, und der Unsicherheit von zumeist auf der südlichen Halbkugel lebenden Menschen, die Mangel durch extreme und endemische Armut und Ungleichheit erfahren (Ball 2001).

Zur Klarstellung sei gesagt, dass Armut allein keine hinreichende Ursache von Unsicherheit ist. Doch die mit der Armut direkt verknüpften Entbehrungen führen zu Verwundbarkeiten, die eine Funktion externer und struktureller Hindernisse und Betroffenheiten sowie interner Wehrlosigkeit sind (Streeten 1994, 17). Daher sind die Armen und sozial Benachteiligten bei ähnlichen Bedrohungen wie plötzlichen Wirtschaftskrisen oder den Auswirkungen des Klimawandels verwundbarer als die im Wohlstand Lebenden, einfach weil sie weniger Schutz, weniger Entscheidungsfreiheiten und weniger Möglichkeiten haben, die Zuweisung und Verteilung von Ressourcen zu beeinflussen (Hampson 2004). Durch die Konzentration auf Mangelsituationen wird nicht nur menschliche Sicherheit fest im Bereich menschlicher Entwicklung verankert, sondern es wird auch eine Verbindung zu bewaffneter Gewalt hergestellt. Von bewaffneten Konflikten sind die Armen besonders betroffenen. Bei vielen gegenwärtigen Konflikten in Afrika und andernorts sind die Armen in den Städten und auf dem Land, darunter viele Frauen und Kinder, am stärksten durch die Gewalt verwundbar. Außerdem unterscheidet sich die durch extreme und endemische Armut hervorgerufene Verwundbarkeit nicht quantitativ von der durch Gewalt bei bewaffneten Konflikten verursachten Verwundbarkeit (Surhke 1999).

So sind in vielen Teilen des Südens die Armen nicht an der formellen Wirtschaft beteiligt und leben weitgehend außerhalb des formalen Rechtssystems ihrer Gesellschaften. Wie Hernando De Soto (1999) aufgezeigt hat, erfordert ein Leben unter derartigen Bedingungen sehr viel Findigkeit, einschließlich der Notwendigkeit, sich mit kriminellen Elementen einlassen zu müssen, was vielfach Gewalt beinhaltet. Der Zwang, in einer ungeschützten Umgebung leben zu müssen, ist in Verbindung mit anderen Formen des Mangels eine Hauptursache der Verwundbarkeit. Die Armen haben in der Politik nur eine schwache Stimme; sie sind am wenigsten fähig, die Mechanismen der Ressourcenverteilung zu beeinflussen. Dieses Problem wird durch repressive und rücksichtslose Regierungen noch weiter verschärft. Selbst wenn Ressourcen in von Armen dominierte Sektoren fließen, sind sie aufgrund struktureller Hindernisse oft nicht in der Lage, diese voll zu nutzen. Diese Hindernisse hemmen den Zugang der Armen zu „externen“ wertvollen Gütern wie Gesundheitsversorgung, Krediten, Land und Infrastruktur und zu „internen“ wertvollen Gütern wie einem guten Gesundheitszustand und adäquater Ernährung.

Menschen, die in extremer Armut leben, sind anfälliger für vermeidbare Schäden wie Krankheiten und einen schlechten Gesundheitszustand. Durch armutsbedingte Krankheit und gesundheitliche Schwäche in Verbindung mit anderen Mangelerscheinungen wie Unterernährung, fehlender sanitärer Einrichtungen und der Verschmutzung und Zerstörung der Umwelt sterben jährlich mehr Menschen als durch bewaffnete Konflikte (Ball 2001, 6). Viele dieser Todesfälle sind nicht unbedingt auf natürliche Ursachen zurückzuführen, sondern wären vermeidbar und sind Ergebnis menschlicher Intervention. In vielen Fällen, in denen die Schadensursache auf den ersten Blick ein natürliches Ereignis wie eine Überschwemmung oder ein Orkan ist, rühren die Auswirkungen auf die menschliche Sicherheit nicht von der natürlichen Klimavariabilität her, sondern sind „direktes Ergebnis bestehender Machtstrukturen, die bestimmen, wer und wer nicht Anspruch auf Sicherheit hat“ (Thomas 2001, 160).

Ein Ansatz für menschliche Sicherheit, der sich auf unmittelbare und wichtige, durch Entbehrungen bedingte Verwundbarkeit konzentriert, hilft somit klarzustellen, wie sich menschliche Sicherheit von menschlicher Entwicklung unterscheidet und wie sie diese ergänzt. Er macht damit den Wert dieses Konzepts deutlich. Im Wesentlichen ist menschliche Entwicklung ein Prozess. Demgegenüber ist menschliche Sicherheit bzw. Unsicherheit ein Zustand. Menschliche Entwicklung erfordert eine breitere und längerfristige Perspektive, bei der es um Verbesserungen des Wohlbefindens, der Wohlfahrt und der gesamten Lebensqualität geht. Der Zustand der menschlichen Sicherheit bzw. Unsicherheit beschreibt die zeitliche und in bestimmten Zusammenhängen vorhandene Existenz bzw. das Fehlen bestimmter Schadensursachen, die die Sicherheit und das Überleben von Menschen im (politischen, wirtschaftlichen, soziokulturellen und ökologischen) Umfeld bedrohen, innerhalb dessen die Prozesse der menschlichen Entwicklung stattfinden. Menschliche Sicherheit ergänzt menschliche Entwicklung durch Einbeziehung dieser Schadensursachen.

### *Die Implementierung menschlicher Sicherheit: Chancen und Risiken*

Die vorstehende Analyse zeigt, dass ein Risikomanagement-Ansatz eine effektive Methode zur Herstellung menschlicher Sicherheit sein könnte. Hierzu gibt es kein allgemeinverbindliches Modell. Beim Risikomanagement ist man stets bestrebt, Risiken und Bedrohungen zu überwachen, zu steuern oder auszuschalten und Optionen zur Schadensminderung zu erkennen (Power 2004). Es handelt sich dabei um einen fortlaufenden Prozess mit offenem Ende, Rückmeldemechanismen, kontinuierlicher Leistungsbewertung und Überwachung durch öffentliche und private Institutionen, der in politischer Hinsicht auf globaler, nationaler und subnationaler Ebene stattfinden kann. Ein effektiver Risikomanagement-Ansatz im Bereich menschlicher Sicherheit müsste eine Einschätzung von Bedrohungen und Verwundbarkeit, Präventions- und Schutzmaßnahmen sowie Mitwirkungsmöglichkeiten umfassen. Ein solcher Ansatz baut auf ähnlichen Konzepten wie dem menschlicher Sicherheit auf (King/Murray 2001/02, Chen 1995), ist vollständig komplementär zu menschlicher Entwicklung und entspricht auch den im Bericht der *Commission on Human Security* enthaltenen Vorstellungen zur Risikoabschwächung.

Bei einer Bedrohungseinschätzung werden unmittelbare und wichtige Bedrohungen identifiziert und bewertet. Eine Einschätzung der Verwundbarkeit, die Schwachstellen (Mangelsituationen), die ein größeres Schadensrisiko für die Bevölkerung darstellen, identifiziert, ist dabei integraler Bestandteil. Sie liefert die Grundlage für die Prioritätensetzung bei der Frage, welche Bevölkerungsteile besondere Aufmerksamkeit und besondere Unterstützungsleistungen benötigen, um solche Risiken zu beseitigen oder zu kompensieren. Durch Prävention werden Bedrohungen und Verwundbarkeit gemildert, so dass die Schadenswahrscheinlichkeit sinkt. Durch Schutzmaßnahmen werden, wenn keine Prävention möglich ist, die Schadensauswirkungen verringert. Durch Mitwirkungsmöglichkeiten werden die Selbstschutzmöglichkeiten verwundbarer Bevölkerungen verbessert, ausgehend von der Erkenntnis, dass Menschen, selbst wenn sie unter Bedingungen extremen Mangels leben, niemals passive Objekte der Sicherheit oder Opfer ihres Fehlens sind. Sie sind Subjekte, die in die Lage versetzt werden sollten, ihre Sicherheit selbst zu verbessern.

Menschliche Sicherheit leitet sich in der Praxis aus dem Zusammenspiel von Prävention, Schutz und Mitwirkungsmöglichkeit ab. Das Ziel für das Risikomanagement bei menschlicher Sicherheit (*human security risk management*, HSRM) besteht in der Schaffung eines relativ sicheren Lebensumfeldes, wodurch Hindernisse für die langfristige Perspektive menschlicher Entwicklung beseitigt werden (Michel 2005, 6-8). Alle Formen des Risikomanagements sind jedoch in sich begrenzt, da sie bereits erfolgreich sind, wenn Schlechtes nicht eintritt und nicht, wenn sich Gutes ergibt. Hier wird nochmals der Unterschied zwischen menschlicher Sicherheit und menschlicher Entwicklung bezüglich des Zeithorizonts und der Stoßrichtung ihrer Zielsetzung deutlich, weshalb sich beide Konzepte ideal ergänzen. Daher sollte HSRM kein eigenständiges politisches Programm oder ein Ersatz für Maßnahmen zur Verbesserung menschlicher Entwicklung sein.

HSRM-Prinzipien könnten die Grundlage für einen globalen Rahmen menschlicher Sicherheit bieten, der seinerseits in einen umfassenderen Rahmen menschlicher Entwicklung eingebettet wäre. Spezifischere regionale, nationale und subnationale Zusammenhänge könnten als Teile dieses globalen Rahmens geschaffen werden, wobei die Unsicherheiten in jeder einzelnen Region, in jedem einzelnen Land usw. zu identifizieren wären. Dabei ist davon auszugehen, dass die spezifischen Probleme menschlicher Sicherheit innerhalb des jeweiligen Kontextes und zwischen den Kontexten variieren können. Öffentliche und private Entwicklungsakteure würden HSMR in verschiedenen Problembereichen in ihre Strategien und Programme integrieren. Neue institutionelle Formen wie Partnerschaften zwischen öffentlichen und privaten Akteuren, die in der internationalen Entwicklungszusammenarbeit stärker zu verzeichnen sind, könnten die wichtigsten Instrumente zur Förderung menschlicher Sicherheit werden.

Ob Entwicklungspartnerschaften wie die 2001 ins Leben gerufene „Neue Partnerschaft für Afrikas Entwicklung" (NEPAD) eine wirkliche Umgestaltung in den Nord-Süd-Beziehungen darstellen, ist in der Literatur noch umstritten. Auf die eine oder andere Weise könnten Entwicklungspartnerschaften in zweierlei Hinsicht zu den wichtigsten Instrumenten zur Förderung menschlicher Sicherheit werden. Erstens bieten sie die Möglichkeit, die Beziehungen und Verhandlungen zwischen Gebern und Empfängern von Entwicklungshilfe in einem breiten Themenbereich wie Frieden und Sicherheit, Handel, Schuldenerlass und Hilfe zu gestalten und neu zu beleben, wobei diese Themen dann gemeinsam statt getrennt behandelt würden und damit größere Komplementarität geschaffen würde. Die Einbeziehung von HSRM-Prinzipien würde dann ein deutlicheres Bild davon liefern, wie sich Programme in den verschiedensten Bereichen auf diejenigen auswirken, die am verwundbarsten sind. Zweitens würden Partnerschaften eine stärkere Einbindung der Betroffenen in Institutionen für Entwicklung und menschliche Sicherheit ermöglichen. Im Mittelpunkt der NEPAD steht beispielsweise eine „erweiterte Partnerschaft" mit dem Prinzip einer wechselseitigen Rechenschaftspflicht von afrikanischen Staaten und Gebern über die Ergebnisse bei Entwicklung und Sicherheit auf dem Kontinent. Im Rahmen des „Afrikanischen Begutachtungsmechanismus" (*African Peer Review Mechanism*, APRM) überwachen die Mitgliedstaaten der NEPAD gegenseitig ihre Fortschritte im Hinblick auf die angestrebten Ziele, wobei die Organisationen der afrikanischen Zivilgesellschaft eine zunehmend größere Rolle spielen (Busumtwi-Sam 2005/06).

Praktisch ergeben sich einige der größten Schwierigkeiten bei der Umsetzung von HSMR-Strategien in den ersten beiden Phasen, bei denen es im Wesentlichen um Entscheidungen darüber geht, wer geschützt werden soll und wovor. Obwohl es dabei auf den jeweiligen Kontext ankommt, besteht das Grundprinzip bei einem Mangel-Verwundbarkeits-Ansatz darin, zunächst den am stärksten Verwundbaren Priorität einzuräumen. Das größte Problem liegt darin, das Engagement internationaler Entwicklungsorganisationen und großer Geberländer für dieses Prinzip zu gewinnen und aufrecht zu erhalten. Tatsächlich finden

Risikostrategien und entsprechende Verfahren schon heute weitgehende Anwendung im internationalen Bereich. Die Bandbreite erstreckt sich dabei von universellen Prinzipien wie dem Vorsorgeprinzip, das bisher auf einer Vielzahl von Gebieten wie Umweltschutz und öffentliches Gesundheitswesen und bei Maßnahmen der bewussten Gestaltung von Umwelt zur Bekämpfung potenzieller Risiken Anwendung gefunden hat, bis hin zu enger gefassten „Eindämmungs"-Maßnahmen, durch die Eintrittswahrscheinlichkeiten bereits erkannter Risiken oder Bedrohungen gesenkt werden sollen.

Maßnahmen zur bewussten Gestaltung von Umwelt sind zwar in den Strategien und Programmen der wichtigsten Geber erkennbar, allerdings nicht unbedingt im Einklang mit den zentralen Grundwerten menschlicher Sicherheit wie etwa der Priorität für verwundbare Bevölkerungsgruppen. Während die Geber behaupten, sich an die menschlicher Sicherheit und menschlicher Entwicklung zugrunde liegenden Werte gebunden zu fühlen, sind die Kriterien für ihre Hilfe gleichzeitig selektiver und restriktiver geworden. Das Hilfssystem ist heute geprägt von „Schnelllösungen" mit rascher Wirkung. Entwicklung reduziert sich zunehmend auf kurzfristige Verbesserungen ausgewählter „Leistungsindikatoren", anstatt sich auf langfristige Prozesse struktureller Transformation und Verbesserung menschlicher Gestaltungsmöglichkeiten zu konzentrieren (Gore 2000). Trotz der Rhetorik von *local ownership* erfolgt die Hilfe bisher weitgehend auf der Basis von Erfolgskriterien, die von den Gebern bestimmt werden, statt sich an den Bedürfnissen der Empfänger zu orientieren (Busumtwi-Sam 2002). Die Geber sind tatsächlich dabei, Teile des Südens umzugestalten. Dies ist ein Verfahren des Risikomanagements, durch das mittels eines hegemonialen Diskurses, der auf eine neoliberale wirtschaftliche, politische und soziale Entwicklung abzielt, die Empfänger von Entwicklungshilfe ermahnt und angeleitet werden, ihr eigenes Leben zu gestalten und zu verbessern, indem sie sich durch eigenes Handeln und eigene Entscheidungen in eine übergeordnete Handlungslogik einordnen. Der Spielraum für alternative Ansätze bei menschlicher Entwicklung und Sicherheit ist erheblich geschrumpft (Wade 2003). Diese Beobachtung dämpft den zuvor geäußerten Optimismus hinsichtlich des Potenzials von Entwicklungspartnerschaften als Instrumente zur Förderung der menschlichen Sicherheit.

Ein weiteres Hauptproblem besteht im Risiko einer Verzerrung der eigentlichen Ziele, bei der der eigentliche Sicherheitsdiskurs in den Dienst von Partikularinteressen gestellt wird. Dabei besteht die reale Gefahr, dass die Terminologie menschlicher Sicherheit trotz ihres universalistischen Charakters für ein Wiederaufleben des Diskurses über nationale Sicherheit genutzt wird, bei dem schon immer die „anderen" als Bedrohung der vitalen Interessen westlicher Staaten wahrgenommen wurden (Barnett 2001). Eine der Konsequenzen der Terrorangriffe vom 11. September 2001 in den USA (und anschließend in Spanien und England) bestand in der Verfolgung einer „Eindämmungspolitik", um

Barrieren gegen vermeintliche Bedrohungen zu errichten. Es besteht die Sorge, dass die Hilfs- und sonstigen Entwicklungsprogramme reicherer Nationen weniger der Sicherung des Lebens verwundbarster Bevölkerungen der Welt, sondern viel eher der eigenen Absicherung gegen die Risiken transnationaler Gefahren (wie der angeblichen Verbindung zwischen Armut und Terrorismus und der Migration als Sicherheitsrisiko usw.) dienen. Dies zeigt sich bereits deutlich bei einigen der von nationalen Regierungen, einschließlich der USA und Großbritanniens, entwickelten Auslandshilfsprogramme (Jolly/Ray 2006). Aus dieser Sicht bietet die „Versicherheitlichung" von Problemen wie globale Armut und die HIV/AIDS-Pandemie, wie sie in Slogans à la „globaler Krieg gegen die Armut" oder „globaler Krieg gegen Aids" zum Ausdruck kommt, Anlass zur Besorgnis.

## *Zusammenfassung*

In diesem Aufsatz wurden die möglichen Auswirkungen menschlicher Sicherheit auf menschliche Entwicklung untersucht, der Wert dieses Konzeptes dargestellt und ein Weg aufgezeigt, wie die Agenda menschlicher Sicherheit befördert werden kann, indem Prioritäten herausgearbeitet wurden, an denen sich Forschung und Politik orientieren können. Die Analyse hat weiterhin gezeigt, dass die Aussichten für die Förderung einer Agenda globaler menschlicher Sicherheit, die fest im Rahmen menschlicher Entwicklung verankert ist, eher trübe sind, wobei den Chancen auch gewaltige Herausforderungen gegenüberstehen. Letztlich werden echte Fortschritte bei der globalen Bewältigung der menschlichen Unsicherheit nur durch eine Reform bestehender Machtstrukturen und Institutionen möglich sein, wobei den Ungerechtigkeiten, die den makroökonomischen Strukturen und den Verteilungsmechanismen innewohnen, besondere Aufmerksamkeit geschenkt werden müsste. Ein auf menschlicher Entwicklung basierender Ansatz menschlicher Sicherheit erfordert Strategien der Umverteilung. Im Kern ist menschliche Sicherheit ein normatives Konzept, das kosmopolitische Grundsätze zur Verhinderung von Schäden enthält: eine ethische Verpflichtung zu verhindern, dass Schäden entstehen, und eine Pflicht, die am stärksten Verwundbaren vor vermeidbaren Schäden zu schützen. Diese Grundsätze beziehen sich nicht nur auf Schäden durch vorsätzliches Handeln (wie Kriegsführung), sondern auch auf unbeabsichtigte Schäden, die sich indirekt aus bestimmten Handlungen oder Unterlassungen ergeben. Daher lenkt dieses Konzept die Aufmerksamkeit darauf, wie diejenigen, die im internationalen Wirtschaftssystem gegenwärtig über vergleichsweise mehr Macht und Wohlstand verfügen, durch engstirnige Eigeninteressen, durch Selbstgefälligkeit, Gleichgültigkeit und gelegentlich durch Überheblichkeit stillschweigend hinnehmen, dass Ungerechtigkeiten und vermeidbares Leid weiterexistieren.

*Übersetzung: Jobst Ellerbrock*

*Literatur*

Ball, Nicole, 2001: Human Security and Human Development: Linkages and Opportunities, Report of a Conference organized by the Graduate Institute of International Studies, Geneva, March 8-9, 2001. <www.humansecuritynetwork.org/docs/report_may2001_3-e.php, 03.01.07>.

Barnett, Jon, 2001: The Meaning of Environmental Security. London.

Beck, Ulrich, 1992: Risk Society: Towards a New Modernity. New Delhi.

Busumtwi-Sam, James, 2002: Development and Human Security: Whose Security and From What?, in: International Journal, Jg. 57/2, S. 253-272.

Busumtwi-Sam, James, 2005/6: Architects of Peace: The African Union and NEPAD, in: Georgetown Journal of International Affairs, Jg. 7/1, S. 71-81.

Chen, Lincoln C., 1995: Human Security: Concepts and Approaches, in: Tatsuro Matsumae/Lincoln C. Chen (Hg.), Common Security in Asia: New Concepts of Human Security. Tokio, S. 137-147.

CHS (Commission on Human Security), 2003: Human Security Now. New York.

De Soto, Hernando/June Abott, 1999: The Other Path. New York.

Gore, Charles, 2000: The Rise and Fall of the Washington Consensus as a Paradigm for Developing Countries, in: World Development, Jg. 28/5, S. 789-804.

Hampson, Fen Osler, 2004: A Concept in Need of a Global Policy Response, in: Security Dialogue, Jg. 35/3, S. 349-350.

Human Security Centre, 2005: Human Security Report. New York.

Jolly, Richard/Deepayan Basu Ray, 2006: National Human Development Reports and the Human Security Framework. Human Development Report Office (UNDP). New York.

King, Garry/Christopher L. Murray, 2001/02: Rethinking Human Security, in: Political Science Quarterly, Jg. 116/4, S. 585-610.

Michel, James, 2005: Human Security and Social Development: Comparative Research in Four Asian Countries. Conference paper. <siteresources.worldbank.org/INTRANET SOCIALDEVELOPMENT/Resources/Michel.rev.pdf, 07.08.07>.

Paris, Roland, 2001: Human Security: Paradigm Shift or Hot Air?, in: International Security, Jg. 26/2, S. 87-102.

Power, Michael, 2004: The Risk Management of Everything: Rethinking the Politics of Uncertainty. London.

Sen, Amartya, 1999: Development as Freedom. New York.

Streeten, Paul, 1994: Poverty Concept and Measurement, in: Rolph van der Hoeven/Richard Anker (Hg.), Poverty Monitoring: An International Concern. New York, S. 15-30.

Surhke, Astri, 1999: Human Security and the Interests of States, in: Security Dialogue, Jg. 30/3, S. 265-276.

Taylor, Owen, 2004: Human Security – Conflict, Critique and Consensus: Colloquium Remarks and a Proposal for a Threshold-Based Definition, in: Security Dialogue, Jg. 35/3, S. 373-387.

Thomas, Caroline, 2001: Global Governance, Development and Human Security: Exploring the Links, in: Third World Quarterly, Jg. 22/2, S. 159-175.

UNDP 1994: Human Development Report 1994. New York.

Wade, Robert Hunter, 2003: What Strategies are Viable for Developing Countries Today? The World Trade Organization and the Shrinking of Development Space, in: Review of International Political Economy, Jg. 10/4, S. 621-644.

# Menschliche Sicherheit und Menschenrechte

*Wolfgang Benedek / Matthias C. Kettemann*

In ihrem 2003 veröffentlichten Bericht *Human Security Now* unterstrich die Kommission für menschliche Sicherheit die wechselseitige Verbindung des Konzepts menschlicher Sicherheit mit jenem der Menschenrechte: „Um Menschen zu schützen – und dies ist der Kern menschlicher Sicherheit – müssen ihre grundlegenden Rechte und Freiheiten gewahrt werden." (CHS 2003, 11). Die Formulierung zeigt, dass menschliche Sicherheit und Menschenrechte in einem engen Verhältnis stehen; dessen Untersuchung ist Gegenstand dieses Beitrags.

Fragen zu den Wechselwirkungen von menschlicher Sicherheit und Menschenrechten sind bislang nicht erschöpfend beantwortet worden. Gibt es eine genuin menschenrechtliche Dimension der menschlichen Sicherheit? Welchen Mehrwert liefert eine Betrachtung der menschlichen Sicherheit unter dem Gesichtspunkt der Menschenrechte? Welche Bedeutung haben Menschenrechte für das Konzept menschlicher Sicherheit? Diesen Fragen will der vorliegende Beitrag in vertiefter Form nachgehen.[1] Ihre Beantwortung ist auch deshalb von Bedeutung, weil sich die Staats- und Regierungschefs der Mitgliedstaaten der Vereinten Nationen (UN) im Schlussdokument des Weltgipfels vom September 2005 darauf geeinigt haben, das Konzept menschlicher Sicherheit „zu diskutieren und zu definieren" (UN 2005, 143). Eine Diskussion über das Konzept menschlicher Sicherheit und ihre Definition wird jedoch wenig Erfolg versprechend sein, ohne im Vorfeld die Rolle der Menschenrechte für menschliche Sicherheit (und umgekehrt) in ihrer Vielschichtigkeit analysiert zu haben.

## *Zum Beziehungsgeflecht von Menschenrechten und menschlicher Sicherheit*

Ohne auf die Entwicklungslinien des Konzepts menschlicher Sicherheit im Einzelnen einzugehen – dazu sei auf die Ausführungen von Cornelia Ulbert und Sascha Werthes in der Einleitung zum vorliegenden Band verwiesen –, ist doch ein kurzer Blick auf aktuelle Entwicklungen der internationalen Beziehungen und des Rechts, das diese regelt, zu werfen.

Während die klassische Lehre der Internationalen Beziehungen und das traditionelle Völkerrecht von einem staatenorientierten System ausgingen, ist mit der Allgemeinen Erklärung der Menschenrechte von 1948 und insbesondere seit Ende des „Kalten Krieges" 1989 der Mensch mit seinen Rechten und Bedürf-

1 Der Beitrag baut auf einschlägiger Literatur auf, vgl. Ramcharan (2002), Oberleitner (2005a), Benedek (2005).

nissen in den Vordergrund gerückt. Obwohl der 11. September 2001 zu einer neuerlichen Verstärkung souveränitätsorientierter Handlungsmuster von Staaten im „Kampf gegen den Terrorismus" führte, die mit Einschränkungen der Menschenrechte und damit auch der menschlichen Sicherheit einherging (vgl. Benedek 2006a, 2006c), ist die Rolle der Staaten im Wandel. Seit Ende des „Kalten Krieges" wurden neue Gefahrenbilder (zum Beispiel atypische, „neue Kriege") und neue Verwundbarkeiten (*vulnerabilities*) thematisiert (vgl. Glasius/Kaldor 2006, 4ff.). Im Zentrum der Gefährdungen stand nun nicht mehr der Staat, sondern der Einzelmensch. Zu der staatlichen Sicherheit als der einzig relevanten Sicherheitsdimension traten neue Sicherheitsbedürfnisse – genauer: Bedürfnisse nach Sicherheiten – für die menschliche Person hinzu. Die Rede von einer „Humanisierung" (Meron 2006) oder „Privatisierung" (Dörr 2005) des internationalen Rechts gewann zunehmend an Gewicht.

Während der Einzelmensch mithin vermehrt als Akteur auf der internationalen Bühne wahrgenommen wird, sehen sich Staaten – maßgeblich durch die Globalisierung bedingt – mit neuen Herausforderungen konfrontiert: Sie müssen internationale Kooperationen ins Auge fassen, um vor dem Hintergrund der Pluralität von Veränderungen ihrer Aufgabe als Garanten der Sicherheit ihrer Bevölkerung gerecht zu werden (vgl. Pikalo 2007). Auf internationaler Ebene (nach außen) gewinnt Kooperation (und abgeschwächt: Koordination) gegenüber souveränitätsorientierten Bestrebungen an Boden; eine internationale Gemeinschaft ist im Entstehen (vgl. Benedek 2007a). Mit dieser Entwicklung korreliert ein Bedeutungswachstum nichtstaatlicher Akteure, wie Nichtregierungsorganisationen und Individuen (vgl. Clapham 2006), aber auch transnationaler Unternehmen (vgl. Fuchs 2006). Die verstärkte Rechts- und Pflichtenträgerschaft des Individuums auf internationaler Ebene lässt sich gerade im Bereich des Menschenrechtsschutzes nachweisen.

Das Konzept menschlicher Sicherheit und die Menschenrechte verfolgen durch ihren bewussten Fokus auf das Individuum einen gemeinsamen Ansatz. Wie im Folgenden gezeigt werden soll, sind die beiden Konzepte trotz ihrer Gemeinsamkeiten nicht unterschiedslos.

Abschnitt 2 widmet sich der Frage, wie das Konzept menschlicher Sicherheit im Lichte der Menschenrechte verstanden werden kann. Welche Überschneidungen ergeben sich? Welche Unterschiede sind festzustellen? In Abschnitt 3 wird die Bedeutung menschlicher Sicherheit für die Setzung und Durchsetzung von Menschenrechten einer Sichtung unterzogen und am Beispiel der persönlichen Sicherheit erläutert. Die Bedeutung der Menschenrechte für die menschliche Sicherheit wird in Abschnitt 4 untersucht. In Abschnitt 5 werden schließlich Schlussfolgerungen zu Stand und Bedeutung der Wechselwirkungen von menschlicher Sicherheit und Menschenrechten sowie zum „Mehrwert" der Verbindung menschlicher Sicherheit mit den Menschenrechten gezogen.

## *Menschliche Sicherheit und Menschenrechte: Konzeptualisierung, Gemeinsamkeiten und Unterschiede*

So wie auch eine Definition von Menschenrechten je nach politikwissenschaftlichem, rechtlichem oder philosophischem Zugang variiert, besteht keine übereinstimmende Begriffsbestimmung des Konzepts menschlicher Sicherheit (vgl. Tadjbakhsh/Chenoy 2006, 39ff.). Für die Zwecke dieses Abschnittes möge es genügen, eine grundlegende Konzeptualisierung von Menschenrechten und menschlicher Sicherheit dergestalt zu versuchen, dass unter Menschenrechten konkrete Rechte von Einzelnen oder Gruppen verstanden werden. Menschliche Sicherheit indes bezeichnet ein politisches Konzept, das in Abgrenzung zur militärischen und nationalen Sicherheit auf die menschliche Person fokussiert ist. Menschliche Sicherheit verfolgt einen umfassenden statt sektoralen, partizipativen statt exklusiven und präventiven statt reaktiven Ansatz zur Bewältigung von Bedrohungen. Ihr Kerninteresse gilt dem Schutz fundamentaler Menschenrechte; sie geht allerdings über diese hinaus. Menschliche Sicherheit kann Formen wie persönliche, politische, soziale, ökonomische und umweltbezogene Sicherheit annehmen und trägt so zur internationalen Sicherheit bei.

Da sich Menschenrechte wie menschliche Sicherheit wandelnden Bedrohungsszenarien gegenüber sehen, haben auch beide Konzepte im Laufe ihrer (unterschiedlich langen) Entwicklung verschiedene Ausprägungen erfahren. Im Bereich der Menschenrechte ist von Generationen (oder besser: Dimensionen) von Rechten die Rede, deren erste im Allgemeinen die bürgerlich-politischen Rechte umfasst. Die zweite Dimension meint die wirtschaftlichen, sozialen und kulturellen Rechte und die dritte bezieht sich auf kollektive Rechte, wie jenes auf Frieden, Entwicklung, Umwelt und das Selbstbestimmungsrecht. Menschliche Sicherheit kennt ähnliche konzeptuelle Einteilungen. Ein in regelmäßigen Abständen aufgegriffenes Begriffspaar, das schon von US-Präsident Roosevelt 1940 in seiner Kongressbotschaft unter den Grundsätzen für die Nachkriegsordnung angeführt wurde, ist die „Freiheit von Furcht" und „Freiheit von Not". Diese beiden Freiheiten, die auch im Schlussdokument des Weltgipfels der Vereinten Nationen vom September 2005 explizit angeführt werden, können auch heute noch als Hauptpfeiler des Konzepts der menschlichen Sicherheit betrachtet werden. Ein engerer Ansatz beschränkt das Konzept auf „Freiheit von Furcht". Ein gutes Beispiel stellt die Sicherheitsratsresolution 1738 (2006) über den Schutz von Zivilpersonen in bewaffneten Konflikten dar. Darüber hinaus besteht auch eine sozioökonomische Dimension der Sicherheit („Freiheit von Not"). Gerade bei der umfassenden Aufnahme des Einzelmenschen in den Fokus der Sicherheit muss die Vielfältigkeit der Bedrohungen mitgedacht werden. Ohne menschliche Entwicklung und damit auch ohne die wirtschaftlichen und sozialen Rechte, deren Missachtung zu „Not" führen kann, ist menschliche Sicherheit nicht denkbar.

Die Interdependenz von Menschenrechten, menschlicher Sicherheit und menschlicher Entwicklung wird auch von der internationalen Gemeinschaft anerkannt (vgl. Robinson 2005, Tadjbakhsh/Chenoy 2006, 123). Der Bericht der Kommission für menschliche Sicherheit enthält auch die Ergebnisse eines Workshops von San José über Menschenrechte und menschliche Sicherheit, in denen die Bedeutung der Menschenrechte als normativer Rahmen und konzeptueller Bezugspunkt für die Verwirklichung der menschlichen Sicherheit bekräftigt wird (CHS 2003, 145). Dem Schlussdokument des Weltgipfels folgend stellen Frieden, Sicherheit, Entwicklung und Menschenrechte die Säulen des Systems der Vereinten Nationen dar und bilden die Grundlagen für kollektive Sicherheit und Wohlergehen. Sie sind miteinander verbunden und bekräftigen einander (vgl. UN 2005, 9). Menschliche Sicherheit umfasst mit internationaler Sicherheit (mit „Frieden" angesprochen), ökonomischer Sicherheit („Entwicklung") und persönlicher und sozialer Sicherheit (unter anderem, nicht aber nur, unter dem Stichwort „Menschenrechte" relevant) alle vier Komponenten. Derart verstanden treten die wechselseitigen Bezüge von menschlicher Sicherheit und Menschenrechten klar hervor. Die beiden Konzepte sind indes nicht deckungsgleich; welche Gemeinsamkeiten und Unterschiede festgestellt werden können, wird im Folgenden ausgeführt.

Zu den Gemeinsamkeiten der Konzepte Menschenrechte und menschliche Sicherheit gehört einmal ihr gemeinsamer konzeptueller Angelpunkt: der Schutz der menschlichen Würde. Diesen erreichen die beiden Konzepte indes nicht zwingend auf dieselbe Weise. Mit anderen Worten: Ein menschenrechtlicher Ansatz kann unter Beibehaltung desselben Zieles zu einer anderen Vorgehensweise führen als ein Handlungsvorschlag, der im Lichte eines Ansatzes menschlicher Sicherheit ausgearbeitet wird. Außer Frage steht, dass der menschenrechtliche Ansatz große Ähnlichkeiten zum Ansatz der menschlichen Sicherheit aufweist. Beide befördern und beziehen sich auf den eingangs beschriebenen völkerrechtlichen Paradigmenwechsel. Durch die konzeptuelle Fokussierung auf den Einzelmenschen durchdringen sie die tradierte staatliche Souveränität und fordern ein höheres Schutzniveau für den Einzelnen, seine Rechte und seine Sicherheiten.

Eine weitere Gemeinsamkeit liegt im ganzheitlichen Ansatz, der beiden Konzepten zugrunde liegt. Wie ein Menschenrecht das andere bedingt, ist auch die Erreichung menschlicher Sicherheit für alle nur denkbar, wenn alle „Sicherheiten" garantiert werden. Die „vulnerabilities" (Glasius/Kaldor 2006, 4ff.) der menschlichen Sicherheit entsprechen in ihrer Interdependenz den unterschiedlichen Menschenrechtsverletzungen (vgl. Tadjbakhsh/Chenoy 2006, 126).

Da der globale Menschenrechtsschutz nicht unilateral, sondern vorwiegend über universelle Standards durchgesetzt werden kann und auch Gefahrenquellen für menschliche Sicherheit keine Staatsgrenzen kennen, basieren beide Konzepte auf dem Bekenntnis zum Multilateralismus. Trotz gegenläufiger Entwicklungen in Reaktion auf die Terroranschläge vom 11. September 2001 in New York und Washington und der vorwiegend unilateralen Reaktionen wird der Multilateralismus auch weiterhin als sinnvollste Vorgehensweise gegen globale Probleme anerkannt. Darüber hinaus weisen neueste Entwicklungen auf eine Schwächung der unilateral ausgelegten neokonservativen Doktrin und einen erneuten Bedeutungsaufschwung für internationale Institutionen hin (vgl. Gordon 2006). Auch dies kann als Bestätigung der Relevanz der Konzepte der Menschenrechte und der menschlichen Sicherheit verbucht werden.

In Hinblick auf die Unterschiede der Konzepte menschlicher Sicherheit und Menschenrechte lässt sich festhalten, dass letztere eine ungleich längere Geschichte haben. Während menschliche Sicherheit einer breiteren Öffentlichkeit erst durch den Bericht über die menschliche Entwicklung 1994 des Entwicklungsprogramms der Vereinten Nationen bekannt wurde (vgl. UNDP 1994, 22), sind Menschenrechte unter Beiseitelassung ihrer geistesgeschichtlichen Wurzeln in den moralischen Geboten der großen Religionen und der griechischen Philosophie in ihren Grundzügen Produkte der rationalistischen Naturrechtslehre und der europäischen Aufklärung (vgl. Nowak 2002, 21-26). Die Bedeutung der Menschenrechte im Alltag wie auch in Wissenschaft und Forschung bedarf keiner besonderen Betonung. Das Konzept der Menschenrechte ist in einer Vielzahl internationaler Konventionen verankert und weitgehend akzeptiert. Das Konzept der menschlichen Sicherheit hingegen wird immer wieder in Frage gestellt, insbesondere was seinen Inhalt betrifft (vgl. Owen 2004). Der Widerstreit unterschiedlicher Sichtweisen von menschlicher Sicherheit erscheint jedoch typisch für die Phase der Konkretisierung, in welcher sich das Konzept der menschlichen Sicherheit heute befindet.

Menschliche Sicherheit hat sich noch nicht zu einem normativen Konzept entwickelt, sondern wird als „neues Organisationsprinzip der internationalen Beziehungen“ (Oberleitner 2005b, 198), als „neue Linse für Wissenschaft und Politik“ (Axworthy 2004, 348) oder als „holistisches Paradigma“ (Acharya 2004, 355) für eine neue Politik in Zeiten der Globalisierung gesehen. Regierungen wie die kanadische und die japanische machten es, wenn auch in unterschiedlichen Ausprägungen, zum Leitmotiv ihrer Außenpolitik (vgl. Debiel/Werthes 2006). Dies bedeutet jedoch nicht immer, dass den Menschenrechten die gleiche Beachtung zukommt.

Als zusätzlicher Unterschied lässt sich festhalten, dass menschliche Sicherheit über ein weiteres Sensorium für Bedrohungsszenarien verfügt bzw. auch Bedrohungen erfasst, die nicht unter menschenrechtlichen Gesichtspunkten erfassbar sind. Bedrohungen für die menschliche Sicherheit stellen auch Naturkatastrophen, Wirtschaftsabschwünge, Alltagskriminalität und Epidemien oder Pandemien dar, die nicht als Menschenrechtsverletzungen gerügt werden können. Ein 2006 von der UNESCO verschickter Fragebogen zur Erhebung unterschiedlicher Sichtweisen von menschlicher Sicherheit nennt mehr als 50 verschiedene

Arten von aktuellen Bedrohungen (vgl. UNESCO 2006). Diese reichen von anarchischer Urbanisierung über chemische Verschmutzung und Verwüstung bis hin zu Gender-Diskriminierung, dem Anstieg der Meeresspiegel und Massenvernichtungswaffen. Eine rein menschenrechtliche Betrachtung greift angesichts der Pluralität der Bedrohungsszenarien offenbar zu kurz.

Die menschliche Sicherheit ermöglicht schließlich eine Priorisierung von Gefahren, insbesondere wenn sie als Konzept definiert wird, das den Schutz des „vital core of life" von Menschen vor schwerwiegenden Gefahren anstrebt (vgl. CHS 2003, 4). Menschenrechte sind jedoch einer Priorisierung – die nicht mit einer Abwägung zu verwechseln ist – in der Regel nicht zugänglich. Zwar sind konfligierende Menschenrechte gegen einander abzuwägen, doch wird die wertbezogene Über- und Unterordnung von einzelnen Menschenrechten untereinander von herrschenden Menschenrechtstheorien bewusst vermieden. Allenfalls besteht eine erhöhte Bestandsgarantie für nicht derogierbare Menschenrechte (so etwa das notstandsfeste Folter- und Sklavereiverbot gemäß Artikel 15 Absatz 2 in Verbindung mit Artikel 3 und 4 Absatz 1 der Europäischen Menschenrechtskonvention) sowie ein verstärkter Schutz gegen umfassende und schwerwiegende Menschenrechtsverletzungen. Für die Abwägung zwischen verschiedenen Menschenrechten kann der Gesichtspunkt der menschlichen Sicherheit von Bedeutung sein.

Zusammenfassend können im Hinblick auf den Stellenwert der Menschenrechte zwei Konzepte menschlicher Sicherheit unterschieden werden: Auf der einen Seite steht das von der Kommission für menschliche Sicherheit verwendete weitere Konzept, das auch der menschlichen Entwicklung breiteren Raum gibt. Davon unterscheidet sich ein engerer Ansatz, dem der 2005 erstmals erschienene *Human Security Report* folgt, welcher sich aus pragmatischen und methodischen Gründen – das heißt in Abgrenzung zu bestehenden Berichten, wie dem Bericht über die menschliche Entwicklung des UNDP, und angesichts des Problems der Messbarkeit – vorerst für eine engeres Konzept menschlicher Sicherheit entschieden hat: ein Konzept, das vor allem den Schutz vor Gewalt und Konflikten umfasst. Dennoch enthält auch der *Human Security Report* Abschnitte über Menschenrechtsverletzungen, insbesondere Menschenhandel und HIV/Aids, die in den nächsten Berichten noch verstärkt werden sollen (HSC 2005, VIII, 77, 86, 135).

Als wichtigste Unterschiede zwischen Menschenrechten und menschlicher Sicherheit können somit ihr unterschiedlicher historisch-philosophischer Ursprung und die andauernde Diskussion über den Inhalt von menschlicher Sicherheit gegenüber einem höheren Grad der Ausdifferenzierung und Verrechtlichung der Menschenrechte und ihrer höheren Akzeptanz durch die Staaten angeführt werden. Von besonderer Bedeutung ist hier die Analyse ihrer Wechselbeziehung. Die folgenden zwei Abschnitte zeigen anhand konkreter Beispiele, inwiefern die Betrachtung der beiden Konzepte aus dem Blickwinkel des jeweils anderen erkenntnisfördernd und hilfreich für die Verstärkung der Operationalisierung sein kann.

## *Die Bedeutung von menschlicher Sicherheit für die Setzung und Durchsetzung von Menschenrechten*

Menschliche Sicherheit wird oftmals als ein Konzept wahrgenommen, das die Ansätze unterschiedlicher Rechtsgebiete zu verbinden vermag. Dies betrifft namentlich das humanitäre Völkerrecht, das Recht im Kampf gegen die organisierte Kriminalität und den Terrorismus, das Flüchtlingsrecht und die Menschenrechte (vgl. Oberleitner 2005b, 197). So kann die Betrachtung von menschenrechtlichen Fragestellungen aus der Perspektive menschlicher Sicherheit die internationale Gemeinschaft dazu befähigen, Gefährdungslagen effektiver zu begegnen als eine ausschließlich menschenrechtliche Perspektive. Die volle Verwirklichung der Menschenrechte ist von Rahmenbedingungen, denen eine soziale und internationale Ordnung genügen muss, geprägt. Die Rahmenbedingungen, zu denen die Gewährleistung von Frieden und Sicherheit, Umwelt und nachhaltiger Entwicklung zählen, werden in Artikel 28 der Allgemeinen Erklärung der Menschenrechte und generell mit den Menschenrechten der dritten Dimension angesprochen (siehe auch unten). Zu diesen Rechten kann auch das Recht auf menschliche Sicherheit gezählt werden, das in enger Beziehung mit anderen kollektiven Rechten steht. Die Erkenntnis dieser Wechselbeziehung und der Relevanz des Konzeptes menschlicher Sicherheit kann die Bedeutung der kollektiven Rechte heben, die – wie auch das Konzept der menschlichen Sicherheit selbst – weitgehend politischer Natur sind.

Menschliche Sicherheit kann des Weiteren einen Beitrag zur Überwindung der Trennung der Menschenrechte in unterschiedliche Dimensionen (oder Generationen) leisten. Während die Konzeption der Generationen eine plakative Beschreibung der lange vorherrschenden Auffassung im internationalen Menschenrechtsdiskurs darstellt, sind seit Ende der 1980er Jahre Entwicklungen auszumachen, diese Trennung im Sinne der Prinzipien der Unteilbarkeit, Gleichheit, Interdependenz und Universalität aller Menschenrechte (der bürgerlichen und politischen wie auch der wirtschaftlichen, sozialen und kulturellen Menschenrechte) zu überwinden. Erst kürzlich hat die UN-Generalversammlung in Resolution 60/251 (2006) anlässlich der Gründung des Menschenrechtsrats, des Nachfolgeorgans der UN-Menschenrechtskommission, die vorrangige Bedeutung dieser Prinzipien betont.

Hinsichtlich der Bedeutung von menschlicher Sicherheit für die Setzung von Menschenrechtsnormen lassen sich einerseits formelle Aspekte aufzeigen und andererseits internationale Verträge identifizieren, die von einer wachsenden Sensibilität für die Belange – wenn schon nicht das Konzept – menschlicher Sicherheit zu zeugen scheinen. Dem Konzept entspricht der Einbezug von Nichtregierungsorganisationen in den gesamten Prozess der Erarbeitung von Menschenrechtsnormen: von *agenda setting* und Bewusstseinsbildung bis hin zur Teilnahme in Konsultativfunktion bei internationalen Konferenzen. Die in partizipativen Prozessen erarbeiteten Verträge reflektieren verstärkt zivilgesellschaftliche Interessen. Darüber hinaus wenden sich bestimmte Verträge inhaltlich gegen Bedrohungsszenarien, die zum Kernbereich der Gefahren für menschliche Sicherheit ebenso wie für die Menschenrechte zählen. Zu den strukturell wie materiell, direkt wie indirekt von menschlicher Sicherheit beeinflussten Verträgen zählen die Ottawa-Konvention gegen Antipersonenminen von 1997, das Römische Statut des Internationalen Strafgerichtshofs von 1998, die beiden Protokolle zur UN-Kinderrechtskonvention von 2000, das Protokoll zur Konvention gegen transnationales organisiertes Verbrechen betreffend Frauen- und Kinderhandel von 2000 und das Protokoll zur UN-Anti-Folterkonvention über ein präventives internationales Besuchssystem von 2002. Letztere sind für die Verwirklichung grundlegender Menschenrechte von besonderer Bedeutung.

Ein für die Achtung der Menschenrechte besonders relevanter Teilbereich der menschlichen Sicherheit ist die persönliche Sicherheit. In den Bemühungen zu ihrem Schutz zeigt sich auch die Janusköpfigkeit der menschlichen Sicherheit, mit der sich diese von den Menschenrechten deutlich unterscheidet. Während menschenrechtliche Ansätze in der Verbrechensbekämpfung primär die Wahrung der Rechte gegenüber staatlichen Akten betonen, umfasst das Konzept der menschlichen Sicherheit die Gefahren, die durch Terrorismus, Korruption und Verbrechen verursacht werden, ebenso wie jene, die bei ihrer Bekämpfung für den Menschen entstehen, und ermöglicht damit eine umfassendere Sicht. Bedrohungen der Menschenrechte gehen meist von staatlichen Strukturen aus. Bedrohungen der menschlichen Sicherheit hingegen gehen häufig auch von nicht-staatlichen Akteuren aus. So zeigte ein Bericht des Entwicklungsprogramms der Vereinten Nationen über Lettland, dass bei der Bevölkerung die Sorge über die Verbreitung von Drogen und das organisierte Verbrechen an der Spitze der Liste von Bedrohungen der menschlichen Sicherheit steht (vgl. UNDP 2005). Gerade in der Verbrechensvorbeugung und -bekämpfung kann das Konzept der menschlichen Sicherheit eine auch für die Menschenrechte relevante, erhöhte Wirksamkeit der eingesetzten rechtlichen Instrumente bewirken. Da der Ansatz der menschlichen Sicherheit konsequent die Mehrdimensionalität der Bedrohungsszenarien berücksichtigt, kann er Verbrechen ebenso als Gefahrenquelle identifizieren wie Verletzungen von Menschenrechten in der Verbrechensbekämpfung (vgl. Benedek 2007b, 512). Dem ist in der Praxis durch eine Abwägung nach dem Grundsatz der Verhältnismäßigkeit Rechnung zu tragen.

Der Einfluss der menschlichen Sicherheit in ihrer Ausprägung als persönliche Sicherheit auf die Durchsetzung von Menschenrechten und deren Einhaltung im Vollzug anderer Normen kann augenfällig am Beispiel der Rolle der persönlichen Sicherheit im Kampf gegen Terrorismus und Menschenhandel und im internationalen Opferschutz illustriert werden. Gerade im Kampf gegen den Terrorismus hilft ein auf menschlicher Sicherheit beruhender Ansatz ungeachtet der Globalität der Bedrohungsszenarien rechtliche Überreaktionen zu vermeiden und den Rechtsschutz Verdächtiger zu gewährleisten. Aufgrund seiner präventiven Ausrichtung legt das Konzept sein besonderes inhaltliches Schwergewicht auf die Bekämpfung der Ursachen des Terrorismus (vgl. Europarat 2002). Auf diese Weise könnte der schleichenden Entwicklung unserer Gesellschaften zu „Sicherheitsgesellschaften“ (vgl. Benedek 2006c) vorgebeugt werden.

Internationale Instrumente gegen Menschenhandel, wie etwa das erwähnte Protokoll gegen Frauen- und Kinderhandel von 2000 zur Konvention gegen transnationales organisiertes Verbrechen und die Konvention des Europarates gegen Menschenhandel (vgl. Sembacher 2006), stellen erste rechtliche Ansätze dar, den kriminellen Energien auf diesem Sektor wirksam zu begegnen.

Die Perspektive menschlicher Sicherheit führt auch zu einer verstärkten Berücksichtigung der Bedürfnisse der Opfer. In Entsprechung des Konzepts menschlicher Sicherheit haben die Europäische Union und der Europarat die Rechte der Opfer neu geregelt (vgl. Rat der EU 2001, EU 2006, Benedek 2007b). Dem Schutz von Opfern von Terrorakten kommt eine besondere Bedeutung zu, da vom unmittelbaren Täter regelmäßig kein Schadenersatz erlangt werden kann; hier hat der Staat helfend einzugreifen (Europarat 2005).

Während diese Entwicklungen die Bedeutung des Konzepts menschlicher Sicherheit für die Menschenrechte widerspiegeln, üben auch die Menschenrechte eine bestimmende Rolle für die menschliche Sicherheit aus, wie im folgenden Abschnitt erläutert wird.

### *Die Bedeutung der Menschenrechte für die Entwicklung und Förderung der menschlichen Sicherheit*

Menschenrechte können als etabliertes rechtliches Konzept einen wichtigen Beitrag zum besseren Verständnis des Konzepts und zur Förderung der menschlichen Sicherheit in der Praxis leisten. Wie beschrieben enthält selbst ihre konsensfähigste Definition den Schutz von Einzelmenschen vor gravierenden Bedrohungen, insbesondere der Freiheit von Not und von Furcht. Der Kern dieser Freiheiten besteht heute in rechtlich-verbindlichen Menschenrechten. Sie sind daher jedenfalls in menschenrechtlichen Termini fassbar.

Darüber hinaus beeinflussen Menschenrechte die Konzeption von menschlicher Sicherheit in ihrem Zusammenhang mit (und nicht in Opposition zu) staatlicher Sicherheit. Denn ohne menschliche Sicherheit im Inneren kann auch keine Sicherheit des Staates garantiert werden. Zu den für menschliche Sicherheit in ihren unterschiedlichen Ausprägungen zentralen Menschenrechten, die vom Staat zu gewährleisten sind, zählen gemäß den Bestimmungen der Allgemeinen

Erklärung der Menschenrechte das Recht auf Leben, Freiheit und Sicherheit der Person (Artikel 3), das Recht auf soziale Sicherheit (Artikel 22) und das Recht auf eine soziale und internationale Ordnung, in welcher die Rechte und Freiheiten der Allgemeinen Erklärung der Menschenrechte voll verwirklicht werden können (Artikel 28). Die vom UNDP 1994 genannten sieben Komponenten von menschlicher Sicherheit, nämlich Wirtschafts-, Nahrungs-, Gesundheits-, Umwelt-, persönliche, Gemeinschafts- und politische Sicherheit, haben fast alle eine menschenrechtliche Entsprechung, die zudem den Vorteil hat, einen gewissen Grad an rechtlich-verbindlicher Konkretisierung erfahren zu haben.

Menschenrechte können somit für menschliche Sicherheit sowohl als Ziel als auch als Standards dienen. So muss es ein Ziel der menschlichen Sicherheit sein, in möglichst umfassender Weise Bedrohungen der Menschenrechte zu verhindern bzw. deren Verwirklichung zu unterstützen. Zugleich bieten sich die Menschenrechte als Standards oder Gradmesser für die Erreichung menschlicher Sicherheit an. Dennoch sind in einer zu engen Verquickung von Menschenrechten und menschlicher Sicherheit die Gefahr eines Reduktionismus aufzuzeigen: Werden Menschenrechte als alleiniger Gehalt (und nicht nur als normative Grundlage) von menschlicher Sicherheit angeführt, besteht das Risiko, dass der eigenständige Beitrag der menschlichen Sicherheit zum Schutz der menschlichen Würde verloren geht und das Konzept als „umgepackte Form der Menschenrechte" (Oberleitner 2005a, 598) wahrgenommen wird. Während durchaus glaubhaft gemacht werden kann, dass eine allzu starke Integrierung von Menschenrechten in das Konzept menschlicher Sicherheit dazu führen könnte, dass dieses seine Eigenheit verliert, kann dagegen eingewandt werden, dass die beiden Konzepte (wie ausgeführt) strukturell verschieden sind, eine andere historische Entwicklung durchgemacht haben und auf ähnliche Fragen durchaus andere Antworten geben können. Von einer Betrachtung durch die jeweils andere Linse können beide Konzepte nur profitieren. Erschöpft sich allerdings die Beschreibung von menschlicher Sicherheit in einer Aufzählung von Menschenrechten ist der Mehrwert in der Tat gering.

Menschenrechte können auch einen wichtigen Beitrag zur Fokussierung des breiten Konzepts menschlicher Sicherheit leisten. Die erhöhte „street credibility" von Menschenrechten in der internationalen Gemeinschaft kann zu einer Aushärtung des Konzepts menschlicher Sicherheit und zu dessen breiterer Akzeptanz führen. In Reaktion auf konkrete Menschenrechtsverletzungen, die auch Bedrohungen für die menschliche Sicherheit darstellen, können sich „Koalitionen der Willigen" finden, welche die konzeptuelle Entwicklung der menschlichen Sicherheit befördern. Zu diesen Koalitionen gehört namentlich das Netzwerk für Menschliche Sicherheit (*Human Security Network*, HSN), das sich in der Folge der Verhandlungen der Ottawa-Konvention gegen Antipersonenminen von 1997 gründete und dem – mit Ausnahme Kanadas – vorwiegend kleinere, multilateral orientierte Staaten angehören, die sowohl in den

Vereinten Nationen als auch außerhalb traditioneller internationaler Strukturen die konkrete Entwicklung menschlicher Sicherheit befördern. Im Arbeitsplan des Netzwerkes für Menschliche Sicherheit für 2005-2008 steht die Förderung der Menschenrechte, insbesondere durch die Stärkung der Menschenrechtsinstitutionen der Vereinten Nationen und die Förderung der Menschenrechtsbildung an zweiter Stelle. Menschenrechte sind jedoch auch indirekt in den anderen Prioritäten, wie der Bekämpfung von HIV/Aids und der Armutsbekämpfung enthalten (vgl. HSN 2005).

Als Beispiel kann das Problem von Epidemien bzw. Pandemien, also weltweit auftretenden Erkrankungen dienen. Sie stellen gravierende Bedrohungen der menschlichen Sicherheit dar. Aufgrund von Artikel 12 (c) des Internationalen Pakts über wirtschaftliche, soziale und kulturelle Rechte bzw. von Artikel 24 des Übereinkommens der Vereinten Nationen über die Rechte des Kindes haben die Staaten eine rechtliche Verpflichtung zur Vorbeugung, Behandlung und Bekämpfung epidemischer Krankheiten. Die dazu notwendige internationale Zusammenarbeit wird vor allem durch die Weltgesundheitsorganisation in Genf koordiniert. Das Netzwerk für menschliche Sicherheit hat auf Initiative Thailands die Bekämpfung von HIV/Aids zu einem prioritären Thema gemacht und eine Reihe von Initiativen unternommen (vgl. HSN 2005).

Die Menschenrechtsbildung ist für den Einfluss von Menschenrechten auf menschliche Sicherheit von besonderer Bedeutung. Bevor grundlegende Forderungen nach menschlicher Sicherheit konzeptuell erfasst und ventiliert werden können, ist eine Aufklärung der Bevölkerung über ihre Rechte notwendig. Das Bewusstsein über bestehende Rechte und die Kenntnis ihrer Inhalte stellt ein präventives Hindernis dafür dar, dass sie überhaupt verletzt werden (können), und sorgt somit für deren Durchsetzung. Im Kontext der Dekade der Vereinten Nationen für Menschenrechtsbildung von 1995-2004 wurde im Auftrag des österreichischen Außenministeriums im Rahmen des österreichischen Vorsitzes des Netzwerkes für Menschliche Sicherheit die „Grazer Erklärung über Prinzipien von Menschenrechtsbildung und menschlicher Sicherheit“ ausgearbeitet (vgl. HSN 2003), die auf der Ministerkonferenz des Netzwerkes im Mai 2003 angenommen wurde.

Die Bedeutung von Menschenrechtsbildung für den Schutz der Menschenrechte und die Hebung der menschlichen Sicherheit wird auch in dem vom Europäischen Trainings- und Forschungszentrum für Menschenrechte und Demokratie (ETC) in Graz konzipierten *Manual on Understanding Human Rights* anhand von 14 Modulen thematisiert, das ebenfalls im Rahmen des Netzwerkes für Menschliche Sicherheit entwickelt wurde und inzwischen in zehn Sprachen übersetzt worden ist (vgl. Benedek/Nikolova-Kress 2004, Benedek 2006b, ETC 2006).

Der Bedeutung der Menschenrechtsbildung liegt die Erkenntnis zugrunde, dass in Staaten, in denen Menschenrechte und Demokratie gewährleistet sind, aufgrund einer ihrer Rechte bewussten aktiven Zivilgesellschaft auch ein höheres Maß an menschlicher Sicherheit besteht. Sowohl interne als auch internationale Konflikte werden besser vermieden bzw. können schneller und effektiver gelöst werden.

Abschließend ist festzuhalten, dass Menschenrechte durch ihre höhere internationale Achtung in der Lage sind, als Kernelement der menschlichen Sicherheit einen wertvollen Beitrag zu deren konzeptueller Verdichtung zu leisten. Beschränkte sich die menschliche Sicherheit jedoch auf die Achtung des menschenrechtlichen *hard law*, ginge sie ihrer darüber hinausgehenden eigenen Bedeutung verlustig.

### *Schlussfolgerungen: Die Zwischenbeziehungen von menschlicher Sicherheit und Menschenrechten*

Während manche Autoren die Konvergenz von Menschenrechten und menschlicher Sicherheit mit den Problemen „verliebter Stachelschweine" behaftet sehen (Oberleitner 2005a), hat dieser Beitrag zu zeigen versucht, dass das Zusammenspiel der beiden Konzepte einen doppelten Mehrwert zu produzieren im Stande ist. Sowohl die Aufnahme des Konzepts menschlicher Sicherheit in den Themenbereich Menschenrechte als auch die Betrachtung von menschlicher Sicherheit aus einer menschenrechtlichen Perspektive vermögen neue Einsichten zu bringen: hier führt es zu einer konzeptionellen Aushärtung, dort zu einem umfassenderen Schutz. Während eine Fokussierung auf nationale Sicherheit häufig mit der Einschränkung von Menschenrechten einhergeht, hat menschliche Sicherheit gerade die Gewährleistung der Menschenrechte zum Ziel. Dies lässt sich besonders eindrücklich anhand der staatlichen Reaktionen auf die Anschläge vom 11. September 2001 zeigen (vgl. Wilson 2005). Teils wurden Menschenrechtsverteidiger mit Terroristen gleichgesetzt. Der US-Justizminister John Ashcroft wird mit der Aussage zitiert, dass „diejenigen, die Frieden liebende Menschen mit den Phantomen verlorener Freiheit erschrecken (...), lediglich den Terroristen helfen" (zit. nach Hicks 2005, 211; Übersetzung durch Red.). Illustrativ ist auch das Wiederaufflackern der Debatte um Legitimität und Legalität von Folter, die Kriminalisierung von Oppositionsgruppen, der Einsatz militärischer Mittel zur Lösung innerstaatlicher Konflikte und die Außerkraftsetzung von menschenrechtlichen Garantien durch die Verkündung von Notstandssituationen (vgl. Hicks 2005, 212ff.).

Menschliche Sicherheit transzendiert die Trennung der Bedrohungsquellen in öffentliche und private (vgl. Oberleitner 2005a, 601). Ein menschenrechtlicher Ansatz, der unter dem Eindruck menschlicher Sicherheit verstärkt auf den Zentralbegriff der menschlichen Würde rekurriert, kann bestehende Regelungslücken, gerade im Hinblick auf neuartige Gefährdungen von Menschenrechten und Ursachen der Unsicherheit überwinden. Unter dem Gesichtspunkt der menschlichen Sicherheit kann auch im Menschenrechtsdiskurs der Dualität der Rolle des Staates (insbesondere der Polizei) im Hinblick auf die persönliche Sicherheit – als potenzielle Verletzer wie als Wahrer – besser Rechnung getragen werden.

In Hinblick auf die Bedrohungsszenarien ist ein konkreter Mehrwert der menschlichen Sicherheit festzustellen. Wo das menschenrechtliche Schutzinstrumentarium nicht in der Lage ist, die besonders für die Zukunft zentralen Gefahren für die menschliche Würde abzufedern, kann eine auf das Konzept menschlicher Sicherheit ausgerichtete Politik diesen wirksam entgegen treten. Gerade gegenüber Naturkatastrophen und Kriminalität sind Ansätze menschlicher Sicherheit mit Gewinn einsetzbar. Wo sich Menschenrechtsschutzinstrumente eher als reaktiv darstellen, ist das Konzept menschlicher Sicherheit vorwiegend präventiv. Mit seiner Hilfe kann Ursachenforschung und -behebung betrieben und Menschenrechtsverletzungen vorgebeugt werden.

Eine wechselseitige konzeptuelle Befruchtung von Menschenrechten und menschlicher Sicherheit ist daher für beide Seiten vorteilhaft. Ein menschenrechtlicher Ansatz für die menschliche Sicherheit vermag zu einer verstärkten Fokussierung und Operationalisierung des Konzeptes führen und Kritik an seiner Breite entschärfen. Die Einnahme einer von menschlicher Sicherheit geprägten Perspektive zur Analyse der Setzung und Durchsetzung von Menschenrechten kann zu einer umfassenderen Behandlung von Bedrohungsszenarien führen und die Ursachen von Unsicherheit früher identifizieren. So können Gründe für eine mangelnde Verwirklichung der Menschenrechte im Bereich der menschlichen Sicherheit festgestellt werden. Auf internationaler Ebene vermag schließlich die Verfolgung von Belangen der menschlichen Sicherheit eine auf Partizipation beruhende Weltordnungspolitik (Global Governance) befördern, die Zivilgesellschaft verstärkt einbeziehen und Entwicklungen in jenen Rechtsgebieten vorantreiben, die für den Menschen von besonderer Relevanz sind. Generell mahnt menschliche Sicherheit wesensgemäß die Herrschaft des Rechts in den internationalen Beziehungen ein und nimmt das Völkerrecht als präventives Instrument in die Pflicht.

Ist eine Konvergenz von menschlicher Sicherheit und Menschenrechten der Verbesserung ersterer und dem Schutz letzterer förderlich? Dieser Beitrag hat das Verhältnis beider Konzepte zu klären versucht. Das Konzept menschlicher Sicherheit ist ein politisches Konzept, ein Prisma, das eine Betrachtung der internationalen Beziehungen aus dem Blickwinkel der Bedürfnisse der Menschen ermöglicht und eine Fokussierung auf diese erleichtert. Menschenrechte hingegen sind ein rechtliches Konzept. Freilich hat menschliche Sicherheit rechtliche Implikationen und die Menschenrechte auch eine politische Dimension. Wenig hilfreich ist es auch, eine allzu scharfe Trennung von menschlicher Sicherheit und Menschenrechten zu fordern. Beide Konzepte stellen auf die Essenz des internationalen Rechts und der internationalen Beziehungen ab: die Sorge um den

Schutz des Einzelmenschen. Während sich dies klar aus den naturrechtlichen Wurzeln des Völkerrechts ergibt, ist es den Menschenrechten und, in letzter Zeit, gerade dem Konzept menschlicher Sicherheit zu verdanken, dass es nach einem 20. Jahrhundert, in dem ein staatsorientierter Sicherheitsbegriff menschliche Unsicherheiten und Menschenrechtsverletzungen nicht verhindern konnte, ein 21. Jahrhundert begonnen hat, in dem Sicherheit ganzheitlicher verstanden wird und die Rolle des Einzelnen in den internationalen Beziehungen eine Aufwertung erfährt. Diese Entwicklung weist in eine für Menschenrechte wie menschliche Sicherheit positive Richtung.

Wenn die Wechselbeziehungen von Menschenrechten und menschlicher Sicherheit, wie sie in diesem Beitrag umrissen wurden, von der Generalversammlung der Vereinten Nationen bei der Diskussion und Definition der menschlichen Sicherheit erkannt und implementiert werden, steht einer konzeptuellen Aushärtung, man könnte auch formulieren: einem Paradigmenwechsel hin zu einem menschenzentrierten Sicherheitsbegriff, der Menschenrechte umfasst, über diese jedoch hinausgeht, nichts mehr im Wege. In diesem Lichte betrachtet sollte es selbst für die eingangs erwähnten Stachelschweine nicht allzu schwer sein, ihrer Liebe Ausdruck zu verleihen.

### *Literatur*


Acharya, Amitav, 2004: A Holistic Paradigm, in: Security Dialogue, Jg. 35/3, S. 355-356.

Axworthy, Lloyd, 2004: A New Scientific and Policy Lens, in: Security Dialogue, Jg. 35/3, S. 348-349.

Benedek, Wolfgang, 2005: Der Beitrag des Konzeptes der menschlichen Sicherheit zur Friedenssicherung, in: Klaus Dicke/Stephan Hobe/Karl-Ulrich Meyn/Anne Peters/Eibe Riedel/Hans-Joachim Schütz/Christian Tietje (Hg.), Weltinnenrecht. Liber Amicorum Jost Delbrück. Berlin, S. 25-36.

Benedek, Wolfgang, 2006a: Human Rights and Human Security: Challenges and Prospects, in: Alice Yotopoulos-Marangopoulos (Hg.), L'Etat Actuel des Droits de l'Homme dans le Monde, Defis et Perspectives, Conférence internationale à l'occasion du 25e anniversaire d'activités de la FMDH. Paris, S. 97-110.

Benedek, Wolfgang, 2006b: Understanding Human Rights, Manual on Human Rights Education. 2. Aufl. Wien/Berlin/Antwerpen.

Benedek, Wolfgang, 2006c: Die freien Länder werden zu „Sicherheitsgesellschaften“, Terrorismusbekämpfung und Menschenrechte – wo stehen wir heute?, in: Neue Zürcher Zeitung, Nr. 48 (27. Februar 2006), S. 3.

Benedek, Wolfgang, 2007a: The Emerging Global Civil Society: Achievements and Prospects, in: Volker Rittberger/Martin Nettesheim/Carmen Huckel (Hg.), Changing Patterns of Authority in the Global Political Economy. Basingstoke, i.E.

Benedek, Wolfgang, 2007b: Die Relevanz des Konzepts der menschlichen Sicherheit für die persönliche Sicherheit, in: Robert C. van Ooyen/Martin H. W. Möllers (Hg.), Jahrbuch Öffentliche Sicherheit 2006/07. Lübeck, S. 503-517.

Benedek, Wolfgang/Minna Nikolova-Kress (Hg.), 2004: Menschenrechte verstehen. Handbuch zur Menschenrechtsbildung. Wien.

CHS (Commission on Human Security), 2003: Human Security Now. <www.humansecurity-chs.org/finalreport/ index.html, 04.04.07>.

Clapham, Andrew, 2006: Human Rights Obligations of Non-State Actors. Oxford.

Debiel, Tobias/Sascha Werthes (Hg.), 2006: Human Security on Foreign Policy Agendas. Changes, Concepts and Cases. (INEF Report, 80/2006). Duisburg.

Dörr, Oliver, 2005: „Privatisierung" des Völkerrechts, in: Juristenzeitung, Jg. 60/19, S. 905-915.

Europäische Union, 2006: Pilotprojekt für die Opfer von terroristischen Akten. <europa.eu.int/comm/justice_home/funding/victims_terrorism/wai/funding_victims_terrorism_en.htm, 04.04.07>.

Europäisches Training- und Forschungszentrum für Menschenrechte und Demokratie (ETC), 2006: Understanding Human Rights. Manual on Human Rights Education. <www.etc-graz.at/typo3/index.php?id=597, 04.04.07>.

Europarat, 2002: Guidelines on Human Rights and the Fight against Terrorism, adopted by the Committee of Ministers on 11 July 2002, H (2002) 4. <www.coe.int/t/E/Human_Rights/Guidelines%20compendium%20ENG.pdf, 04.04.07>.

Europarat, 2005: Guidelines on the Protection of Victims of Terrorist Acts, adopted by the Committee of Ministers on 2 March 2005, DG II (2005) 6. <www.coe.int/t/E/Human_Rights/Guidelines%20compendium%20ENG.pdf, 04.04.07>.

Fuchs, Doris, 2006: Privatwirtschaft und Governance: Transnationale Unternehmen und die Effektivität privaten Regierens, in: Stefan A. Schirm (Hg.), Globalisierung. Forschungsstand und Perspektiven. Baden-Baden, S. 147-168.

Glasius, Marlies/Mary Kaldor, 2006: A Human Security Vision for Europe and Beyond, in: Marlies Glasius/Mary Kaldor (Hg.), A Human Security Doctrine for Europe. Projects, Principles, Practicalities. Abingdon/New York, S. 3-19.

Gordon, Philip H., 2006: The End of the Bush Revolution, in: Foreign Affairs, Jg. 85/4, S. 75-86.

Hicks, Neil, 2005: The Impact of Counter Terror on the Promotion and Protection of Human Rights: A Global Perspective, in: Richard Ashby Wilson (Hg.), Human Rights in the "War on Terror". Cambridge, S. 308-316.

HSC (Human Security Centre, University of British Columbia), 2005: The Human Security Report 2005. War and Peace in the 21st Century Project. New York.

HSN (Human Security Network), 2003: Graz Declaration on Principles of Human Rights Education and Human Security. <www.humansecuritynetwork.org/docs/8may2003-e.php, 04.04.07>.

HSN (Human Security Network), 2005: Second Medium Term Workplan 2005-2008. <www.humansecuritynetwork.org/docs/Second%20Midterm%20Workplan-e.php, 04.04.07>.

Meron, Theodor, 2006: The Humanization of International Law. Leiden.

Nowak, Manfred, 2002: Einführung in das internationale Menschenrechtssystem. Wien.

Oberleitner, Gerd, 2005a: Porcupines in Love: The Intricate Convergence of Human Rights and Human Security, in: European Human Rights Law Review, Jg. 10/6, S. 588-606.

Oberleitner, Gerd, 2005b: Human Security: A Challenge to International Law?, in: Global Governance, Jg. 11/2, S. 185-203.

Owen, Taylor, 2004: Human Security – Conflict, Critique and Consensus: Colloquium Remarks and a Proposal for Threshold-Based Definition, in: Security Dialogue, Jg. 35/3, S. 373-387.

Pikalo, Jernej, 2007: Economic Globalisation, Globalist Stories of the State, and Human Rights, in: Wolfgang Benedek/Koen De Feyter/Fabrizio Marrella (Hg.), Economic Globalisation and Human Rights. Cambridge, S. 17-38.

Ramcharan, Bertrand G., 2002: Human Rights and Human Security. Leiden/Boston.
Rat der Europäischen Union, 2001: Rahmenbeschluss des Rates der Europäischen Union vom 15. März 2001 über die Stellung des Opfers im Strafverfahren, ABl. Nr. L 082 vom 22/03/2001, S. 1-4.
Robinson, Mary, 2005: Connecting Human Rights, Human Development and Human Security, in: Richard Ashby Wilson (Hg.), Human Rights in the „War on Terror". Cambridge, S. 308-316.
Sembacher, Anke, 2006: The Council of Europe Convention on Action Against Trafficking in Human Beings, in: Tulane Journal of International and Comparative Law, Jg. 14/2, S. 435-454.
Tadjbakhsh, Shahrbanou/Anuradha Chenoy, 2006: Human Security: Concepts and Implications. London.
UN, 2005: 2005 World Summit Outcome, UN Dok. A/RES/60/1 vom 24. Oktober 2005.
UNDP, 1994: Human Development Report 1994: New Dimensions of Human Security. <hdr.undp.org, 04.04.07>.
UNDP, 2005: Human Development Report: Latvia. <hdr.undp.org/docs/reports/national/LAT_Latvia/Latvia_2005_en.pdf, 04.04.07>.
UNESCO, 2006: Human Security Online Questionnaire (den Autoren vorliegend).
Wilson, Richard Ashby (Hg.), 2005: Human Rights in the „War on Terror". Cambridge.

## Menschliche Sicherheit, Intervention und die Verantwortung zum Schutz

*Ramesh Thakur*

Im folgenden Beitrag werde ich zu Beginn mein Verständnis des umstrittenen Konzepts der menschlichen Sicherheit darstellen und die Rahmenbedingungen für die Gründung der *International Commission on Intervention and State Sovereignty* (ICISS) erläutern. Anschließend befasse ich mich ausführlich mit dem Konzept der Verantwortung zum Schutz (*responsibility to protect*) und der Vorstellung von Souveränität als Verpflichtung. Im Weiteren gehe ich kurz auf die verschiedenen Bestandteile der Schutzverantwortung, auf Entscheidungskriterien für Interventionen sowie auf ihre Legitimation durch die Vereinten Nationen (UN) ein. Im letzten Abschnitt wird dargestellt, wie politische Entscheidungsmöglichkeiten im Zeichen von realpolitischen Veränderungen positiv befördert, aber auch eingeschränkt werden.

### *Menschliche Sicherheit: Bedrohungen und das dreifache politische Dilemma*

Menschliche Sicherheit stellt den Einzelnen in den Mittelpunkt der Diskussion, der Analyse und der Politik (Thakur 1997). Der Mensch steht folglich an erster Stelle. Der Staat ist lediglich ein kollektives Instrument zum Schutz des menschlichen Lebens und zur Förderung der menschlichen Wohlfahrt. Die grundlegenden Komponenten der menschlichen Sicherheit – der Schutz der Menschen vor Bedrohungen ihrer persönlichen Sicherheit oder ihres Lebens – können durch äußere Aggression gefährdet sein, aber auch durch innenpolitische Faktoren einschließlich der „Sicherheits"-Kräfte in einem zu starken Staat oder durch strukturelle Anarchie bei Versagen des Staates.

Ein Pfeiler der menschlichen Sicherheit ist die Tradition der Menschenrechte, bei der der Staat als Ursache möglicher Bedrohungen der individuellen Sicherheit angesehen wird. Der andere Pfeiler ist die Entwicklungsagenda, bei der der Staat als notwendiger Akteur für die Förderung der menschlichen Sicherheit gilt. Während in der sicherheitspolitischen Debatte der UN beide Aspekte zum Ausdruck kommen, ist das Engagement für die menschliche Sicherheit in der Außenpolitik Kanadas bzw. Japans jeweils von den getrennten Aspekten durchdrungen. Daraus erklärt sich in gewissem Umfang die dem Konzept innewohnende analytische und politische Spannung (siehe hierzu die verschiedenen Beiträge in diesem Band).

Man kann kritisieren, dass durch diesen multidimensionalen Sicherheitsansatz die Genauigkeit zugunsten der Vollständigkeit geopfert wird. Eine Lösung dieses Dilemmas könnte darin bestehen, sich auf Sicherheit im Rahmen von Krisensituationen zu konzentrieren. Doch selbst wenn man „Sicherheit" auf Bedrohungen der Integrität unserer Analyseeinheit (des menschlichen Lebens) beschränkt, gebührt doch vielen nicht-traditionellen Faktoren das gewichtige Etikett der Sicherheit und eine außergewöhnliche politische Antwort: Umweltgefahren wie Überschwemmungen und Desertifikation, die politische Gefahr eines vollständigen Zusammenbruchs der staatlichen Strukturen, Migrationsströme von einer die Grundidentität der aufnehmenden Gesellschaft zerstörenden Größenordnung, strukturelle Zwänge, durch die Menschen zu Leibeigenen werden, usw. Man könnte argumentieren, ein Bestehen auf nationaler Sicherheit auf Kosten der menschlichen Sicherheit würde den Begriff der „Sicherheit" im Hinblick auf viele reale Gegebenheiten bis zur Sterilität ohne praktische Bedeutung banalisieren.

Im Bewusstsein der dem Konzept der menschlichen Sicherheit innewohnenden definitorischen Spannung meinen wir in den UN, dass es bei der menschlichen Sicherheit um den Schutz von Menschen vor kritischen und lebensbedrohenden Gefahren geht, unabhängig davon, ob diese Gefahren ihre Ursache in menschlichen Aktivitäten oder Naturereignissen haben, ob die Gründe innerhalb oder außerhalb von Staaten zu suchen sind, ob sie direkt oder strukturell sind. Das Konzept ist „anthropozentrisch", da sein Schwerpunkt bei den Menschen als Individuen oder gemeinschaftlichen Gruppen liegt. Es ist „sicherheitszentriert", da es sich auf Freiheit von Angst, Gefahren und Bedrohungen konzentriert.

Die Umformulierung nationaler Sicherheit zu menschlicher Sicherheit ist einfach, hat jedoch tiefgreifende Konsequenzen für unsere Weltsicht, für die Organisation unserer politischen Angelegenheiten, für unsere Entscheidungen in der Innen- und Außenpolitik und für unser Verhältnis zu Mitmenschen aus vielen verschiedenen Ländern und Kulturen. Das Konzept führt auch zu grundlegenden Fragen über unsere Verantwortung für Sicherheit und Wohlfahrt unserer Mitmenschen über politische Grenzen hinaus.

Das schlimmste innenpolitische Verbrechen einer Regierung ist die Massentötung der eigenen Bevölkerung, das schlimmste außenpolitische Verbrechen der Angriff auf ein anderes Land und dessen Invasion. Das 20. Jahrhundert ist zum Teil die Geschichte eines zweigleisigen Ansatzes zur Zähmung der innen- und außenpolitischen bewaffneten Kriminalität von Staaten durch eine Reihe normativer, legislativer und institutioneller Fesseln. Durch diese Aktivitäten wurde versucht, ein zunehmend internationalisiertes menschliches Gewissen und ein wachsendes Bewusstsein der internationalen Gemeinschaft in eine neue normative Architektur der Weltordnung zu übersetzen.

Doch was ist, wenn das zweite Versagen eine Reaktion auf das erste ist, wenn ein Land angegriffen und besetzt wird, um Gräuel der „legitimen" Regierung innerhalb des souveränen Staatsgebietes zu beenden oder zu verhindern? (Dies ist typisch für eine ärgerliche Fehlverwendung und Korrumpierung des Wortes

„legitim".) Wer ist verantwortlich für den Schutz unschuldiger Opfer von Gräueltaten? Zur Veranschaulichung: Als sich 1994 in Ruanda der Genozid ausweitete und 800.000 Menschen hingeschlachtet wurden, war die Welt ein stummer und ferner Zeuge der eigenen Apathie. Doch was wäre gewesen, wenn eine Koalition der Willigen zum militärischen Eingreifen bereit gewesen wäre, es im UN-Sicherheitsrat aber eine Blockade gegeben hätte?

Die *International Commission on Intervention and State Sovereignty* (ICISS) hat nach Antworten auf diese beiden schmerzlichen Dilemmata gesucht. Ihr Bericht trägt den Titel „The Responsibility to Protect" (R2P). Ausgehend vom größeren Rahmen der menschlichen Sicherheit gelangte die Kommission in ihrem Report zu dem Schluss, dass das Gebot der Nicht-Intervention gegenüber der internationalen Verantwortung zum Schutz zurücktritt, wenn eine Bevölkerung aufgrund von Bürgerkrieg, Aufruhr, Repression oder Versagen des Staates schweres Leid erfährt und wenn die betreffende Regierung nicht willens oder fähig ist, dies zu beenden oder abzuwenden. Die UN sind die einzige Organisation mit international akzeptierter Autorität, die über die Selbstverteidigung hinausgehende internationale Militäroperationen für rechtens erklären kann. Der UN-Sicherheitsrat steht im Mittelpunkt des internationalen Systems der Rechtsdurchsetzung.

Das dreifache politische Dilemma – komplizenhafte Mitverantwortung, Paralyse oder Illegalität – lässt sich wie folgt zusammenfassen:

- Die jederzeitige Achtung von Souveränität birgt gelegentlich das Risiko der Mitverantwortung bei humanitären Tragödien.
- Das Argument, der UN-Sicherheitsrat müsse jeder internationalen Intervention zu humanitären Zwecken seine Zustimmung erteilen, birgt das Risiko einer politischen Paralyse dadurch, dass die Initiative und Möglichkeit zum Handeln entweder der Passivität und Apathie des Sicherheitsrats als Ganzem ausgeliefert wird oder dem obstruktivsten Mitglied, das heißt einem der fünf ständigen Mitglieder, das zum Veto entschlossenen ist.
- Der Einsatz von Gewalt ohne Autorisierung durch die UN bedeutet eine Völkerrechtsverletzung und untergräbt die auf der zentralen Rolle der UN als Wächter des Weltgewissens und Hüter des Weltfriedens basierende Weltordnung.

### *Hintergründe zur ICISS*

Die 1990er Jahre forderten die internationale Gemeinschaft durch die das Gewissen aufrüttelnden Gräuel überall auf der Welt heraus. Die Interventionsdebatte entzündete sich an der Kluft zwischen den kodifizierten Instrumenten und Modalitäten zur Gestaltung der Weltordnung einerseits und der Not und dem Elend in Somalia, Ruanda, Srebrenica und Osttimor sowie der wachsenden Akzeptanz menschlicher Sicherheit als alternativem Rahmen der Sicherheitspolitik andererseits.

Unter dem Eindruck gegensätzlicher Erfahrungen in Ruanda (Barnett 2003, Dallaire 2003) und dem Kosovo (Schnabel/Thakur 2000) forderte Kofi Annan die Mitgliedstaaten nachdrücklich auf, einen neuen Konsens zwischen den konkurrierenden Visionen der Souveränität von Staaten und Völkern – als Ausdruck (national-)staatlicher und menschlicher Sicherheit – und der resultierenden „Herausforderung humanitärer Intervention" zu entwickeln (Annan 1999). Als Reaktion initiierte der kanadische Außenminister Lloyd Axworthy die ICISS als unabhängige internationale Kommission, die sich mit der ganzen Palette der schwierigen und komplexen Themen dieser Debatte auseinandersetzen sollte. Mit dem R2P-Report wurden drei Hauptziele verfolgt: eine Änderung der sprachlichen Begrifflichkeit von „humanitärer Intervention" zur „Verantwortung zum Schutz", Ansiedelung der Verantwortung bei staatlichen Behörden auf nationaler Ebene und beim Sicherheitsrat auf internationaler Ebene und Gewähr, dass tatsächlich stattfindende Interventionen auch korrekt erfolgen. Da der Bericht keine Charta für Interventionisten ist, enthält er keine Checkliste zur Entscheidungsfindung. Politische Eventualitäten lassen sich nicht in vollem Umfang und in ihrer ganzen Komplexität antizipieren, und politische Entscheidungen werden immer von Fall zu Fall getroffen. In dem Bericht wird versucht, diejenigen das Gewissen aufrüttelnden Situationen zu identifizieren, in denen eine internationale Intervention zwingend geboten scheint, und zugleich die Aussichten derartiger Interventionen zu verbessern. Umgekehrt bedeutet dies, dass die Voraussetzungen für eine Intervention eng gefasst sein müssen, dass die Messlatte hoch angelegt werden muss und dass es klare prozedurale und operationale Sicherungen geben muss, weil die Wahrscheinlichkeit eines internationalen Konsenses unter den Bedingungen korrekter Verfahrensregeln, klarer Zuständigkeiten und angemessener Sorgfalt höher ist.

### *Von der „humanitären Intervention" zur „Verantwortung zum Schutz"*

Es fällt nicht schwer, einen Krieg als „humanitäre Intervention" zu bezeichnen und Kritiker damit als „antihumanitär" zu etikettieren. Für die meisten Menschen im Westen beinhaltet der Begriff „humanitäre Intervention" die Vorstellung, dass der Intervention kein machtpolitisches Eigeninteresse zugrunde liegt, sondern das altruistische Ziel, Menschenleben zu schützen. Bei vielen Nicht-Westlern beschwört der Begriff jedoch historische Erinnerungen daran herauf, wie der Stärkere dem Schwächeren im Namen der gerade herrschenden universellen Prinzipien seinen Willen aufzwingt. Das geht von der Zivilisierungsmission des Christentums bis zur Kultivierung und Förderung von Menschenrechten. Die Floskel „humanitäre Intervention" wird benutzt, um von vornherein die Souveränität durch die Intervention zu übertrumpfen. Hiermit werden die Karten zugunsten der Intervention gemischt, ehe eine Auseinandersetzung überhaupt begonnen hat, indem abweichende Meinungen als illegitim und antihumanitär abgekanzelt werden.

Während das Konzept der humanitären Intervention Dominanzängste aufgrund der internationalen Machthierarchie schürt, betont das Konzept der (gemeinsamen) Verantwortung zum Schutz ein Element internationaler Solidarität. Das Konzept beinhaltet eine Bewertung der Probleme aus Sicht derjenigen, die Unterstützung suchen oder benötigen, und nicht aus der Perspektive der Rechte und Pflichten derjenigen, die eine Intervention ins Auge fassen. Damit steht die Pflicht, die Dorfbewohner vor Mord, die Frauen vor Vergewaltigung und die Kinder vor Hunger und Verlust ihrer Eltern zu schützen, im Blickpunkt der internationalen Öffentlichkeit.

### *Souveränität als Verantwortung*

Eine Intervention zum Schutz von Menschen findet deshalb statt, damit diejenigen, die dazu verurteilt sind, in Angst zu sterben, wieder in Hoffnung leben können. Sie basiert auf den zwei festen Annahmen, dass einerseits die Souveränität des Staates einhergeht mit einer entsprechenden Verantwortung und dass andererseits, wenn der Staat in seiner Pflicht zum Schutz seiner Bürger versagt, diese Verantwortung auf die internationale Gemeinschaft zurückfällt. Dementsprechend gelangte die ICISS zu dem Schluss, dass eine begriffliche Neufassung der Souveränität, bei der dieser Terminus nicht mehr ausschließlich auf Autorität, sondern auch auf eine Art Verantwortung abstellt, sinnvoll und notwendig sei. Entscheidend ist, dass bei der Schutzverpflichtung die Verantwortung vorrangig bei dem betroffenen Staat bleibt. Dies ist in dreierlei Hinsicht von Bedeutung. Erstens bedeutet es, dass die staatlichen Behörden für den Schutz von Sicherheit und Leben ihrer Bürger sowie für deren Wohlfahrt verantwortlich sind. Zweitens impliziert dieses Konzept, dass die politischen Instanzen intern gegenüber den Bürgern und extern über die UN gegenüber der internationalen Gemeinschaft verantwortlich sind. Drittens bedeutet es, dass die staatlichen Akteure für ihre Handlungen verantwortlich sind, das heißt sie sind für ihre Anweisungen und Unterlassungen rechenschaftspflichtig. Erst wenn der Staat zur Wahrnehmung seiner Verantwortung nicht bereit oder nicht in der Lage ist oder selbst zum Täter wird, erwächst Anderen die Pflicht, an seiner Stelle zu handeln. Damit ist die Schutzverpflichtung eher ein verbindendes Konzept zur Überwindung der Trennung zwischen internationaler Gemeinschaft und souveränem Staat.

Staatliche Souveränität errichtet jedoch traditionellerweise eine undurchlässige Grenze zwischen Staaten und der internationalen Gemeinschaft und ist gleichzeitig konstitutiv für den einzelnen Staat in Bezug auf seine Umwelt: Nach innen bedeutet Souveränität die ausschließliche Zuständigkeit des Staates für alle hoheitlichen Entscheidungen über Menschen und Ressourcen auf seinem Territorium. Nach außen bedeutet Souveränität die rechtliche Identität des Staates im Völkerrecht, die Statusgleichheit gegenüber allen anderen Staaten und den Anspruch, als alleiniger Vertreter der Gesellschaft im Bereich der internationalen Beziehungen zu agieren. Das Souveränitätsprinzip und die damit verbundene Norm der Nicht-Intervention sind von Ursprung und Konstruktion her europäisch. Ironischerweise erfuhren diese Konzepte im Zeitalter der Entkolonialisierung ihre emphatischste Bestätigung durch die neuen unabhängigen Staaten.

Der Souveränitätsgedanken hat für die Entwicklungsländer zum einen eine emotionale Bedeutung. Die meisten von ihnen sind ehemalige Kolonien, die ihre Unabhängigkeit erst im Gefolge langer und schwieriger Kämpfe gegen die größten europäischen Mächte errungen haben. Viele wurden durch die Kolonialerfahrung traumatisiert, die langen Schatten der Vergangenheit müssen erst noch verschwinden. Zum anderen hat ihr Engagement für die Souveränität etwas Funktionales. Der Staat ist der Grundpfeiler des internationalen Systems. Staatliche Souveränität ermöglicht in den internationalen Beziehungen Ordnung, Stabilität und Vorhersagbarkeit.

Eine Voraussetzung für die Souveränität eines Staates liegt in der entsprechenden Verpflichtung, die Souveränität jedes anderen Staates zu achten. Doch selbst während des Kalten Krieges war in der staatlichen Praxis – nicht nur der Großmächte, sondern auch ehemaliger Kolonien wie Indien und Tansania – eine mangelnde Bereitschaft zu verzeichnen, die Intervention als Mittel der Politik aufzugeben. Die zahlreichen Beispiele von Interventionen in der realen Praxis der Staaten während des gesamten 20. Jahrhunderts haben jedoch nicht zu einer Absage an die Norm der Nicht-Intervention geführt. Häufig führten Verletzungen dieser Norm zu so heftigen Auseinandersetzungen und Ausbrüchen nationalistischer Leidenschaft, dass insgesamt eine Stärkung statt einer Negation der Norm bewirkt wurde.

Eines der Kernprinzipien des R2P-Reports besagt, dass staatliche Souveränität Verantwortung impliziert (interessant hierzu Deng et al. 1996), wobei die Verantwortung für den Schutz der Menschen in erster Linie beim Staat selbst liegt. Doch bei etwaigem Versagen des Staates fällt die Schutzverantwortung auf die internationale Gemeinschaft zurück. Wenn die Bevölkerung als Ergebnis eines internen Krieges, von Aufruhr, Repression oder Versagen des Staates gravierendes Leid erfährt und die betreffende Regierung nicht bereit oder außerstande ist, dies zu beenden oder abzuwenden, ist das Prinzip der Nicht-Intervention gegenüber der internationalen Verantwortung zum Schutz zweitrangig. Die internationale Schutzverantwortung beruht auf den sich aus dem Konzept der Souveränität ergebenden Pflichten, auf der sich aus Artikel 24 der UN-Charta ergebenden Verantwortung des Sicherheitsrates für die Erhaltung des Weltfriedens und der internationalen Sicherheit, auf besonderen Rechtspflichten aufgrund von Erklärungen, Abkommen und Verträgen über Menschenrechte und deren Schutz, auf internationalem Menschenrecht und nationalen Gesetzen sowie auf der sich entwickelnden Praxis von Staaten, regionalen Organisationen und des Sicherheitsrates selbst.

Die stetige Erosion des einstmals sakrosankten Prinzips der staatlichen Souveränität wurzelt in der Realität der globalen Interdependenz: Kein Land ist mehr eine Insel. Durch die zunehmende Internationalisierung der Welt hat sich die Kluft zwischen dem rechtlichen Status und der konkreten Realität der in der internationalen Arena agierenden und interagierenden Staaten weiter vertieft. Im Gefolge freiwillig unterzeichneter Vereinbarungen akzeptieren Staaten heutzutage vielfältige außenpolitische Verpflichtungen und internationale Überprüfungen. Die UN-Charta ist selbst ein Beispiel für eine von den Mitgliedstaaten freiwillig übernommene internationale Verpflichtung. Einerseits impliziert die Aufnahme eines Staates in die Vereinten Nationen, dass dieser als verantwortungsbewusstes Mitglied der Völkergemeinschaft begrüßt wird. Andererseits akzeptiert der Staat selbst durch Unterzeichnen der Charta, die sich aus dieser ergebenden Verpflichtungen. Es gibt keine Abtretung oder Abschwächung staatlicher Souveränität. Die Vereinten Nationen sind vielmehr Symbol und Arena für das gemeinsame Management der gebündelten Souveränität. Sie sind der zentrale Vertreter im Staatensystem, um internationale Autorität im Namen aller auszuüben.

### *Von Prävention bis Wiederaufbau*

Der Kern der Verpflichtung zum Schutz besteht in der Erbringung lebenserhaltender und lebensnotwendiger Maßnahmen und in der Hilfe für gefährdete Bevölkerungen. Das Ziel einer Intervention zum Schutz von Menschen ist – und dies ist wichtig – der Schutz der Opfer vor Gewalttaten innerhalb des Staates, die nachhaltige Absicherung des Schutzes durch nach der Intervention wieder eingesetzte Institutionen und schließlich der Abzug aller ausländischen Truppen. Die militärische Intervention zum Schutz von Menschen übernimmt vorübergehend Rechtsansprüche, die der Souveränität innewohnen, sie stellt aber nicht den Status eines Staates als solchen in Frage. Die Intervention ist immer zeitlich begrenzt bis zur Wiederherstellung und Institutionalisierung der Schutzfunktionen des Staates. Sie kann auch auf einen bestimmten Teil des Staatsgebietes beschränkt sein (beispielsweise das Kosovo) ebenso wie auf eine bestimmte Gruppe, die Ziel von Übergriffen ist.

Bei der traditionellen Debatte über „humanitäre Intervention“ konzentriert sich die Aufmerksamkeit vor allem auf die Ansprüche, Rechte und Vorrechte der potenziell intervenierenden Staaten und in weit geringerem Maße auf die Nöte der mutmaßlich Begünstigten. Durch die Konzentration auf das „Recht zur Intervention“ finden die Prävention und die nachfolgenden Hilfsmaßnahmen nur ungenügende Berücksichtigung. Aktionen auf Grundlage der Verantwortung zum Schutz beinhalten und erfordern dahingegen zwangsläufig auch ein breites Spektrum von Maßnahmen zur Erfüllung der gleichzeitig bestehenden Pflicht zur Hilfe. Diese können entwicklungspolitische Maßnahmen einschließen, die einem gewaltsamen Konfliktaustrag präventiv begegnen oder auch dessen Intensivierung, Ausbreitung oder Fortdauer verhindern, es kann sich um Wiederaufbaumaßnahmen handeln, die einen Wiederausbruch des Konflikts zu verhindern helfen und in außergewöhnlichen Fällen auch um eine militärische Intervention, um gefährdete Zivilisten zu schützen.

Die Prävention ist das wichtigste Einzelelement im Rahmen der Verantwortung zum Schutz. Daher sollten, bevor eine Intervention in Betracht gezogen wird, sämtliche präventiven Optionen ausgeschöpft werden. Außerdem sollten zunächst stets weniger einschneidende und harte Maßnahmen erwogen (wenn auch nicht unbedingt eingeleitet) werden, ehe es zu einschneidenderen Zwangsmaßnahmen kommt. Die Pflicht zur Prävention erfordert zudem eine Auseinandersetzung sowohl mit den tieferen als auch mit den unmittelbaren Ursachen des internen Konflikts und sonstiger von Menschen verursachter Krisen, die die Bevölkerung gefährden. Die Pflicht zur Reaktion erfordert, dass wir auf Situationen überwältigender menschlicher Not mit angemessenen Mitteln reagieren. Hierzu können auch Zwangsmaßnahmen wie Sanktionen und internationale Strafverfolgung und in Extremfällen militärische Interventionen gehören. Die Pflicht zum Wiederaufbau erfordert, insbesondere nach einer militärischen Intervention, die volle Unterstützung bei der Wiederherstellung und dem Wiederaufbau sozialer, politischer und wirtschaftlicher Infrastruktur sowie bei Aussöhnungsprojekten, wobei die Ursachen des Leids, welches durch die Intervention beendet oder abgewendet werden sollte, angegangen werden müssen.

Eine militärische Intervention zum Schutz von Menschen ist eine außerordentliche Maßnahme in einer außergewöhnlichen Ausnahmesituation. Sie ist nur zu rechtfertigen, wenn Menschen schweres und nicht wieder gutzumachendes Leid widerfährt oder unmittelbar droht. Situationen, die durch folgende Aspekte gekennzeichnet sind, zählen hierzu:

- Situationen mit großen Verluste an Menschenleben aufgrund von gezieltem staatlichen Handeln oder in Folge von Gleichgültigkeit oder Handlungsunfähigkeit eines Staates sowie in Situationen von Staatszerfall und
- Situationen, die gekennzeichnet sind durch umfangreiche tatsächliche oder zu befürchtende ethnische Säuberungen, unabhängig davon, ob diese durch Tötung, Zwangsvertreibung, Terror oder Vergewaltigung erfolgen.

Es scheint aussichtslos, alle Eventualitäten zu antizipieren und eine einheitliche Liste von Kriterien für eine Intervention aufstellen zu wollen. Vielmehr muss die Entscheidung über eine Intervention sorgfältig von Fall zu Fall beurteilt werden. Selbst dann, wenn die angemessene Rechtfertigung aufgrund erschütternder Massenmorde oder ethnischer Säuberungen gegeben ist, muss eine Intervention sich an den Sorgfaltsprinzipien der Rechtmäßigkeit der Absicht, des letzten Auswegs, der Verhältnismäßigkeit der Mittel und angemessener Erfolgsaussichten orientieren. Die primäre Zielsetzung einer Intervention, egal welche sonstigen möglichen Motive die intervenierenden Staaten haben mögen, muss die Beendigung oder Verhinderung menschlichen Leidens sein. Wenn die Bezwingung eines zuwiderhandelnden Staates die einzige Möglichkeit ist, das Ziel des Schutzes der Menschen zu erreichen, dann geht es eben nicht anders. Die zentrale Motivation zu einer Intervention – Ursache eher noch als notwendige Bedingung – darf jedoch nie die Bezwingung eines feindlichen Staates sein.

Die Rechtmäßigkeit der Absichten ist stärker gesichert, wenn die öffentliche Meinung in der Region und die betroffenen Opfer eindeutig multilaterale Operationen unterstützen. Eine militärische Intervention ist nur dann zu rechtfertigen, wenn alle nichtmilitärischen Optionen zur Abwendung oder zur friedlichen Beilegung der Krise abgewogen wurden und gute Gründe für die Annahme sprechen, dass schwächere Maßnahmen nicht zum Erfolg führen würden. Umfang, Dauer und Intensität der geplanten militärischen Intervention sollten auf das Minimum des für die Erreichung des definierten Schutzzieles Notwendigen beschränkt sein. Auch müssen nachvollziehbare Erfolgsaussichten für eine Beendigung oder Abwendung des menschlichen Leids, das die Intervention rechtfertigt, bestehen, wobei die zu erwartenden Konsequenzen der Aktion nicht schlimmer sein dürfen als die der Untätigkeit. Eine militärische Intervention gegen Großmächte scheidet daher aus. Dies nicht, weil auf der Ebene der Prinzipien mit zweierlei Maß gemessen wird, sondern aufgrund einer wohlüberlegten Folgenabschätzung: Es sind keine Umstände denkbar, unter denen humanitäre Ziele durch eine externe militärische Intervention gegen Russland, beispielsweise zum Schutz von Menschen in Tschetschenien, befördert würden.

### *Rechtmäßige Autorität und ordnungsgemäßes Verfahren*

Wer hat nun angesichts der gewaltigen normativen Vorbehalte gegen den Einsatz tödlicher Gewalt zur Beilegung internationaler Konflikte das Recht, derartige Gewalt zu autorisieren? Auf welcher Grundlage, zu welchem Zweck und mit welchen Sicherheitsvorkehrungen und Beschränkungen? Mit anderen Worten, selbst wenn wir uns einig sind, dass militärische Intervention manchmal zum Schutz unschuldiger Menschen notwendig und unvermeidlich ist, bleiben dennoch zentrale Fragen über die Entscheidungsträger bzw. Handlungsbefugten, die Rechtmäßigkeit und die Legitimation einer Intervention offen. Dabei geht es darum, welche internationale Autorität sich über nationale Autorität hinwegsetzen kann.

Der R2P-Bericht spricht sich nachdrücklich für die zentrale Rolle der UN als unerlässlicher Quelle internationaler Autorität und als durch nichts zu ersetzendes Forum für die Autorisierung internationaler Militäreinsätze aus. Versuche zur Durchsetzung internationaler Autorität können nur durch die legitimen (Entscheidungs-)Träger dieser Autorität erfolgen. Was die Regeldurchsetzung durch kriminelle Banden von der Tätigkeit von Polizeibeamten unterscheidet, ist genau dieses Prinzip der Legitimität. Die wichtigste gegenwärtige Institution für den Aufbau, die Konsolidierung und den Gebrauch der Autorität der internationalen Gemeinschaft sind die Vereinten Nationen. Sie wurden gegründet als ein Rahmen, innerhalb dessen die Mitglieder des internationalen Systems Übereinkünfte über Verhaltensregeln und rechtliche Normen über geeignete Handlungsweisen zur Erhaltung einer Gemeinschaft von Staaten erzielen können.

Es gibt für die Autorisierung militärischer Interventionen zum Schutz von Menschen kein besseres oder geeigneteres Gremium als den UN-Sicherheitsrat. Daher geht es nicht darum, Alternativen zum Sicherheitsrat als Autoritätsträger zu finden, sondern dafür zu sorgen, dass er besser funktioniert als bisher. Auf jeden Fall sollte vor einer irgendwie gearteten militärischen Intervention dessen Einverständnis gesucht werden. Wer eine Intervention fordert, sollte förmlich um Zustimmung bitten, den Sicherheitsrat zur Entwicklung eigener diesbezüglicher Initiativen auffordern oder den Generalsekretär um Behandlung der Angelegenheit nach Artikel 99 der Charta ersuchen. Die Arbeit der UN kann ergänzt werden durch regionale Organisationen im Rahmen ihrer eigenen Jurisdiktion – zum Beispiel durch die Internationale Organisation Südostasiatischer Staaten (ASEAN) oder das Südpazifik-Forum.

Die formelle Autorität für die Erhaltung von internationalem Frieden und Sicherheit liegt also beim Sicherheitsrat. Doch die Last der Verantwortung für den entscheidenden Schritt fällt häufig auf die USA und andere Führungsmächte. Das begriffliche Bindeglied zwischen Macht und Autorität ist die Legitimität. In diesem Sinne sind die Vereinten Nationen das Symbol für das, was selbst Großmächte *nicht* tun dürfen (Claude 1979, 233). Im Verhältnis zwischen einem Staat und seinen Bürgern innerhalb der territorialen Grenzen wird die Befugnis des Staates, den eigenen Bürgern Schaden zuzufügen, durch die Gesamtheit der Bestimmungen der Charta und durch Instrumente wie die Universelle Erklärung der Menschenrechte begrenzt. Bei grenzüberschreitenden Militäraktionen sind alle machtvollen Staaten aufgrund ihrer UN-Mitgliedschaft dazu verpflichtet, unilateralen Interventionen zugunsten kollektiv autorisierter Interventionen abzuschwören.

Wenn der Sicherheitsrat einen Vorschlag ablehnt oder ihn nicht innerhalb angemessener Zeit behandelt, bieten sich folgende Alternativen: Behandlung der Angelegenheit in einer dringlichen Sondersitzung der UN-Generalversammlung im Rahmen des „Uniting for Peace"-Verfahrens oder Maßnahmen im Zuständigkeitsbereich regionaler und subregionaler Organisationen, vorbehaltlich ihres Bemühens um sich hieran anschließende Autorisierung durch den Sicherheitsrat. Der Sicherheitsrat sollte bei all seinen Beratungen berücksichtigen, dass, wenn er seine Verantwortung in erschütternden, nach Handeln schreienden Situationen nicht wahrnimmt, die betroffenen Staaten angesichts des Ernstes und der Dringlichkeit der Lage gegebenenfalls andere Mittel nicht mehr ausschließen können. Hierin liegt ein zweifaches Risiko. Die Maßnahmen dieser Staaten wären möglicherweise nicht mehr von den im R2P-Bericht dargestellten Prinzipien des gerechten Anliegens und der Besonnenheit geleitet, so dass diese Interventionen in unzulänglicher Weise, ohne rechtmäßige Autorität, ohne angemessene Sorgfalt und ohne korrektes Verfahren erfolgen könnten. Andererseits könnte die Intervention erfolgreich und gut durchgeführt werden und im Nachhinein von den Menschen der Welt als notwendig, gerecht und angemessen erachtet werden, was dann wieder zu einer weiteren Schwächung von Ansehen und Glaubwürdigkeit der Vereinten Nationen führen würde.

### *Forderungen, Erwartungen und Instrumente im Wandel*

Die anhaltenden Tragödien im Sudan, in Liberia, in Burundi und im Kongo sowie die sich anbahnende Tragödie in Myanmar sind uns präsent. Der Preis einer Politik der Verweigerung wird von den Opfern gezahlt, allerdings auch von unseren Kindern, wenn diese sich auf die Rolle passiver und ratloser Zuschauer von Gräueltaten reduziert sehen und vielleicht selbst zu Opfern werden.

Unsere Möglichkeiten und Mittel, auch außerhalb unserer Grenzen, selbst an völlig entlegenen Orten etwas zu tun, haben gewaltig zugenommen. Dies hat wiederum zu einem entsprechenden Anstieg von Forderungen und Erwartungen geführt. Eine Analogie zur Medizin ist nicht unangebracht. Schnelle Fortschritte in der Medizintechnik haben das Spektrum, die Genauigkeit und die Anzahl medizinischer Eingriffe anschwellen lassen. Mit den gestiegenen Fähigkeiten und den verbesserten Instrumenten hat sich aber auch die Anzahl der zu treffenden Entscheidungen vermehrt. Entscheidungen, die oft mit philosophischen, ethischen, politischen und juristischen Konflikten einhergehen. Der Gedanke, einfach abzuwarten und der Natur ihren Lauf zu lassen, wird immer weniger akzeptabel. Das geht so weit, dass heute in vielen Ländern Eltern strafrechtlich zur Verantwortung gezogen werden können, wenn sie nicht sorgfältig genug alle verfügbaren Behandlungsmöglichkeiten für ihre Kinder nutzen.

Die wesentlichen Beweggründe, die zur Schaffung der ICISS führten, existieren immer noch: die Spannung zwischen dem Bedarf nach Schutz von Menschen, gelegentlich gegen die jeweilige Regierung, manchmal gegen deren Widerstand oder in Situationen, in denen es gar keine funktionsfähige Regierung gibt, und der Fähigkeit Außenstehender wirksam und zeitnah mit legalen Mitteln zu helfen, ist nicht verschwunden. In der „realen Welt“ von heute ist die brutale Wahrheit die, dass wir uns nicht mehr einfach für Intervention oder Nicht-Intervention entscheiden können. Wir haben nur die Wahl zwischen ad-hoc- oder regelbasierter, zwischen unilateraler oder multilateraler, zwischen konsensualer oder entzweiender Intervention.

Bei der Suche nach einem irgendwie gearteten Konsens im Vorfeld von Krisen, die einer dringenden Antwort, einschließlich eventueller militärischer Intervention bedürfen, können die Prinzipien des R2P-Berichts den Weg weisen. Der neuseeländische Botschafter Colin Keating (2004, 510), der im verhängnisvollen Monat April 1994 zur Zeit des Genozids in Ruanda den Vorsitz des Sicherheitsrats innehatte, hat dies folgendermaßen bekräftigt: „Wenn die internationale Gemeinschaft jemals zu wirksamem Handeln zu humanitärem Schutz in der Lage sein soll, so muss sie die Empfehlungen [des R2P-Berichtes] beachten.“ Die Norm wurde erneut bekräftig durch das High-Level-Panel des Generalsekretärs zur UN-Reform (Abschnitte 201-207) und durch Kofi Annan selbst (2005, Abschnitte 122-135), ehe sie dann im Herbst 2005 vom Weltgipfel in New York (A/RES/60/1, Abschnitte 138-140) bestätigt wurde, auch wenn dies ohne die Legitimationskriterien oder die Sorgfaltsprinzipien erfolgte. Der R2P-Bericht ist damit schnell zum normativen Vokabular der Wahl bei Debatten über die Verhinderung oder Beendigung von Gräueltaten geworden, auch wenn es vom Reden zum Handeln noch ein langer Weg ist.

Für Intervenierende bietet der Bericht Aussicht auf effektivere Ergebnisse. Letztlich muss jede internationale Zwangsmaßnahme will sie effizient sein auch legitim sein. Um legitim zu sein, muss sie mit dem Völkerrecht konform gehen. Um mit dem Völkerrecht vereinbar zu sein, darf sie nicht im Widerspruch zur Charta der Vereinten Nationen stehen. Für die potenziell von einer Intervention Betroffenen bieten die R2P-Prinzipien die Option und den Vorteil eines regelbasierten statt eines auf reiner Macht begründeten Systems. Die Herausforderung besteht weder darin, die Realität der Intervention zu leugnen noch darin, diese anzuprangern, sondern sie besser zu gestalten, damit die Sicherheit der Menschen gestärkt und das internationale System gefestigt wird.

*Übersetzung: Jobst Ellerbrock*

### *Literatur*

Annan, Kofi, 1999: Facing the Humanitarian Challenge: Towards a Culture of Prevention. New York.

Annan, Kofi, 2005: In Larger Freedom: Towards Development, Security and Human Rights for All. Report of the Secretary-General (A/59/2005). New York.

Barnett, Michael, 2003: Eyewitness to a Genocide: The United Nations and Rwanda. Ithaca.

Claude, Inis L., 1979: The Symbolic Significance of The United Nations, in: Fred A. Sondermann/Wilson C. Olson/David Stanley MacLellan (Hg.), The Theory and Practice of International Relations, 5. Aufl. Englewood Cliffs, S. 233.
Dallaire, Romeo, 2003: Shake Hands with the Devil: The Failure of Humanity in Rwanda. New York.
Deng, Francis M. et. al., 1996: Sovereignty as Responsibility: Conflict Management in Africa. Washington, DC.
High-Level Panel on Threats, Challenges and Change, 2004: A More Secure World: Our Shared Responsibility (A/59/565). New York.
International Commission on Intervention and State Sovereignty, 2001: The Responsibility to Protect: Report of the International Commission on Intervention and State Sovereignty. Ottawa. <www.iciss.gc.ca, 23.07.07>.
Keating, Colin, 2004: Rwanda: An Insider's Account, in: David M. Malone (Hg.), The UN Security Council: From the Cold War to the 21st Century. Boulder, S. 500-511.
Schnabel, Albrecht/Ramesh Thakur (Hg.), 2000: Kosovo and the Challenge of Humanitarian Intervention: Selective Indignation, Collective Action and International Citizenship. Tokio.
Thakur, Ramesh, 1997: From National to Human Security, in: Stuart Harris/Andrew Mack (Hg.), Asia–Pacific Security: The Economics-Politics Nexus. Sydney, S. 52-80.
UN General Assembly, 2005: 2005 World Summit Outcome (A/RES/60/1). New York.

# Menschliche Sicherheit in der Praxis

## Der institutionelle Kontext zur globalen und regionalen Umsetzung von menschlicher Sicherheit

*David Bosold*

Ungeachtet der Meinungsverschiedenheiten um eine genaue Definition hat das durch das Entwicklungsprogramm der Vereinten Nationen (UNDP) propagierte Konzept der menschlichen Sicherheit eine breite Resonanz erfahren und in den letzen Jahren an politischer Gestaltungskraft gewonnen. Es geht auf den *Human Development Report* von 1994 (UNDP 1994, siehe auch Tab. 1) zurück, der maßgeblich von Mahbub ul-Haq miterarbeitet wurde. Dieser hob hervor, dass menschliche Sicherheit sich als Konzept nicht durch akademische Studien, sondern durch die täglichen Sorgen der Menschen fortentwickele (ul-Haq 1999, 84).

Die Verortung von Sicherheitsproblemen in der Lebenswelt der Menschen – insbesondere in den Entwicklungsländern – und dem damit verbundene Paradigmenwechsel von der „alten" nationalen Sicherheit zur „neuen" menschlichen Sicherheit war von Seiten der Autoren zuerst einmal ein Versuch, politische Akzentverschiebungen anzustoßen. Diese haben sich zwischenzeitlich neben dem Wandel des sicherheitspolitischen Fokus vom Staat auf das Individuum in Form veränderter multilateraler Entscheidungsprozesse, neuer Akteurskonstellationen und deren Institutionalisierung manifestiert.

In der Folge soll daher näher beleuchtet werden,

- von welchen nationalen bzw. internationalen Akteuren das Konzept aufgegriffen bzw. vertreten wurde;
- welche politischen Ziele mit der jeweiligen Politik menschlicher Sicherheit verfolgt wurden;
- inwieweit und mit Hilfe welcher Mittel das Konzept in Bezug auf ein spezifisches Politikfeld umgesetzt wurde;
- wie die bislang erzielten Ergebnisse vor dem Hintergrund der spezifischen institutionellen, prozeduralen und definitorischen Ausformung zu bewerten sind.

### *Menschliche Sicherheit: Akteure, Definitionen, Politikfelder*

Ausgehend vom *Human Development Report* von 1994 hat sich in den letzten dreizehn Jahren eine Vielzahl an weiteren Unterorganisationen der Vereinten Nationen (UN), aber auch an Ländern und Ländergruppen dem Konzept der menschlichen Sicherheit verschrieben. Hierzu gehören auf UN-Seite neben dem UNDP vor allem die Organisation der Vereinten Nationen für Erziehung, Wissenschaft und Kultur (UNESCO 2000) sowie das Kinderhilfswerk der Vereinten Nationen (UNICEF) und das Amt des Hohen Flüchtlingskommissars der Vereinten Nationen (UNHCR) (vgl. MacFarlane/Khong 2006, 265). Von Seiten einzelner Staaten sind in den letzten Jahren vor allem Kanada und Japan mit eigenen Initiativen zu menschlicher Sicherheit aktiv geworden.

Als eine Art „Bindeglied" zwischen internationalen Organisationen und einzelnen Staaten haben das *Human Security Network* (HSN)[1] und internationale Expertengremien wie die *International Commission on Intervention and State Sovereignty* (ICISS), die *Commission on Human Security* (CHS) und die *Barcelona Study Group on Europe's Security Capabilities* (SGESC) in den letzten Jahren die Landschaft derer bereichert, die sich mit menschlicher Sicherheit beschäftigen. Wie diese Akteure Politikprozesse zu beeinflussen bzw. ihre Ziele umzusetzen versucht haben, darauf wird im nächsten Abschnitt eingegangen. Zuerst sollen jedoch die unterschiedlichen Definitionen und Ziele von menschlicher Sicherheit im Vordergrund stehen (vgl. Alkire 2004).

**Tabelle 1:** ***Definitionen von menschlicher Sicherheit***[2]

| Akteure und Institutionen und ihre Definition der menschlichen Sicherheit | |
|---|---|
| **Ausgangspunkt der Diskurse** | |
| United Nations Development Programme (UNDP 1994, 23-24) | „Menschliche Sicherheit (...) meint: erstens, Sicherheit vor chronischen Bedrohungen wie Hunger, Krankheiten und Unterdrückung. Und zweitens, Schutz vor plötzlichen und drastischen Zerstörungen von Lebenszusammenhängen, unabhängig davon, ob es sich um den privaten, den beruflichen oder den öffentlichen Bereich handelt. (...) Die Liste der Bedrohungen menschlicher Sicherheit ist lang, aber sie lässt sich nach sieben Kategorien gruppieren: ökonomische, gesundheitliche, persönliche, gemeinschaftliche, politische Sicherheit sowie Ernährungs- und Umweltsicherheit." |
| **Weit gefasste Definitionen** | |
| Ministry of Foreign Affairs, Japan (MOFA 1998) | „Menschliche Sicherheit beschreibt umfassend alle Gefahren, welche das Überleben, das alltägliche Leben und die Würde des Menschen bedrohen und betont Anstrengungen, die ein Bewältigen dieser Bedrohungen ermöglichen." |

1 Mitgliedsländer sind: Chile, Costa Rica (seit 2005), Griechenland, Irland, Jordanien, Kanada, Mali, Niederlande, Norwegen, Österreich, Schweiz, Slowenien, Südafrika (Beobachter) sowie Thailand. Für nähere Informationen siehe www.humansecuritynetwork.org.

2 Übersetzungen in diesem Beitrag: David Bosold und Sascha Werthes.

| | |
|---|---|
| Commission on Human Security (CHS 2003, iv) | „Menschliche Sicherheit beschäftigt sich mit der Absicherung und der Erweiterung lebenswichtiger Freiheiten der Menschen. Menschliche Sicherheit verlangt sowohl den Schutz der Menschen vor akuten Bedrohungen als auch die Ermöglichung eines selbstbestimmten Lebens." |
| High-Level Panel on Threats, Challenges and Change (2004, 1) | „Menschliche Sicherheit [beschreibt die] Unteilbarkeit von Sicherheit, ökonomischer Entwicklung und menschlicher Freiheit." |
| **Eng gefasste Definitionen** | |
| Department of Foreign Affairs and International Trade, Kanada (DFAIT 1999, 5) | „Im Wesentlichen bezieht sich menschliche Sicherheit auf gewaltsame und nichtgewaltsame Bedrohungen. Menschliche Sicherheit beschreibt einen Zustand der Freiheit von gravierenden Bedrohungen der Menschenrechte, des Wohlergehens oder gar des Lebens." |
| Human Security Network (HSN 1999) | „Im Wesentlichen meint menschliche Sicherheit die Freiheit von gravierenden Bedrohungen der Menschenrechte, des Wohlergehens oder gar des Lebens." |
| International Commission on Intervention and State Sovereignty (ICISS 2001, 15) | „Menschliche Sicherheit meint die Sicherheit der Menschen – ihr physisches Wohlergehen (...) und den Schutz ihrer Menschen- und Grundrechte." |
| Study Group on Europe's Security Capabilities (SGESC 2004, 5) | „Menschliche Sicherheit bezieht sich auf die Freiheit des Einzelnen von grundlegenden Bedrohungen verursacht durch gravierende Menschenrechtsverletzungen." |

Was hier zunächst wie semantische Variationen anmutet, entpuppt sich bei näherem Hinsehen als Formulierung unterschiedlicher Politikziele. Ausgangspunkt ist dabei die sehr weite – und analytisch nur bedingt hilfreiche – insgesamt sieben „Sicherheiten" umfassende Definition von UNDP. Diese wird häufig verkürzt mit den Begriffen „Freiheit von Furcht" (*freedom from fear*) und „Freiheit von Not" (*freedom from want*) gleichgesetzt. In der oben stehenden Tabelle spiegelt sich dies wider und lässt damit eine erste grobe Abgrenzung zu.

Auf der einen Seite stehen diejenigen Akteure, die menschliche Sicherheit als eine Kombination beider Begriffe betrachten und deren Vorstellungen daher in Richtung einer – leicht abgespeckten – Variation des UNDP-Ansatzes gehen. Hierzu gehören neben Japan auch die von ihm ins Leben gerufene Kommission für menschliche Sicherheit (CHS) und die Mitglieder der Kommission des *High-Level Panel on Threats, Challenges and Change*, welches im Jahr 2004 von Kofi Annan eingesetzt wurde. Auf der anderen Seite orientieren sich Kanada, das HSN, die vom ehemaligen kanadischen Außenminister Axworthy einberufene ICISS und eine EU-Expertengruppe um Mary Kaldor (SGESC) fast ausschließlich auf den Aspekt der Freiheit von Furcht, der zuvörderst auf die Eindämmung physischer Gewalt abzielt. Synonym wird hierzu der Begriff der „POC-Agenda" (*Protection of Civilians*), also des Ansatzes, Zivilisten zu schützen, verwandt (Muggah/Krause 2006, 115).

Diese binäre Aufteilung ist jedoch zu eng. Daher bietet sich eine verfeinerte Kategorisierung unter Berücksichtigung weiterer Politikfelder an. In Erweiterung von Hampson et al. (2002, dort sind es drei) lassen sich Schnittmengen zu fünf außenpolitisch bzw. international relevanten Themenfeldern feststellen: a) Staatliche Sicherheit bzw. Souveränität, b) Abrüstung, c) Verrechtlichung, d) Menschenrechte, e) Menschliche Entwicklung.

### *Schnittmengen der einzelnen Definitionen*

Die größte Schnittmenge in Bezug auf die obigen Definitionen findet sich im Bereich der (neueren) Abrüstungsbemühungen sowie der unmittelbaren und universalen Geltungskraft eines Kernbereichs der Menschenrechte, vor allem hinsichtlich der physischen Unversehrtheit. Hierfür stehen die Formen des Schutzes sowie der Sicherheit vor Bedrohungen. Alle oben genannten Definitionen umfassen diese beiden Aspekte. Einschlägige Unterstützungsinitiativen im Kontext einer Politik menschlicher Sicherheit wie bei der Ottawa-Konvention zum Verbot von Anti-Personenminen oder bei der Etablierung des Internationalen Strafgerichtshof in Den Haag sollen den Schutz der Zivilbevölkerung vor schlimmsten Menschenrechtsverletzungen und vor alltäglicher Waffengewalt sicherstellen. In direktem Zusammenhang damit steht der Prozess der Verrechtlichung, dessen globaler Charakter im Sinne einer Stärkung des (humanitären) Völkerrechts ebenfalls Ziel der unterschiedlichen Definitionen ist.

Inhaltliche Übereinstimmungen ergeben sich somit einerseits bei den Definitionen des kanadischen Außenministeriums (DFAIT) und des HSN, dessen Definition eine Synthese der aus zwei Teilen bestehenden kanadischen Definition ist. Der Gedanke, dass das Individuum nicht nur Objekt der Schutzbemühungen ist, sondern selbst eine aktive Rolle bei der Gestaltung und Realisierung menschlicher Sicherheit spielen soll, wird in den oberen, weiter gefassten Definitionen deutlich. Hier ist von menschlicher Freiheit, menschlicher Würde und der „Befähigung“ des Einzelnen die Rede.

### *Akzentsetzungen und Unterschiede der einzelnen Definitionen*

In den Definitionen spiegeln sich bereits Unterschiede wider, die in den politischen Zielformulierungen der Akteure deutlich werden. Hierzu gehört beispielsweise die Verknüpfung mit dem Politikziel der nachhaltigen menschlichen Entwicklung (siehe hierzu den Beitrag von Busumtwi-Sam in diesem Band). Das heißt, einhergehend mit dem (physischen) Schutz des Individuums wird seine wirtschaftliche Situation und die Möglichkeit zur Deckung grundlegender Bedürfnisse betrachtet. Diese Verknüpfung wird letztlich als unabdingbare Voraussetzung für menschliche Sicherheit angesehen, da die Bemühungen sonst nur eine kurzfristige Verbesserung und nicht die angestrebte Nachhaltigkeit ermöglichten. Kanada oder andere Länder des HSN kritisieren hier, dass eine solche Definition eine Prioritätensetzung verunmögliche und die Hauptursachen menschlicher Unsicherheit nicht mit der notwendigen Entschlossenheit angegangen werden könnten.

Neben der Einbeziehung nachhaltiger Entwicklung ist das Verhältnis von staatlicher und menschlicher Sicherheit ein weiterer Streitpunkt unter den verschiedenen Befürwortern menschlicher Sicherheit. Für alle aufgeführten Akteure gehört zu menschlicher Sicherheit auch die Gewährleistung fundamentaler Menschenrechte. Uneinigkeit herrscht allerdings darüber, wie weit der Handlungsspielraum externer Akteure geht, diesen Schutz zu ermöglichen bzw. (wieder-) herzustellen. Unumstritten ist, dass der Staat neben der Aufrechterhaltung seiner territorialen Integrität auch die Aufgabe des Schutzes seiner Bewohner also die „Verantwortung zum Schutz" (*Responsibility to Protect* – R2P) gewährleisten soll. Da dieser Aufgabe nicht alle Staaten nachkommen bzw. manchmal nachkommen können, ist das Prinzip der nationalen Souveränität von zahlreichen Verfechtern einer Politik der menschlichen Sicherheit in seiner bisherigen Form hinterfragt worden (siehe den Beitrag von Thakur in diesem Band). Sie argumentieren, dass der Sicherheitsrat diese Verantwortung übernehmen und humanitäre Interventionen mit dem Ziel, menschliche Sicherheit (wieder)herzustellen in bestimmten Fällen legitimieren kann. Obgleich das zugrunde liegende Prinzip der R2P von Japan und der Mehrheit afrikanischer und asiatischer Staaten abgelehnt bzw. kritisch gesehen wird, hat die UN-Generalversammlung ihm auf dem Millennium-Gipfel 2005 zugestimmt. Die konkrete Umsetzung wird jedoch problematisch bleiben.

## *Menschliche Sicherheit: Inhalte, Prozesse, Umsetzung*

Ungeachtet der ersten Konzeptionalisierung von menschlicher Sicherheit durch UNDP hält sich der Einfluss der UN bei der *direkten* Umsetzung in Grenzen. Dies liegt daran, dass der Handlungsspielraum der UN letztlich auf die Handlungsbereitschaft der einzelnen Mitgliedstaaten zurückzuführen ist. Entscheidend ist vielmehr die katalytische Funktion des UN-Systems, die vielen Initiativen zu menschlicher Sicherheit zum Erfolg verholfen hat. Gerade die Forumsfunktion wie auch die Möglichkeit des Interessen- und Ideenaustauschs in Generalversammlung, Nebenorganen und Sonderorganisationen (wie zum Beispiel UNDP, UNESCO) gilt es hierbei nicht zu unterschätzen (vgl. hierzu auch MacFarlane/Khong 2006, 233-257). Auch die Einbeziehung von Nichtregierungsorganisationen (NGOs) zeigte Wirkung. Insbesondere lassen sich die Erfolge jedoch auf die Initiative einzelner Staaten sowie auf ihr diplomatisches Geschick und ihre Überzeugungsarbeit zurückführen.

### *Staatliche Initiativen zu menschlicher Sicherheit*

Beispielhaft hierfür ist Kanada. Es hat in unterschiedlicher Intensität und inhaltlicher Breite das Konzept der menschlichen Sicherheit zu einem Leitmotiv seiner Außen- und Sicherheitspolitik gemacht. Außenpolitische Programme von menschlicher Sicherheit beschränkten sich nach anfänglicher Verknüpfung mit der Entwicklungspolitik ab 1996 auf das kanadische Außenministerium DFAIT (Bosold/von Bredow 2006). Dies bedeutete eine signifikante Einschränkung des inhaltlichen Umfangs, wie etwa die 1999 veröffentlichte offizielle Definition (siehe oben) belegt. Hinsichtlich der prozessualen Ausgestaltung und der Frage, wie die formulierten Ziele zu erreichen seien, gab es keine Präferenz zugunsten einer spezifischen internationalen Organisation: „Kanada wird auf verschiedensten Ebenen daran arbeiten, diese Thematiken zu bearbeiten." (DFAIT 1995, ch. IV). Schwerpunkte der kanadischen Agenda zu menschlicher Sicherheit bildeten unter anderem die Schaffung des Internationalen Strafgerichtshofs (IStGH) und die Ottawa-Konvention zum Verbot von Anti-Personenminen sowie das Zusatzprotokoll zum Schutz von Kindern in bewaffneten Konflikten und die Eindämmung des illegalen Kleinwaffenhandels (vgl. McRae/Hubert 2001).

Aus Sicht Kanadas wurde den Zielen dabei im Vergleich zur bisherigen diplomatischen Tradition des Landes eine höhere Bedeutung beigemessen. Dies führte dazu, dass herkömmliche multilaterale Wege wie die UN-Abrüstungskommission umgangen wurden, um diese Ziele zu erreichen. Exemplarisch hierfür ist der so genannte Ottawa-Prozess. Unter kanadischer Ägide gelang es, mittels einer losen Folge von internationalen Konferenzen gleichgesinnter Staaten und unter Einbeziehung von NGOs die Konvention zum Verbot von Anti-Personenminen vorzubereiten und zu verabschieden (Hubert 2000). Aus kanadischer Sicht stellen die kurze Verhandlungsdauer, die starke Einbeziehung der Zivilgesellschaft und die Umgehung alter institutioneller Wege einen neuen Typ des Multilateralismus dar (Behringer 2005). Diese Initiative wirkte anschließend als Blaupause für weitere Initiativen wie etwa das *Human Security Network*, das gegründet wurde, um den Erfolg des Ottawa-Prozesses in anderen Bereichen zu wiederholen.

Auch wenn im Zuge der Revirements des Außenressorts in Kanada – seit Axworthy hat es vier neue Außenminister gegeben – die Popularität des Begriffs in den außenpolitischen Weißbüchern deutlich abgenommen hat, gehören die Punkte der *POC-Agenda* weiterhin zum außenpolitischen Mantra. Dies liegt vor allem daran, dass die institutionelle Verankerung der *Human Security Policy Division* im Außenministerium weiterhin für die Konzeptionalisierung der außenpolitischen Initiativen sorgt. Sie koordiniert darüber hinaus bestehende Programme wie das *Human Security Programme* (*HSP*), welches Projekte nichtstaatlicher Träger fördert. Die Zusammenarbeit mit dem *Human Security Research and Outreach Program*, das zeitnahe, hochwertige und anwendungsorientierte Forschung zur Unterstützung der kanadischen Außen- und Sicherheitspolitik fördert, sorgt für die Weiterentwicklung der inhaltlichen Ausrichtung von menschlicher Sicherheit. Damit betreibt Kanada ähnlich wie Japan eine zweistufige Strategie, die einerseits auf die Initiative für neue multilaterale Prozesse bzw. deren wissenschaftliche Begleitung setzt und andererseits auf eine Förderung der Arbeit von Nichtregierungsorganisationen mit wechselnden geographischen Schwerpunkten abzielt.

Die japanischen Bemühungen, mithilfe des Konzepts menschlicher Sicherheit die veränderten Rahmenbedingungen seit Ende des Ost-West-Konflikts in seine Außen- und Sicherheitspolitik einfließen zu lassen, gehen auf die Mitte der 1990er Jahre und die Regierungen der Premierminister Tomiichi Murayama, Ryutaro Hashimoto und vor allem Keizo Obuchi zurück. Diese sahen in einer japanischen Politik menschlicher Sicherheit die Möglichkeit, eine doppelte Richtungsänderung der bisherigen Außenpolitik zu erreichen. Die Abkehr vom Konzept des *one country pacifism* – also die zumindest in Bezug auf den Einsatz des Militärs isolationistische Außenpolitik des Landes – zielte auf eine paradigmatische Neuausrichtung in Form eines *proactive pacifism* bzw. einer *peace diplomacy* (Soeya 2005, 105, 109). Ähnlich wie in der Bundesrepublik nach der *Out of Area*-Entscheidung des Bundesverfassungsgerichts bedeutete dies, dass die japanischen Selbstverteidigungskräfte nun auch zu Blauhelm-Missionen eingesetzt werden konnten. Dadurch wurde die Arbeit in einem Kernbereich der UN neben der Entwicklungshilfe erweitert und eine aktivere Außenpolitik ermöglicht. Dennoch ist bis heute das Verständnis von menschlicher Sicherheit vor allem von der bisherigen Praxis der Entwicklungszusammenarbeit geprägt (siehe auch den Beitrag von Caballero-Anthony in diesem Band).

Es ist insofern nicht überraschend, dass die enge Definition von Kanada in Japan auf Ablehnung stieß. Japan ist bis zum heutigen Tag in absoluten Zahlen das Land mit dem größten Entwicklungshilfebudget. Eine politische Ausrichtung auf die enge Definition hätte daher dem Selbstverständnis widersprochen (Edström 2003). Um der eigenen Interpretation von menschlicher Sicherheit zu mehr Bedeutung zu verhelfen, kam es zur Einrichtung des *Trust Fund for Human Security* bei den UN, in den seit 1998 fast 300 Mio. US-$ eingezahlt wurden. Hiermit werden Projekte der Entwicklungszusammenarbeit von NGOs gefördert. Darüber hinaus wurde mit der Einberufung und Finanzierung der Arbeit der *Commission on Human Security* (CHS) der Versuch unternommen, eine Definition des Begriffs zu entwickeln, die mit den Ergebnissen und Zielen des Millennium-Gipfels vereinbar ist (Bosold/Werthes 2005).

Im Gegensatz zu Kanada hat Japan jedoch nie versucht, durch eine Art *ad-hoc Multilateralismus* seine Ziele zur Umsetzung menschlicher Sicherheit zu realisieren. Vielmehr ist die gesamte Politik menschlicher Sicherheit Japans in das System der UN und anderer internationaler Organisationen bzw. Foren wie der Organisation Südostasiatischer Staaten (ASEAN) und der Asiatisch-Pazifischen Wirtschaftsgemeinschaft (APEC) eingebunden. Dies geht sogar soweit, dass Japan den *Trust Fund* im Rahmen der UN-Architektur verwalten lässt, obwohl anfänglich alle Mittel dafür von der japanischen Regierung bereitgestellt wurden. Den größten Unterschied stellt jedoch der im Verhältnis zu Kanada geringere Erfolg dar, im Rahmen multilateraler Anstrengungen Verrechtlichungsprozesse und verbindliche Absprachen zu initiieren. Jedenfalls ist der in Folge des Berichts der CHS erhoffte Versuch, verbindlichere Regelungen zur Umsetzung der Millennium-Entwicklungsziele (*Millennium Development Goals*, MDG) zu etablieren, gescheitert.

Angesichts dieser Reibungsverluste, aber wohl auch aufgrund der thematischen Überschneidungen, ist es seit 2005 zu einer informellen Annäherung Japans und der Länder des HSN gekommen, die zusammen mit weiteren Ländern wie Mexiko die *Group of Friends* ins Leben gerufen haben. Um diese Anstrengungen besser zu koordinieren, aber auch um sich selbst als erste *Human Security Power* zu positionieren, hat Japan zudem einen Botschafter für menschliche Sicherheit ernannt.

### *Institutionalisierungsversuche von Staatengruppen*

Die Gründung des HSN 1998 stellt den ersten Versuch dar, menschliche Sicherheit als multinationale Agenda zu institutionalisieren. Ausgangspunkt waren die bilateralen Beziehungen zwischen Kanada und Norwegen während des Ottawa-Prozesses und die Absicht der beiden Außenminister, Lloyd Axworthy und Knut Vollebaek „zu prüfen, ob sich das erfolgreiche Model, welches zum Vertrag über die Landminen führte, nicht auch in anderen Fällen wiederholen lässt" (Small 2001, 231). Auf Grundlage der von beiden Staaten verabschiedeten Lysøen-Deklaration sollte eine *Humanitarian Eight* (H-8) analog zur G-8 entstehen, die auf Grundlage einer gemeinsamen Agenda für menschliche Sicherheit operieren sollte. Hierfür gibt es seit 1999 jährliche Zusammenkünfte auf der Ebene der Außenminister der 14 Mitgliedsländer. Die Kernagenda des HSN orientiert sich an der engen Interpretation der kanadischen Regierung. Neben deren Schwerpunkten haben auch andere Themenbereiche ihren Weg auf die Agenda gefunden, so etwa die Menschenrechtserziehung oder HIV/AIDS.

Trotz der inhaltlichen Unterschiede der einzelnen Staaten wird die *Human Security Unit* des UN-Nothilfekoordinators (*Office for the Coordination of Humanitarian Affairs*, OCHA) bei den UN als ein Ort angesehen, in dem der gegenseitige Austausch und die Abstimmung gemeinsamer Aktivitäten des HSN und der *Group of Friends* ermöglicht werden. Vor allem betrifft dies die Aktivitäten der Länder, die bislang dadurch aufgefallen sind, dass sie bei den UN mit der Einsetzung von Kommissionen (CHS, ICISS) versucht haben, dem Thema menschliche Sicherheit zu einer größeren Aufmerksamkeit zu verhelfen.

Aber auch die angestrebte und verstärkte Kooperation in diesen beiden Zusammenschlüssen kann nicht darüber hinwegtäuschen, dass sich der Erfolg – abgesehen vom Verbot von Anti-Personenminen – vor allem auf die Funktion beschränkt, Themen auf die politische Tagesordnung zu setzen. Die Zusammenschlüsse fungieren als Forum zur Entwicklung gemeinsamer Positionen. Angesichts der – bislang nicht gelungenen – Wiederholung des Ottawa-Prozesses erschöpft sich ihr Beitrag bislang darin, Resolutionsvorschläge zu formulieren und Debatten in der UN-Generalversammlung und dem Sicherheitsrat zu initiieren bzw. zu prägen. Damit sehen sich diese Länder wie das gesamte UN-Personal mit dem Problem konfrontiert, Mehrheiten für ihre Positionen unter den Mitgliedstaaten finden zu müssen.

In ähnlicher Form hat die *Barcelona Study Group on Europe's Security Capabilities* (SGESC) eine *Human Security Doctrine for Europe* erarbeitet, die dem Hohen Repräsentanten für die Gemeinsame Außen- und Sicherheitspolitik (GASP) der EU, Javier Solana, unterbreitet wurde. Die Überlegungen der SGESC sind als erste Konkretisierung der im Jahr 2003 beschlossenen *Europäischen Sicherheitsstrategie* zu sehen und zielen darauf ab, Menschen in bewaffneten Konflikten und angesichts schwerwiegender Menschenrechtsverletzungen zu schützen (Glasius/Kaldor 2006). Der Bericht wurde in einigen Hauptstädten Europas vorgestellt, hat bislang aber hinsichtlich der Verwendung des Begriffs menschliche Sicherheit im Rahmen der EU keine größeren Erfolge gezeitigt. Die sieben Prinzipien des Berichts sind als solche bereits vorher weitgehend etabliert gewesen, weshalb die hauptsächliche Neuerung in der Forderung nach einer 15.000 Mann starken *Human Security Response Force* (SGESC 2004, 20ff.) zu sehen ist, die aus 5000 Zivil- und Polizeikräften sowie 10.000 Soldaten bestehen sollte.

### *Menschliche Sicherheit: Erfolge, Ergebnisse, Potenziale*

Menschliche Sicherheit ist auch nach über zehn Jahren noch Bestandteil internationaler Debatten. Dies ist aus Sicht der Befürworter Grund zur Freude und Sorge zugleich. Die Suche nach einer gemeinhin akzeptierten Definition hat zu einer Situation geführt, die das Potenzial zur Umsetzung dadurch schwächt, dass sie die inhaltlichen Differenzen größer erscheinen lässt, als sie sind. Dies scheint mittlerweile erkannt worden zu sein, weshalb etwa der japanische Botschafter für menschliche Sicherheit dafür plädiert, sich nicht so sehr auf die definitorischen Unterschiede, sondern vielmehr auf die gemeinsamen Schnittmengen und Verfahrenswege zu konzentrieren (MOFA 2006).

Seine Aussage lässt den Schluss zu, dass bisherige Ergebnisse – insbesondere die institutionelle Ausgestaltung – nicht immer zur vollen Zufriedenheit der Akteure verlaufen sind, und man daher nur mit einer gewissen Vorsicht und Zurückhaltung von Erfolgen sprechen kann. Ein erster Erfolg ist etwa die Tatsache, dass der UNDP-Bericht von 1994 auf ein positives Echo gestoßen ist und sich Akteure in Form von Staaten oder Staatengruppen gefunden haben, die das Konzept aufgegriffen, ihren Vorstellungen angepasst und in bestehende institutionelle Rahmen einzuarbeiten versucht haben. Diese Initiativen haben es ermöglicht, dem Konzept der menschlichen Sicherheit zu größerer Geltung zu verhelfen.

Inwieweit man bei der bislang erfolgten Zusammenarbeit aber vorzeigbare Erfolge im Rahmen der UN erzielt hat, ist umstritten. Hier ist lediglich die Verabschiedung der Erklärung des UN-Millennium-Gipfels von 2005 als Erfolg zu bezeichnen, die menschliche Sicherheit explizit erwähnte. Damit ist allerdings nicht mehr erreicht, als durch eine intensivere Diskussion in der UN-Generalversammlung erste Schritte in Richtung einer institutionellen Verankerung (zum Beispiel in Form einer weiteren Unterbehörde neben dem OCHA) zu ermöglichen sowie die Bündelung der Aktivitäten im Namen von menschlicher Sicherheit durch das HSN und die *Group of Friends* zu stärken. Der institutionelle Rahmen für menschliche Sicherheit außerhalb des UN-Systems beschränkt sich bislang auf Ministerialabteilungen einzelner Länder wie Kanada und Japan sowie auf regelmäßige Treffen von Außenministern im Falle des HSN oder der Gruppe der *Friends of Human Security*.

Dennoch lassen sich Erfolge auf der Ebene nationaler Programme und außenpolitischer Initiativen feststellen, sofern man deren Ziele mit den konkreten Verhandlungsergebnissen abgleicht. Hierzu zählen einerseits Mikroprojekte von nichtstaatlichen Trägern wie im Falle des HSP oder des japanischen *Trust Fund*. Deren Umsetzung kann auf den Webseiten der Ministerien detailliert inhaltlich und hinsichtlich der aufgewandten Mittel nachvollzogen werden. Andererseits gilt dies auch – mit gewissen Einschränkungen – für multilaterale Prozesse. Mit dem Ottawa-Vertrag, dem Zusatzprotokoll zur Kinderrechtskonvention über Kinder in bewaffneten Konflikten sowie dem Internationalen Strafgerichtshof wurde der internationale Verrechtlichungsrahmen deutlich ausgeweitet. Die jüngste Vergangenheit hat jedoch gezeigt, dass die im Falle des Ottawa-Prozesses verfolgte neue Form des ad-hoc Multilateralismus sich nicht als konkurrierendes Modell zum UN-System etablieren konnte.

Von einer dauerhaften institutionellen Etablierung von menschlicher Sicherheit ist demnach (noch) nicht zu sprechen. Viele der Politikbereiche, die als Teil menschlicher Sicherheit definiert wurden, haben jedoch eine gesteigerte Aufmerksamkeit erfahren (etwa Anti-Personenminen). Inwiefern die Umsetzung in Zukunft jedoch unabhängig von nationalem Verhandlungsgeschick möglich sein wird, ist weiter fraglich.

*Literatur*

Alkire, Sabina, 2004: Concepts of Human Security, in: Lincoln Chen/Sakiko Fukuda-Parr/ Ellen Seidensticker (Hg.), Human Insecurity in a Global World. Cambridge, MA, S. 15-40.

Behringer, Ronald M., 2005: Middle Power Leadership on the Human Security Agenda, in: Cooperation and Conflict, Jg. 40/3, S. 305-342.

Bosold, David/Wilfried von Bredow, 2006: Human Security: A Radical or Rhetorical Shift in Canada's Foreign Policy?, in: International Journal, Jg. 61/4, S. 829-844.

Bosold, David/Sascha Werthes, 2005: Human Security in Practice: Canadian and Japanese Experiences, in: Internationale Politik und Gesellschaft, 2005, H. 1, S. 84-102.

CHS (Commission on Human Security), 2003: Human Security Now. <www.human security-chs.org/finalreport/ index.html, 04.04.07>.

DFAIT (Department of Foreign Affairs and International Trade), 1995: Canada in the World. Canadian Foreign Policy Review. Ottawa.

DFAIT (Department of Foreign Affairs and International Trade), 1999: Human Security: Safety for People in a Changing World. Ottawa.

Edström, Bert, 2003: Japan's Foreign Policy and Human Security, in: Japan Forum, Jg. 15/2, S. 209-225.

Glasius, Marlies/Mary Kaldor (Hg.), 2006: A Human Security Doctrine for Europe. Project, Principles, Practicalities. London.

Hampson, Fen Osler et al., 2002: Madness in the Multitude. Human Security and World Disorder. Don Mills.

High-Level Panel on Threats, Challenges and Change, 2004: A More Secure World: Our Shared Responsibility (A/59/565). New York.

Hubert, Don, 2000: The Landmine Ban. A Case Study in Humanitarian Advocacy (Thomas J. Watson Jr. Institute for International Studies, Occasional Paper Nr. 42). Providence, RI.

HSN (Human Security Network), 1999. A Perspective on Human Security. Chairman's Summary. Lysøen, Norwegen 19.-20.05.1999. <www.humansecuritynetwork.org/ docs/Chairman_summaryMay99-e.php, 06.01.07>.

ICISS (International Commission on Intervention and State Sovereignty), 2001: The Responsibility to Protect: Report of the International Commission on Intervention and State Sovereignty. Ottawa. <www.iciss.gc.ca, 23.07.07>.

MacFarlane, S. Neil/Yuen Foong Khong, 2006: Human Security and the UN. A Critical History. Bloomington, IN.

McRae, Rob/Don Hubert (Hg.), 2001: Human Security and the New Diplomacy. Montréal/ Kingston, ON.

MOFA (Ministry of Foreign Affairs Japan), 1998: Opening Remarks by Prime Minister Obuchi at An Intellectual Dialogue on Building Asia's Tomorrow. Tokio 2. Dezember 1998. <www.mofa.go.jp/policy/culture/intellectual/asia9812.html, 03.08.07>.

MOFA (Ministry of Foreign Affairs Japan), 2006: Statement by H.E. Mr. Yukio Takasu Ambassador of Japan in Charge of Human Security, Eigth Ministerial Meeting of The Human Security Network. Bangkok 1. Juni 2006. <www.mofa.go.jp/policy/human_ secu/state0606.html, 03.08.07>.

Muggah, Robert/Keith Krause, 2006: A True Measure of Success? The Discourse and Practice of Human Security in Haiti, in: Sandra J. MacLean/David R. Black/Timothy M. Shaw (Hg.), A Decade of Human Security. Global Governance and New Multilateralisms. Aldershot, S. 113-126.

Small, Michael, 2001: Case Study: The Human Security Network, in: Rob McRae/Don Hubert (Hg.), Human Security and the New Diplomacy. Montréal/Kingston, ON, S. 231-235.

Soeya, Yoshihide, 2005: Japanese Security Policy in Transition: The Rise of International and Human Security, in: Asia-Pacific Review, Jg. 12/1, S. 103-116.

SGESC (Study Group on Europe's Security Capabilites), 2004: A Human Security Doctrine for Europe. The Barcelona Report of the Study Group on Europe's Security Capabilities. 15. September 2004. <www.lse.ac.uk/Depts/global/Publications/HumanSecurityDoctrine.pdf, 02.08.07>

ul-Haq, Mahbub, 1999: Global Governance for Human Security, in: Majid Tehranian (Hg.), Worlds Apart. Human Security and Global Governance. London, S. 79-94.

UNDP, 1994: Human Development Report 1994: New Dimensions of Human Security. <hdr.undp.org, 04.04.07>.

UNESCO, 2000: What Agenda for Human Security in the Twenty-First Century? Proceedings of the First International Meeting of Directors of Peace Research and Training Institutions. Paris.

## Dritter Teil:

# Nicht-westliche regionale Perspektiven auf menschliche Sicherheit

# Die Weiterentwicklung der Agenda der menschlichen Sicherheit

## Afrikanische Perspektiven

*Cheryl Hendricks*

Das Paradigma der menschlichen Sicherheit, das erstmals im *Human Development Report* des Entwicklungsprogramms der Vereinten Nationen von 1994 formuliert (UNDP 1994) und dann im Bericht der *Commission on Human Security* weiter entwickelt wurde (Commission on Human Security 2003), hat in der Friedens- und Sicherheitsforschung international Akzeptanz gefunden. Die Notwendigkeit einer Ausweitung der traditionellen Sicherheitsbegriffe ist seit langem Kernbestandteil des afrikanischen Sicherheitsdialogs. Es ließe sich sogar argumentieren, dass die Einbeziehung des Begriffs der menschlichen Sicherheit in den internationalen Diskurs als Antwort auf strukturelle Bedingungen des afrikanischen Kontinents entstanden ist.

Der Kampf gegen Kolonialismus, sämtliche Demokratisierungsbemühungen und Versuche, zusammengebrochene Staaten wieder aufzubauen, orientierten sich stets an dem Bedürfnis nach größerer Sicherheit und besseren Entwicklungschancen für die Einzelnen und die Gemeinschaften. Die Begrifflichkeiten mögen dabei unterschiedlich gewesen sein, doch die Kernelemente von menschlicher Sicherheit – „Freiheit von Angst“, „Freiheit von Not“ und „*Empowerment*“ – standen immer im Mittelpunkt dieser Initiativen. Allerdings führte die inhärente Schwäche vieler afrikanischer Staaten dazu, dass Generationen von Amtsinhabern sich des staatlichen Machtapparats zur Konsolidierung staatlicher Macht bedienten. So wurden viele afrikanische Regierungen zur wichtigsten Ursache für die mangelnde Sicherheit ihrer Bürger oder waren nicht in der Lage, Sicherheit zu bieten.

Dieser Aufsatz bietet einen kurzen Überblick über die Art der Sicherheitskrisen in Afrika, befasst sich näher mit dem Wandel von traditionellen Sicherheitskonzepten zum Konzept der menschlichen Sicherheit sowie damit, wie diese Perspektive in die kontinentalen und regionalen Organisationsstrukturen Eingang fand. Gleichzeitig wird herausgearbeitet, welche Themen wichtig sind, um menschliche Sicherheit auf dem afrikanischen Kontinent zu erlangen, aber auch worin die Herausforderungen dabei bestehen. Das Kernargument des Beitrags lautet, dass, obwohl eine breite Definition menschlicher Sicherheit in der Friedens- und Sicherheitsagenda des Kontinentes kodifiziert ist, in der Praxis jedoch eine tiefe Kluft zwischen dem normativen Rahmen und der Realität afrikanischer Staaten besteht. Zudem sei gleich darauf hingewiesen, dass es nicht ein einheitliches afrikanisches Verständnis von Sicherheit gibt. Dieser Beitrag konzentriert sich vor allem auf das Verständnis von menschlicher Sicherheit in der

Afrikanischen Union, das sich jedoch nicht mit dem aller afrikanischen Länder gleichsetzen lässt. Die Definition menschlicher Sicherheit ist sicherlich allgemein gültig. Es ist die Art und Weise, wie Sicherheit hergestellt wird, oder die jeweilige Prioritätensetzung und die beteiligten Institutionen, die unterschiedlich sind und anhand derer sich so etwas wie eine afrikanische Perspektive ablesen lässt.

### *Erklärungen für die afrikanische Sicherheitskrise*

Über die Entstehung und die Art der Krisen afrikanischer Staaten ist viel gesagt und geschrieben worden.[1] Der Niedergang der afrikanischen Volkswirtschaften seit Ende der 1970er Jahre und das Abgleiten in Bürgerkriege, die in zahlreichen Ländern zum Zusammenbruch staatlicher Strukturen und tief greifendem Mangel an menschlicher Sicherheit führten, werden einer Kombination externer und interner Faktoren zugeschrieben. Häufig wird argumentiert, die afrikanischen Staaten seien während der Kolonialära künstlich geschaffen worden. In der postkolonialen Ära seien viele von ihnen nur durch das Völkerrecht und – gegen entsprechende Loyalität – durch die Unterstützung von Seiten der Hauptprotagonisten des Kalten Kriegs aufrechterhalten worden. Jackson und Rosberg (1982) bezeichneten afrikanische Staaten als *de jure*-Staaten, die legal zwar existierten, jedoch ohne die notwendigen Mittel, um die Aufgaben, die normalerweise mit Staatlichkeit verbunden sind, auch tatsächlich wahrnehmen zu können.

Die postkolonialen Staaten Afrikas erbten staatliche Strukturen, die vorrangig auf Ausbeutung und Zwangsherrschaft ausgerichtet waren. Die Staatsapparate dienten der Ausbeutung von Rohstoffen und nicht der Bereitstellung von Dienstleistungen, wobei die Sicherheitsinstitutionen eher dem Schutz der staatlichen Machthaber als der Bürger dienten. In den 1970er Jahren kam es außerdem zu einer Reihe externer wirtschaftlicher Krisen, die den Niedergang afrikanischer Staaten rasant beschleunigten, da der Anstieg der Ölpreise, die internationale Schuldenkrise und der Verfall der Rohstoffpreise alle starke Auswirkungen auf die einheimische Wirtschaft hatten.

Die meisten Analysten betonen die internen Faktoren, sprich das postkoloniale Entwicklungs- und Regierungsmodell. Die postkolonialen Volkswirtschaften waren staatlich dominiert, und autoritäre neo-patrimoniale Systeme wurden zum institutionellen Fundament politischer Macht. Die Schwäche der nationalistischen Bewegungen, die an die Schalthebel der Macht gelangt waren, die politisierten ethnischen Spaltungen innerhalb fragiler Nationalstaaten und der Umstand, dass der Staat sowohl Reichtum schaffte wie auch verteilte, führten

1 Siehe hierzu beispielsweise Chabal/Daloz 1999, Cilliers 2004, Mkandawire/Soludo 1999, Sandbrook 1985.

zu einer Situation übermäßiger Machtzentralisierung und zum Primat der Politik gegenüber der wirtschaftlichen Entwicklung.

Das Zusammenspiel dieser externen und internen Faktoren führte zu wirtschaftlicher Stagnation, zu einem Anstieg der Nahrungsmittelimporte, zum Rückgang der Exporte, zu weit verbreiteter Armut und zu einer Käuflichkeit der Politik, bei der die Inbesitznahme des Staates die erstrebte Beute zur persönlichen Bereicherung und zum Zwecke der Günstlingswirtschaft war. Das Hauptinteresse und das Staatsverständnis der Herrschenden bestanden in der Sicherung des eigenen Amtes und/oder der dauerhaften Absicherung ihrer Macht mit Hilfe des Sicherheitsapparats. Die breiteren Interessen der Bevölkerung spielten bei ihren Überlegungen nur selten eine wichtige Rolle.

Die wirtschaftlichen Krisen untergruben die ohnehin bereits ausgehöhlte Legitimation der postkolonialen Staaten noch weiter. Die Staaten wurden nicht nur unfähig, die Grundbedürfnisse ihrer Bürger zu befriedigen, sondern konnten auch nicht die Ämterpatronage abschaffen, die Grundlage des Systems der Loyalität war. Gleichzeitig waren sie aber nicht mehr in der Lage, eine wirksame Kontrolle über ihre Bürger auszuüben. Ende der 1980er Jahre wurde der Ruf nach Demokratie immer lauter. In den meisten Fällen fand die Demokratisierung auf friedlichem Wege statt, in anderen folgten Bürgerkriege oder der Zusammenbruch des Staates (Ruanda, Burundi, Somalia und die Demokratische Republik Kongo sind die am häufigsten genannten Beispiele). Doch die Verkümmerung der staatlichen Institutionen bedeutete, dass es in fast allen Ländern generell an Sicherheit sowohl für den Staat als auch für die Bürger fehlte.

### *Definition menschlicher Sicherheit*

Die 1990er Jahre waren eine Periode des intensiven Nachdenkens über das Wesen der afrikanischen Gesellschaften und über die normativen und institutionellen Voraussetzungen, die erforderlich sein würden, um den von zwischenstaatlichen Konflikten geplagten Kontinent in ein Umfeld zu verwandeln, durch das wirtschaftliches Wachstum und menschliche Entwicklung möglich werden würde. In diesem Kontext kam es dann zu einem Paradigmenwechsel von staatlicher Sicherheit hin zu menschlicher Sicherheit.

Diesen Wechsel leitete 1991 eine Tagung in Uganda ein, an der über 500 afrikanische Politiker und Führungskräfte aus allen Bereichen teilnahmen. Bei dieser Tagung wurde ein später als Kampala-Dokument bekannt gewordenes Papier beschlossen, das eine Konferenz über Sicherheit, Stabilität, Entwicklung und Zusammenarbeit in Afrika (*Conference on Security, Stability, Development and Cooperation in Africa*, CSSDCA) anstrebte. Dabei wurden einige bis dahin nur am Rande diskutierte theoretische Ideen zu Frieden und Sicherheit zusammengefasst, die später den Grundstock für die umfassendere Sicherheitsagenda der Afrikanischen Union bildeten. In dem Dokument heißt es:

> „Das Konzept der Sicherheit geht über eine rein militärische Betrachtungsweise hinaus. [Es] muss im Hinblick auf die Sicherheit des einzelnen Bürgers konzipiert werden, damit dieser in Frieden leben kann, mit der Möglichkeit, seine Grundbedürfnisse zu befriedigen, während er umfassend an allen öffentlichen Angelegenheiten teilnehmen kann und in den Genuss sämtlicher grundlegender Menschenrechte kommt." (Kampala Document 1991).

In dem Dokument werden weiterhin die Zusammenhänge zwischen Sicherheit und Entwicklung sowie die Mechanismen genauer ausgeführt, wie diese erreicht werden können. Vieles von dem, was die CSSDCA forderte, nimmt den *Human Development Report* von UNDP von 1994 vorweg, in dem ein Wechsel von der staatlichen Sicherheit zur menschlichen Sicherheit gefordert wurde, wobei letztere als „Freiheit von Angst" (Sicherheit) und „Freiheit von Not" (Entwicklung) unter der Voraussetzung der Achtung der Menschenrechte charakterisiert wurde. Im Bericht der *Commission on Human Security* von 2003 wurde das Konzept weiter ausgearbeitet. In beiden Berichten spricht man sich für ein breit gefasstes Konzept der menschlichen Sicherheit aus, wobei Sicherheit vor allem in Bezug auf die einzelnen Menschen gesehen wird, Gefährdungen der Sicherheit über den Bereich des Militärischen und der Gewalt hinausgehen und der Kreis derjenigen erweitert wird, die sich für Frieden und Sicherheit einsetzen und verantwortlich sind. Beim konzeptuellen Rahmen liegt daher das Gewicht vor allem auf den Grundursachen der Unsicherheit. Es wird ein ganzheitlicherer Ansatz für die Schaffung nachhaltiger Bedingungen für Frieden und Sicherheit gewählt.

An diesem Sicherheitskonzept orientierten sich der neue institutionelle Mechanismus für Entwicklung der Afrikanischen Union, die *New Partnership for Africa's Development* (NEPAD) von 2001 und die im Februar 2004 verabschiedete Gemeinsame Afrikanische Verteidigungs- und Sicherheitspolitik (*Common African Defence and Security Policy*). In letztgenanntem Dokument heißt es:

> „Die Ursachen zwischenstaatlicher Konflikte machen es notwendig, besonderen Nachdruck auf menschliche Sicherheit zu legen, was nicht nur auf politischen Werten, sondern auch auf sozialen und wirtschaftlichen Notwendigkeiten beruhen muss. Dieses neuere, mehrdimensionale Sicherheitskonzept umfasst somit auch Themen wie Menschenrechte, das Recht auf volle Teilnahme an der Gestaltung des Gemeinwesens, das Recht auf gleichberechtigte Entwicklung sowie auf Zugang zu Ressourcen und die Erfüllung von Grundbedürfnissen, das Recht auf Schutz vor Armut, das Recht auf Bildung und Gesundheitsvorsorge, das Recht auf Schutz vor geschlechtsbedingter Diskriminierung, das Recht auf Schutz vor Naturkatastrophen und gegen Umweltzerstörung. Auf nationaler Ebene wären die Ziele der Schutz der Sicherheit des Einzelnen, der Familien, der Gemeinschaften und des staatlichen und nationalen Lebens in wirtschaftlicher, politischer und sozialer Hinsicht." (African Union 2004, Abs. 6).

Obwohl auf kontinentaler Ebene die Perspektive der menschlichen Sicherheit in den politischen Strukturen verankert ist, sind die regionalen Wirtschaftsgemeinschaften und Staaten diesem Beispiel noch nicht gefolgt. Nur die Verteidigungspolitik Südafrikas enthält als einzige explizit eine Perspektive der menschlichen Sicherheit.

Gegen die Perspektive der menschlichen Sicherheit wurde sowohl international als auch von afrikanischen Wissenschaftlern und politischen Analysten zahlreich Kritik geäußert. Dabei werden im Allgemeinen folgende Argumente vertreten:

- Das Konzept sei unzureichend definiert, da ja alles als Sicherheitsrisiko gelte und der Begriff damit sinnlos werde.
- Das Konzept unterscheide sich nur geringfügig von dem der menschlichen Entwicklung.
- Es sei unklar, wer diese Sicherheit wie gewährleisten solle und wie sich menschliche Sicherheit operationalisieren lasse.

Insbesondere im Gefolge des „Krieges gegen den Terrorismus" herrscht heute die Tendenz vor, zu einer als enger angesehenen Definition der menschlichen Sicherheit zurückzukehren, das heißt den Schwerpunkt auf Gewalt und gewaltsame Konflikte mit dem Hauptaugenmerk auf staatliche Sicherheit zu legen, wobei jedoch zugestanden wird, dass Sicherheit, Demokratie und Entwicklung miteinander verknüpft sind. Dies zeigt sich sehr deutlich im Human Security Report 2005 „Krieg und Frieden im 21. Jahrhundert". In dem Bericht wird argumentiert, „ein Konzept, das so unterschiedliche Bedrohungen wie Genozide und Angriffe auf die persönliche Würde in einen Topf wirft, mag für eine juristische Argumentation nützlich sein, ist jedoch für eine politische Analyse von begrenztem Wert" (Human Security Centre 2005, S. VIII).

Die Debatten innerhalb Afrikas orientieren sich weniger an der Frage der Nützlichkeit des Konzepts der menschlichen Sicherheit für die politische Analyse als daran, wer Garant dieser Sicherheit sein soll. Starke Argumente werden dahingehend vorgetragen, dass der Staat ungeachtet seiner Schwäche weiterhin die einzige Institution bleibt, die Sicherheit bieten kann und dass unsichere und instabile Staaten tatsächlich die menschliche Entwicklung behindern können (siehe Cilliers 2004). Damit wird auch weiterhin eine akademische Debatte über die besondere Bedeutung der staatlichen Sicherheit geführt werden, auch wenn dabei stärker für Reformen im Sicherheitssektor plädiert wird. Menschliche Sicherheit wird zwar befürwortet, doch die staatliche Sicherheit bleibt die vorrangige theoretische Brille im Diskurs über Frieden und Sicherheit.

Wenn wir allerdings die einzelnen Menschen und die lokalen Gemeinschaften aus unseren Sicherheitsanalysen herausnehmen, wenn wir uns in erster Linie mit Gewalt, Bürgerkriegen und staatlichen Kapazitäten befassen, wenn wir nicht das Verhältnis zwischen Sicherheit, Entwicklung und Demokratie ausloten und wenn die Machtverhältnisse in unseren Analysen nicht deutlich gemacht werden, dann würde das Konzept der menschlichen Sicherheit seines Kerns beraubt und wir würden nicht mehr innerhalb des gleichen Paradigmas arbeiten. Menschliche Sicherheit ist im Grunde ein Konzept, mit dem die Logik des „traditionellen Ansatzes" umgekehrt werden sollte – sowohl im Hinblick auf die inhaltliche Bedeutung von Sicherheit, als auch im Hinblick darauf, wie man Sicherheit schafft. Versucht man, die Definition einzuengen, so bewegt man sich im Wesentlichen innerhalb des traditionellen oder bestenfalls neo-traditionellen Modells. Als das Konzept der menschlichen Sicherheit erstmals in den 1990er Jahren aufkam, bedeutete dies einen radikalen erkenntnistheoretischen Wandel. Doch in dem Maße, in dem das Konzept in den „Mainstream“ Eingang fand, wurde es verwässert und alles lief wie vorher. Davor müssen wir uns hüten. Ist nun das Konzept ein Problem für die politische Analyse, oder liegt das Problem in der Art, wie heute politische Analysen erstellt werden? Desiree Lewis (2006) weist darauf hin, dass das Problem bei Sicherheitsstudien darin liegt, dass diese einer politikwissenschaftlichen Disziplin entstammen, die kulturelle, ideologische und alltägliche Aspekte zugunsten der Makroebene und der großen Politik vernachlässigt. Das gleiche lässt sich von der Policy-Analyse sagen.

Die Wechselbeziehungen zwischen Frieden und Sicherheit, Entwicklung und Demokratie sind klar herausgearbeitet worden, insbesondere im afrikanischen Kontext. Alle kontinentalen Entwicklungsvorhaben sind von ihnen durchdrungen. Menschliche Sicherheit wird sowohl als Konsequenz menschlicher Entwicklung als auch als Beitrag zu dieser gesehen. Die menschliche Sicherheit wird eingeschränkt durch Bürgerkriege, interne Vertreibung, Umweltzerstörung, geschlechtsbezogene Gewalt und mangelnde Achtung vor Menschenrechten. Damit ist menschliche Sicherheit die Norm. Die Konzepte sind miteinander verflochten, und daher bedürfen Sicherheitsstudien eines multidisziplinären Ansatzes.

## *Schwerpunktsetzungen im Bereich menschlicher Sicherheit in Afrika*

Die allgemeinen Schwerpunkte, die notwendig sind, um menschliche Sicherheit in Afrika zu gewährleisten, wurden in zahlreichen politischen Konzeptpapieren, Berichten, Programmplänen und akademischen Studien herausgearbeitet. Es besteht Einvernehmen, dass Frieden und Sicherheit, Demokratie, Good Governance und Entwicklung die notwendigen Voraussetzungen für menschliche Sicherheit auf nationaler Ebene sind. Weniger Einigkeit herrscht jedoch in der Frage, welche Prioritäten innerhalb dieser Schwerpunktbereiche gesetzt werden sollten. Dies liegt teilweise daran, dass in afrikanischen Gesellschaften zahlreiche Bereiche der Aufmerksamkeit bedürfen, sowie an den unterschiedlichen Entwicklungsniveaus und an den unterschiedlichen Interpretationen von Demokratie, Good Governance und Entwicklung.

### *Frieden und Sicherheit*

Viele der Bürgerkriege und Konflikte des 20. und 21. Jahrhunderts wurden in Afrika ausgetragen. Im Bericht des *Office of the Special Adviser on Africa* (OSAA) der Vereinten Nationen für 2005 wird festgestellt, dass „die meisten der 2001 weltweit ausgetragenen 24 größeren bewaffneten Konflikte auf dem afrikanischen Kontinent stattfanden, wobei 11 dieser Konflikte acht Jahre oder länger dauerten" (United Nations Office of the Special Adviser on Africa 2005, 7). Diese gewaltsamen Konflikte führten zum Tod von Millionen Menschen, Vertreibungen in großem Maßstab, der Zerstörung staatlicher Institutionen, einer Verbreitung von Landminen und Kleinwaffen sowie zu anderen menschlichen Katastrophen wie Hungersnöten und Unterernährung, das Fehlen von Gesundheitsfürsorge und Bildungseinrichtungen usw. Außerdem wurden afrikanische Länder von Dürrekatastrophen heimgesucht, die zu Ernährungskrisen führten.

Da die Länder Afrikas in sehr unterschiedlichem Maße Sicherheitsrisiken ausgesetzt sind, sollte man zurückhaltend sein, wenn es darum geht, einheitliche Schwerpunktsetzungen für alle Länder vorzunehmen. So stecken beispielsweise der Tschad, die Zentralafrikanische Republik, Äthiopien, Eritrea, der Sudan, Somalia, Swasiland, die Westsahara, Uganda und Zimbabwe immer noch in den Wirren zwischenstaatlicher oder innerstaatlicher Konflikte. Auch in Teilen der Demokratischen Republik Kongo herrschen noch Konflikte, obwohl man davon ausgeht, dass das Land sich nunmehr in einer Post-Konfliktphase befindet. Ruanda, Angola, Sierra Leone und Liberia befinden sich noch immer in einer fragilen Phase nach Beendigung der Kampfhandlungen. In diesen Ländern, die dabei sind, sich vom Krieg zu befreien oder sich den Frieden zu erhalten, bleiben Abrüstung, Demobilisierung und Reintegration (DDR) sowie die Sicherheitssektorreform (SSR) und der Wiederaufbau staatlicher Institutionen die Schlüsselprioritäten. In Nordafrika und am Horn von Afrika wird Terrorismus als zunehmende Bedrohung gesehen. Das organisierte Verbrechen untergräbt beispielsweise die Sicherheit in Südafrika, während in anderen Ländern politische Gewalt vor und nach Wahlen den Frieden bedroht. Diese Gefahren werden damit zu besonderen Prioritäten für die jeweils betroffenen Länder.

Ungeachtet dieser Unterschiede gibt es übergreifende Themen, die das Sicherheitsniveau insbesondere für den Einzelnen in den meisten afrikanischen Staaten beeinflussen. Die staatlichen Institutionen sind schwach und zu wirksamen Dienstleistungen nicht in der Lage, die Ungleichheit innerhalb der Staaten verschärft sich, geschlechtsbezogene Gewalt, Verbrechen und Korruption bleiben allgegenwärtig, und zu oft kommt es zu Menschenrechtsverletzungen und brutalen Übergriffen der Sicherheitsorgane. Diese Faktoren haben direkte Auswirkungen auf das in den jeweiligen Gesellschaften herrschende Sicherheitsniveau.

Auf kontinentaler Ebene bleibt die Schaffung einer Friedens- und Sicherheitsarchitektur eine Priorität für die Afrikanische Union. Im Jahre 2003 gründete die Afrikanische Union einen Friedens- und Sicherheitsrat mit folgenden Zielen:

- Förderung von Frieden, Sicherheit und Stabilität,
- Antizipation und Prävention von Konflikten,

- Förderung und Durchführung friedensschaffender Maßnahmen und des Wiederaufbaus nach Konflikten,
- Koordinierung und Harmonisierung kontinentaler Bemühungen zur Verhinderung und Bekämpfung des internationalen Terrorismus,
- Entwicklung einer gemeinsamen Verteidigungspolitik für die Union,
- Förderung und Unterstützung demokratischer Praktiken, Good Governance und Rechtsstaatlichkeit, Schutz der Menschenrechte und Grundfreiheiten, Achtung der Unantastbarkeit des menschlichen Lebens und des internationalen humanitären Rechts als Teil der Bemühungen zur Konfliktverhütung.

Regionale Wirtschaftsgemeinschaften sind die wichtigsten Säulen der neuen Sicherheitsarchitektur, ergänzt durch die Schaffung eines Rates der Weisen und einer Afrikanischen Eingreiftruppe. Diese Architektur ist relativ jung und leidet daher unter den meisten der bei neu geschaffenen Institutionen üblichen Kinderkrankheiten. Ihre Kapazitätsbeschränkungen sind überdeutlich, zum Beispiel beim Einsatz der *African Union Mission in Sudan* (AMIS). Es wird noch lange dauern, bis Afrika in dieser Hinsicht Anspruch auf Autarkie erheben kann. Daher sind Partnerschaften, insbesondere zur finanziellen und logistischen Unterstützung, eine Notwendigkeit.

Von Bedeutung bei dieser neuen Architektur sind die ethischen und normativen Werte, die für einen umfassenden Sicherheitsansatz sorgen. Die Afrikanische Union beansprucht, dass ihr Ansatz sich „an den Menschen orientiert" und dass die Zivilgesellschaft bei der Schaffung von Frieden und Sicherheit eine Rolle zu spielen hat. Damit hat sie, zumindest theoretisch, den Kreis der an der Schaffung und Erhaltung von Frieden und Sicherheit beteiligten Akteure ausgeweitet.

### *Menschenrechte, Demokratie und Good Governance*

Durch die Ratifizierung des *Constitutive Act of the African Union* (African Union 2000) und die Verabschiedung der *Declaration on Democracy, Political, Economic and Corporate Governance* im Jahre 2002 (NEPAD 2002) haben sich die afrikanischen Länder zu Menschenrechten, Demokratie und Good Governance verpflichtet. In dieser Hinsicht haben die afrikanischen Länder einen langen Weg hin zur Öffnung der Politik für Mehrparteiensysteme zurückgelegt, wodurch die Zivilgesellschaft jetzt wachsen und sich etablieren kann. Doch dies alles sind nur erste Schritte im demokratischen Prozess, so dass es noch viele Herausforderungen zu meistern gilt.

Wahlen gehen nur allzu oft mit Gewalt, Betrug und Nicht-Akzeptanz der Ergebnisse einher. Menschenrechtsverletzungen gibt es in vielen Ländern zuhauf, wobei Zimbabwe und der Sudan im Rampenlicht der internationalen Aufmerksamkeit stehen. Damit Afrika kontinuierlich die von ihm angestrebten demokratischen Gesellschaften aufbauen kann, muss es vorrangig diejenigen Institutionen und Prozesse stärken, die die demokratische Herrschaft zum festen Bestandteil der Lebensweise machen. Besondere Aufmerksamkeit verlangt dabei die Stärkung politischer Parteien und zivilgesellschaftlicher Organisationen (die alle eine zu schwache innere Entscheidungsstruktur haben), die Stärkung der Kontrollmechanismen und der Bürgerbeteiligung. Die Afrikanische Union hat Überwachungs- und Kontrollmechanismen geschaffen, zum Beispiel den *African Peer Review Mechanism* und ein Panafrikanisches Parlament. Doch noch immer bleibt in vielen Staaten eine tiefe Kluft zwischen dem Vorhandensein eines legislativen und institutionellen Rahmens und der demokratischen Praxis.

Good Governance hat sich nur geringfügig auf die Bereitstellung staatlicher Dienstleistungen ausgewirkt. Good Governance ist kein Selbstzweck, sie muss zu einer Verbesserung der Wohlfahrt der Bürger führen. Dazu benötigen die afrikanischen Länder ein Maß an Einsatz, besonders auf regionaler und lokaler Ebene, das zu Institutionen führt, die den Lebensstandard der Bürger verbessern können. Oft handelt es sich dabei um elementare und damit leicht zu erfüllende Anforderungen, doch der Schwerpunkt liegt auf einer Neuorientierung hin auf die Grundbedürfnisse der Bürger. Die Schaffung der notwendigen nachhaltigen Infrastruktur, die Ausstattung der lokalen Institutionen mit qualifiziertem Personal und das Recht der Gemeinschaften, selbst über Art und Gestaltung erforderlicher Dienstleistungen zu bestimmen, sind hier geboten.

Geschlechtsbezogene Gewalt muss dringend vorrangig behandelt werden (vgl. den Beitrag von Ulbert). Das Problem der Sicherheit und Chancengleichheit von über 50% der Bevölkerung Afrikas hat in internationalen, kontinentalen und regionalen Foren gebührende Aufmerksamkeit gefunden. Frauen sind bei bewaffneten Konflikten oft die Angriffsziele, und Vergewaltigungen, Zwangsabtreibungen und die Übertragung von Geschlechtskrankheiten werden als bevorzugte Kriegswaffen, zum Beispiel in Ruanda, gezielt eingesetzt. Die Erkenntnis, dass derartige Praktiken nicht zwangsläufig mit der Unterzeichnung von Friedensvereinbarungen ein Ende finden (besonders wenn die Friedenhüter selbst derartiger Gewalttaten schuldig sind), hat das Thema der geschlechtsbezogenen Gewalt schlagartig zu einem Kernanliegen des Menschenrechtsschutzes gemacht (Meintjies et al. 2001). Es sind gerade die fehlende Chancengleichheit für Frauen und das damit in patriarchalischen Gesellschaften einhergehende soziale Verhalten, die zu einer starken Ausbreitung geschlechtsbezogener Gewalt geführt haben, ungeachtet der zahlreichen Instrumente, die entwickelt wurden, um diese zu bekämpfen. Gleichberechtigung der Geschlechter auf allen Ebenen und gerechte Vertretung in Regierungsstrukturen sind Schlüsselmerkmale der neuen Rahmenbedingungen für Entwicklung in der Region. Dabei ist allerdings klar, dass die Formulierung politischer Strategien und die Repräsentation in Gremien nicht genügen, um die Geisteshaltung und die Praktiken zu ändern, auf denen die fehlende Sicherheit von Frauen in Afrika beruht.

Für Frauen, die tagtäglich in einigen der demokratischsten Staaten des Kontinents die Bedrohung ihrer körperlichen Integrität erleben, gibt es keine „Freiheit von Angst". Es gibt keine Gleichberechtigung für Mädchen und Frauen, die zum Überleben auf die kommerzielle Verwertung ihrer Körper angewiesen sind. Auch geraten Frauen und Mädchen durch Menschenhandel zunehmend wieder in den Zustand der Sklaverei. Daher bedarf es stärkerer konzertierter und gezielter Maßnahmen zur Bekämpfung geschlechtsbezogener Gewalt.

### *Entwicklung*

Die Millennium-Entwicklungsziele der Vereinten Nationen (MDGs) gelten als die Mindeststandards, die Staaten bis 2015 erfüllen sollten, um ihre lange bestehenden Versprechen in Bezug auf Entwicklungsanstrengungen einzulösen. Doch schon heute deuten alle Prognosen darauf hin, dass die afrikanischen Länder der Subsahara diese Ziele nicht erreichen werden. Die Armut nimmt zu, die Länder sind nicht in der Lage, die HIV/AIDS-Pandemie einzudämmen, und die Gesundheits- und Bildungsinstitutionen befinden sich im Niedergang.

Demokratie und Good Governance bleiben für Tausende, die täglich an Aids, Hunger und vermeidbaren Krankheiten sterben, hohle Phrasen. Diese Begriffe finden nur wenig Echo bei Menschen, die keine gesicherte Trinkwasserversorgung haben und deren Denken und Handeln vom Kampf um das tägliche Überleben ausgefüllt ist. In vielerlei Hinsicht sind die afrikanischen Gesellschaften auf einen Naturzustand im Sinne von Thomas Hobbes zurückgeworfen, während wir gleichzeitig unser Engagement für universelle, politische, wirtschaftliche und soziale Praktiken verkünden. Wir befinden uns in einem klassischen Interregnum, bei dem das Alte nicht mehr besteht und das Neue erst noch geboren werden muss und in der Zwischenzeit die Regel vom Überleben der Tüchtigsten gilt. Wir verfügen über die notwendigen Fähigkeiten und ein Reservoir an Ressourcen, um dieser Probleme Herr zu werden. Es geht um eine Frage der kollektiven Prioritätensetzung und um ein systematisches Herangehen an die Probleme. Wir dürfen die dringlichsten Probleme der menschlichen Sicherheit nicht einfach mehr ständig überdecken. Wenn wir nicht die ungleichmäßigen Wachstumsmuster korrigieren und angemessene Sicherheitsnetze für die Armen schaffen, sind erneute Konflikte und die Ablehnung eben der Prinzipien, durch die Stabilität und Gerechtigkeit geschaffen werden sollen, mit hoher Wahrscheinlichkeit vorauszusehen.

## *Zusammenfassung*

Aufgrund der vorausgegangenen Erörterungen ist klar, dass die Perspektive der menschlichen Sicherheit in ihrer ursprünglich angedachten Form eine Notwendigkeit bei der Behandlung der vielfältigen, miteinander zusammenhängenden Probleme der afrikanischen Staaten ist. Afrikanische Wissenschaftler und Regierungen haben dies zum Ausdruck gebracht und beginnen nun endlich, Voraussetzungen zur Problembearbeitung zu schaffen. Es bleibt jedoch viel zu tun und es bedarf umfangreicher Unterstützung. Daher ist es höchst problematisch, dass ein traditionelleres Verständnis von Sicherheit wieder international an Boden gewinnt. Die Abhängigkeit Afrikas bedeutet, dass es heute und in Zukunft negativ durch diese Wende betroffen sein wird, wenn die Ressourcen auf den Kampf gegen den Terrorismus verlagert werden. Es ist unerlässlich, dass die Themen der menschlichen Sicherheit weiterhin oben auf der internationalen Agenda stehen. Leider sind diejenigen mit dem geringsten internationalen Einflusspotenzial auch diejenigen, die ihre Stimme für diese Agenda erhoben haben und weiter erheben werden.

*Übersetzung: Jobst Ellerbrock*

### *Literatur*


African Union, 2000: Constitutive Act of the African Union adopted in Lome, July 2000. Togo. <www.africa-union.org/root/au/AboutAu/Constitutive_Act_en.htm, 01.08.07>.

African Union, 2004: Solemn Declaration on a Common African Defence and Security Policy, Adopted at the 2nd extraordinary session of the Assembly of Heads of State and Government, Sirte, February 2004. <www.africa-union.org/News_Events/2ND%20EX%20ASSEMBLY/Declaration%20on%20a%20Comm.Af%20Def%20Sec.pdf, 01.08.07>.

Chabal, Patrick/Daloz, Jean-Pascal, 1999: Africa Works: Disorder as Political Instrument. London.

Cilliers, Jakkie, 2004: Human Security in Africa: A Conceptual Framework for Review. Human Security Initiative. o. O.

Commission on Human Security, 2003: Human Security Now: Protecting and Empowering People. New York.

Human Security Centre, 2005: Human Security Report: War and Peace in the 21st Century. New York.

Jackson, Robert H./Carl G. Rosberg, 1982: Why Africa's Weak States Persist: The Empirical and Juridical in Statehood, in: World Politics, Jg. 35/1, S. 1-24.

Kampala Document, 1991: Towards a Conference on Security, Stability, Development and Co-operation in Africa. <www.africaaction.org/african-initiatives/kampall.htm, 16.04.07>.

Lewis, Desiree, 2006: Rethinking Human Security: The Implications of Gender Mainstreaming, in: Cheryl Hendricks (Hg.), From State Security to Human Security in Southern Africa: Policy Research and Capacity Building Challenges. Prätoria, S. 9-17.

Meintjes, Sheila/Anu Pillay/Meredeth Turshen (Hg.), 2001: The Aftermath: Women in Post-Conflict Transformation. London.

Mkandawire, Thandika/Charles C. Soludo, 1999: Our Continent, Our Future: African Perspectives on Structural Adjustment. Dakar.

NEPAD (New Partnership for Africa's Development), 2001: The New Partnership for Africa's Development. <www.nepad.org/2005/files/documents/inbrief.pdf, 01.08.07>.

NEPAD (New Partnership for Africa's Development), 2002: Declaration on Democracy, Political, Economic and Corporate Governance. <www.nepad.org/2005/files/documents/2.pdf, 01.08.07>.

Sandbrook, Richard, 1985: The Politics of Africa's Economic Stagnation. Cambridge.

UNDP (United Nations Development Programme), 1994: Human Development Report. New York.

United Nations Office of the Special Adviser on Africa (OSAA), 2005: Human Security in Africa. <www.un.org/africa/osaa/reports/Human%20Security%20in%20Africa%20FINAL.pdf, 01.08.07>.

# Die Etablierung von menschlicher Sicherheit innerhalb eines neuen globalen Sicherheitsumfelds

## Perspektiven aus Asien

*Mely Caballero-Anthony*

Schon vor mehr als einem Jahrzehnt wurde das Konzept der menschlichen Sicherheit erstmals in vielen Teilen der Welt formuliert. In Asien scheint es seit Mitte der 1990er Jahre und insbesondere nach der asiatischen Finanzkrise von 1997 eine Eigendynamik entwickelt zu haben. Dies zeigt sich daran, wie dieses Konzept Teil des regionalen Sprachgebrauchs im Sicherheitsbereich geworden ist und wie einige regionale Organisationen wie die Organisation Südostasiatischer Staaten (*Association of Southeast Asian Nations* – ASEAN) diesen Begriff nunmehr in ihren offiziellen Erklärungen verwenden. Noch wichtiger ist, dass das Konzept auch als Bezugsrahmen für viele der neu entstehenden Sicherheitsprobleme der Region Anwendung findet.

Diese Entwicklungen sind ziemlich bedeutsam, insbesondere wenn man bedenkt, welches politische Klima in der Region herrschte, als das Konzept eingeführt wurde. So waren beispielsweise einige Länder Asiens sehr über mögliche versteckte Motive bei der Propagierung von menschlicher Sicherheit besorgt und lehnten die Art und Weise ab, wie dieses Konzept zum Bestandteil der Außenpolitik bestimmter westlicher Länder geworden war. Daher scheint es, dass sich im Vergleich zur früheren Haltung viel geändert hat. Ob diese Veränderungen jedoch tatsächlich so bemerkenswert sind, hängt weitgehend vom jeweiligen Blickwinkel ab. Man könnte beispielsweise argumentieren, die Veränderungen seien am auffälligsten, wenn man den Einstellungswandel derjenigen Staaten Asiens untersucht, die in der Vergangenheit dem Konzept der menschlichen Sicherheit am skeptischsten gegenüberstanden und Einwände gegen dessen Gebrauch erhoben, aber heute, ein Jahrzehnt später, selbst begonnen haben, das Konzept zum Bestandteil ihres Sicherheitsdiskurses zu machen. Andererseits könnte man die Ansicht vertreten, dass sich praktisch nicht viel geändert hat, da der Diskurs über menschliche Sicherheit derzeit nicht über reine Rhetorik hinausgeht und bislang zu keinerlei politischen Handlungen geführt hat. Allerdings könnte man auch eine weniger rigide Position einnehmen und argumentieren, dass die nun sichtbaren Veränderungen des Sicherheitsdiskurses, die in Teilen Asiens feststellbar sind, die optimistischere Einschätzung zulassen, dass durchaus Fortschritte im Bereich menschlicher Sicherheit feststellbar sind.

Im Lichte dieser Trends verfolgt dieser Aufsatz zwei Ziele. Erstens werden die Entwicklung des Konzepts der menschlichen Sicherheit in Asien sowie die unterschiedlichen Thematiken dargestellt und herausgearbeitet, mit denen das

Konzept in der Region beworben wird. Zweitens wird untersucht, wie das Konzept der menschlichen Sicherheit eine prominente Rolle in der Sicherheitsagenda der asiatischen Staaten erlangt hat und in welche Richtung es sich weiter entwickeln könnte. Das Kernargument des Beitrags ist, dass das Konzept, das in der Vergangenheit kaum eine Rolle spielte, heute zum integralen Bestandteil der Sicherheitsagenden der Region wird.

Vor diesem Hintergrund ist die Vorgehensweise folgende: Im Anschluss an die Einleitung wird im zweiten Teil untersucht, wie Japan, die ASEAN und China das Konzept der menschlichen Sicherheit in ihrer Außenpolitik umsetzen und wie sie mittlerweile ihre Vorstellungen davon in der internationalen Arena propagieren. Im dritten Teil wird herausgearbeitet, was die zivilgesellschaftlichen Organisationen der Region zur Gestaltung und Verbreitung des Konzepts beigetragen haben. Abschließend werden die Ergebnisse zusammengefasst und Überlegungen darüber angestellt, inwiefern menschliche Sicherheit als Rahmen für eine verbesserte Sicherheitskooperation in der Region dienen könnte.

## *Unterschiedliche Wertvorstellungen und Varianten der politischen Umsetzung von menschlicher Sicherheit*

### *Japanische Sichtweisen von menschlicher Sicherheit*

Das an früherer Stelle in diesem Band erwähnte Problem der begrifflichen Unschärfe des Konzepts menschlicher Sicherheit (siehe vor allem die Beiträge von Ulbert/Werthes und Krause in diesem Band) zeigt sich auch in seiner unterschiedlichen Formulierung in der Außenpolitik einzelner Staaten. So haben Kanada, das als erstes Land das Konzept der menschlichen Sicherheit in seine Außenpolitik übernommen hat, und viele andere westliche Länder das Konzept durch die Fokussierung auf den Aspekt der „Freiheit von Furcht" (*freedom from fear*) recht eng gefasst. Dementsprechend vertreten westliche Länder einen proaktiveren Ansatz, der die Möglichkeit kollektiver Gewaltanwendung und Sanktionen zum Schutz der Zivilbevölkerung vor gewaltsamen Konflikten einbezieht (DFAIT 2000). Im Gegensatz dazu verfolgt Japan, der zweite Staat, der neben Kanada das Konzept in seiner Außenpolitik propagiert, einen umfassenden Ansatz von menschlicher Sicherheit, der sich in der Erweiterung auf den Aspekt der „Freiheit von Not" (*freedom from want*) weitgehend am Ansatz des Entwicklungsprogramms der Vereinten Nationen (UNDP) orientiert. Aus diesem Grund sehen viele Beobachter den Ansatz der japanischen Regierung als die „andere Denkschule" an, wenn es darum geht, menschliche Sicherheit in außenpolitischen Leitlinien konzeptuell zu verankern und auszuformulieren.

Obwohl Japan erst 1998 offiziell begann, menschliche Sicherheit zum Leitmotiv seiner Politik zu erklären, als der ehemalige japanische Premierminister Keizo Obuchi das Konzept als eine der Säulen japanischer Außenpolitik vorstellte, wurde dieser Ansatz tatsächlich schon viel früher vom ehemaligen japanischen Premiers Tomiichi Murayama erwähnt. So plädierte Murayama in einer Rede bei der Sondersitzung der Generalversammlung der Vereinten Nationen (UN) zum 50. Jahrestag der Gründung der Organisation im Oktober 1995 für menschliche Sicherheit als neue Strategie der UN. Es bedurfte jedoch der asiatischen Finanzkrise von 1997/98, damit sich Japan deutlich für die Förderung menschlicher Sicherheit im internationalen Bereich einsetzte. In seiner Rede beim *First Intellectual Dialogue on Building Asia's Tomorrow* im Dezember 1998[1] sagte Premierminister Obuchi, dass menschliche Sicherheit als Konzept „der Schlüsselbegriff ist, der umfassend alle Bedrohungen abdeckt, die das Überleben, das Alltagsleben und die Würde von Menschen gefährden, und durch den alle Bemühungen, diesen Bedrohungen zu begegnen, gestärkt werden“ (Obuchi 1998). Zu diesen Gefahren und Bedrohungen gehören „Umweltzerstörung, Verletzung von Menschenrechten, transnational organisiertes Verbrechen, Drogen, Flüchtlinge, Armut, Anti-Personen-Minen und ansteckende Krankheiten wie AIDS“ (Diplomatic Bluebook 1999).

Der wesentliche Unterschied des japanischen Ansatzes im Vergleich zum kanadischen besteht in der umfassenden Aufzählung von Bedrohungen der menschlichen Sicherheit, was auch der Sichtweise von UNDP entspricht. Denn mit einer derart umfassenden Liste menschlicher Bedürfnisse „kann menschliche Sicherheit nur sichergestellt werden, wenn der Einzelne auf ein Leben ohne Furcht und Not vertrauen kann“ (Takasu 2000a). Wenn auch nicht unbedingt in dieser Reihenfolge, so wird aus japanischer Sicht dennoch davon ausgegangen, dass die Verwirklichung menschlicher Sicherheit in den drei Phasen „menschliches Überleben, menschliches Wohlbefinden und menschliche Freiheit“ erfolgt. Die Essenz der japanischen „Überlegungen zur menschlichen Sicherheit“ wurde von einem japanischen Regierungsvertreter klar formuliert, der sagte:

> „Wir glauben, dass Freiheit von Not nicht weniger wichtig ist als Freiheit von Furcht. Solange das Ziel in der Sicherung des Überlebens und der menschlichen Würde des Einzelnen besteht, muss menschliche Sicherheit über den Schutz von Menschenleben in Konfliktsituationen hinausgehend gedacht werden.“ (Takasu 2000b).

Diese außenpolitische Orientierung wurde in verschiedene Programme Japans zur Entwicklungszusammenarbeit übernommen, die im Kontext der Umsetzung des Ansatzes menschlicher Sicherheit eingeführt wurden. Diese Projekte decken ein breites Spektrum ab, von Unterstützungsleistungen, die durch den Internationalen Währungsfonds bereitgestellt werden, über Hilfe bei wirtschaftlichen Strukturreformen bis hin zur Unterstützung bei Ausbildungsprogrammen und

1 Das Projekt *Intellectual Dialogue on Building Asia's Tomorrow* wurde mit Unterstützung und Beratung von Premierminister Obuchi vom *Japan Center for International Exchange* (JCIE) initiiert. Hierbei handelt es sich um ein fortlaufendes Projekt mit Veranstaltungen, die bisher in Singapur und Thailand stattfanden. Eine weitere Tagung wird zur Zeit geplant (persönliche Mitteilung von Herrn Tadashi Yamamoto, Präsident des JCIE).

Hilfe für sozial Schwache. Das wichtigste Programm zur Entwicklungszusammenarbeit, das unter der Leitlinie menschlicher Sicherheit im Jahre 1998 aufgelegt wurde, war der *Human Security Trust Fund* im Rahmen der Vereinten Nationen. Dieser mit ca. 190 Mio. US-$ ausgestattete Fonds war für Projekte zur Förderung spezifischer Aspekte menschlicher Sicherheit wie Armutsbekämpfung, Gesundheitsfürsorge und Flüchtlingshilfe vorgesehen. Mit der Förderung des „Zero Victims Program" stand Japan – wie Kanada auch – an vorderster Front der Kampagne gegen Anti-Personen-Minen. Sie forderte nicht nur ein wirksames Verbot von Anti-Personen-Minen, sondern in einem umfassenden Ansatz auch die Unterstützung von Minenräumprogrammen und Hilfe für die Opfer. Außerdem spielte Japan eine führende Rolle bei der Verabschiedung der Konvention der UN-Generalversammlung gegen transnational organisierte Kriminalität und des zugehörigen Protokolls über Menschenhandel, speziell von Frauen und Kindern (Takasu 2000b). Darüber hinaus war Japan an der Gründung der *Commission on Human Security* maßgeblich beteiligt. In dieser Kommission, die im Januar 2001 offiziell ihre Arbeit aufnahm, führten die ehemalige UN-Flüchtlingskommissarin Sadako Ogata und der Nobelpreisträger Amartya Sen gemeinsam den Vorsitz.[2]

Diese Ausführungen machen klar, dass die von Japan verfolgte Politik der menschlichen Sicherheit sich zwar stark am Ansatz von UNDP orientiert, sich nicht allein auf das Thema „Freiheit von Not" beschränkt, sondern auch Themen im Bereich „Freiheit von Furcht" einschließt. Allerdings hat Japan die Anwendung kollektiver Gewalt zur Herstellung menschlicher Sicherheit ausgeschlossen. Während das Land aktiv die Errichtung internationaler Tribunale und des Internationalen Strafgerichtshofs fördert, und sich für die Ächtung von Anti-Personen-Minen und die Kontrolle von Kleinwaffen einsetzt, hat es sich bisher nicht an humanitären Interventionen beteiligt. Nach der Argumentation eines Vertreters des japanischen Außenministeriums liegt „dem Einsatz von Gewalt zu humanitären Zwecken (...) ein falsches Verständnis des Konzepts menschlicher Sicherheit zugrunde", denn es sei notwendig, von einer bloßen Verengung auf den Schutz menschlichen Lebens in Konfliktsituationen wegzukommen (Takasu 2000b).

### *Sichtweisen anderer Länder Asiens am Beispiel ASEAN*

Obwohl das Konzept der menschlichen Sicherheit großes Interesse in Südostasien gefunden hat, dauerte es doch, bis es einen echten Durchbruch erzielte. Zu

2 Die Kommission schloss im Mai 2003 ihre Arbeit mit dem Erscheinen des Berichts „Human Security Now – Protecting and Empowering People" ab. Sadako Ogata leitet heute die *Japan International Cooperation Agency* (JICA), welche die japanische Entwicklungshilfe koordiniert. Amartya Sen ist Professor für Wirtschaftswissenschaften an der Harvard Universität. Auf seine Vorschläge geht unter anderem der *Human Development Index* zurück. Einzelheiten zur Arbeit der Kommission finden sich unter www.humansecurity-chs.org.

den Gründen für die mangelnde Beachtung gehört die Sorge darum, welche Implikationen das Konzept für staatliche Souveränität hat. Einige Länder der Region hegten Vorbehalte gegenüber einer stärkeren Betonung bestimmter Elemente aus der Kategorie „Freiheit von Furcht"– wie zum Beispiel „politische Sicherheit" (Freiheit zur Ausübung politischer Grundrechte) –, wodurch anderen Staaten eine Einmischung in innere Angelegenheiten ermöglicht und eine konfrontativere Haltung im Kontext regionaler Sicherheit gefördert würde. Derartige Praktiken gelten als unvereinbar mit der regionalen Norm der Nichteinmischung.

Doch während diese Sorge über eine mögliche Einmischung in innere Angelegenheiten nicht nur von Staaten in Südostasien geteilt wird, liegt ein anderer interessanter Aspekt darin, wie menschliche Sicherheit als Gefahr für das in der Region vorherrschende Sicherheitsparadigma der „umfassenden Sicherheit" gesehen wird. Lange war umfassende Sicherheit lediglich ein erweitertes traditionelles Sicherheitskonzept, welches auf ein Verständnis von Sicherheit von und zwischen Staaten bezogen blieb. Wie Muthiah Alagappa, ein asiatischer Sicherheitsforscher, festhält, bedeutet umfassende Sicherheit – unabhängig von den verschiedenen mit diesem Begriff einhergehenden Etikettierungen und Interpretationen –, dass Sicherheit über militärische Bedrohungen (ohne diese auszuschließen) hinausgeht und politische, ökonomische und soziokulturelle Dimensionen einschließt (Alagappa 1988, 1998). Jenseits des offiziellen Diskurses wurde das Konzept auch von einflussreichen nichtstaatlichen Eliten vertreten, wie dem *Council for Security Cooperation in the Asia Pacific* (CSCAP), einer nichtstaatlichen Organisation, die mehrere Forschungsinstitute in der Region Asien-Pazifik umfasst.[3] Der CSCAP definiert umfassende Sicherheit als „das Streben nach nachhaltiger Sicherheit auf allen Gebieten (persönlich, politisch, ökonomisch, sozial, kulturell, militärisch und ökologisch) sowohl in der Innen- als auch in der Außenpolitik mit kooperativen Mitteln" (CSCAP 1995).

Bei der Art, wie umfassende Sicherheit in der Region betont wurde, sind zwei wesentliche Punkte zu unterstreichen: zum einen die besondere Bedeutung, die der Stabilität von Regierungen beigemessen wurde, und zum anderen die Betonung der wirtschaftlichen Entwicklung als wesentliches Instrument zur Erreichung innenpolitischer Stabilität. Als Konsequenz daraus wurde die Stellung des Staates als Hauptgegenstand der Analyse verfestigt. Der Staat etablierte sich in der Position des Hauptakteurs sowohl bei der Definition als auch bei der Gewährleistung von Sicherheit und stärkte hierdurch seine überragende Rolle für die wirtschaftliche Entwicklung und die Gestaltung staatlicher Sicherheitsdoktrinen weiter. Es bestand kein Zweifel, dass die Sicherheitsdiskurse den Staat als *einziges* Referenzobjekt von Sicherheit sahen. Obwohl die ASEAN-

3 Einzelheiten zum CSCAP finden sich bei Ball (2000).

Staaten einen über militärische Belange hinausgehenden Sicherheitsbegriff gehabt haben mögen, wich ihre Vorstellung von umfassender Sicherheit folglich in keiner Weise vom vorherrschenden staatszentrierten Sicherheitskonzept ab.

Es bedurfte der asiatischen Finanzkrise von 1997, damit das Konzept der menschlichen Sicherheit in der Region Fortschritte erzielen konnte. In der Folge der Krise waren viele Beobachter und Politiker in der Region mit der Reaktion auf die auftretenden Folgeprobleme der regionalen Institutionen, insbesondere der ASEAN, unzufrieden. Hinzu kommt, dass die Befürwortung des Konzepts der menschlichen Sicherheit auch mit der Forderung nach Überprüfung der Nichteinmischungsnorm der ASEAN einherging. Zu den bedeutsamsten Entwicklungen in dieser Hinsicht gehörte der thailändische Vorschlag für ein „flexibles Engagement". Er forderte die Mitgliedstaaten der ASEAN auf, bestimmte Themen offen und frei zu diskutieren, auch wenn sie innenpolitischer Art seien, solange sie regionale Belange betreffen und beträchtliche Auswirkungen auf die Sicherheit anderer Mitgliedstaaten haben würden.

Obwohl einige ASEAN-Mitglieder meinten, der Vorschlag käme zur Unzeit, da die Region noch immer unter den verheerenden Folgen der Krise von 1997 litt, erzeugte der Vorschlag doch Klarheit darüber, welch unterschiedliche Sichtweisen es innerhalb von ASEAN darüber gab, wie regionale Probleme bearbeitet werden sollten. Diese Dynamik wurde prägnant von Withaya Sucharithanarugse folgendermaßen zusammengefasst:

> „...[als] Thailand, unterstützt von den Philippinen, vorschlug von einer Politik des ‚konstruktiven Engagements' gegenüber Myanmar zu einer Politik der ‚konstruktiven Intervention' oder des ‚flexiblen Engagements' überzugehen, sprach sich Indonesien nachdrücklich gegen diese Überlegung aus, da dies dem Grundprinzip der ASEAN zuwiderlaufe, die Souveränität der Staaten zu respektieren. Malaysia unterstützte dieses Argument Berichten zufolge mit der Äußerung, Thailand würde es auch nicht begrüßen, wenn Malaysia die Behandlung von Muslimen in Südthailand kommentierte." (Sucharithanarugse 2000, 59).

Trotz des fehlenden Konsenses in der Region verlor das Konzept der menschlichen Sicherheit nicht seine Anziehungskraft, insbesondere bei Nichtregierungsorganisationen (NGOs) und anderen nicht-staatlichen Akteuren, die sich weiterhin gegen die vorherrschende Idee staatszentrierter Sicherheit wandten und Fragen des Schutzes von Menschenrechten, von sozialer Gerechtigkeit und gerechter Entwicklung ansprachen. Diese Forderungen führten tatsächlich auf indirektem Wege dazu, dass das Konzept der menschlichen Sicherheit als gemeinsamer Bezugspunkt für die Förderung von Sicherheit und Entwicklung in der Region zukunftsfähig erscheint.

### *Ursachen für die Etablierung des Konzepts menschlicher Sicherheit in der Region*

Im Laufe der Zeit waren verschiedene Krisen in der Region dafür verantwortlich, dass die Agenda der menschlichen Sicherheit immer wichtiger wurde, wodurch auch den Bemühungen um eine Rekonzeptualisierung des Sicherheitsbegriffs zusätzlich Schwung verliehen wurde. Dabei ging es unter anderem um drei wichtige Gefahren für die Sicherheit: wirtschaftliche Schwierigkeiten als Folge der Finanzkrise, die Bedrohung durch grenzüberschreitende Kriminalität und der Ausbruch ansteckender Krankheiten. Diese werden im Folgenden kurz behandelt.

#### *Armut und wirtschaftliche Schwierigkeiten*

Der Schock der asiatischen Finanzkrise und deren wirtschaftliche Auswirkungen auf viele betroffene Staaten in der Region bedeuteten eine Weichenstellung für die Rekonzeptionalisierung des Sicherheitsbegriffes. Wie die Krisenereignisse gezeigt hatten, waren die wirtschaftlichen Auswirkungen nicht nur verheerend, sondern traten auch in sehr schneller Folge ein. Die Krise verursachte innerhalb eines kurzen Zeitraumes eine Fülle von Problemen. Dazu gehörten eine massive Verschuldung der Privatwirtschaft, Kreditverknappung, Rückgang von Produktion und Konsum, rückläufige Investitionstätigkeit, hohe Arbeitslosigkeit, Inflation, Abwanderung von Arbeitskräften, wachsende soziale Probleme und politische Unruhen. Als dann eine wirtschaftliche Rezession einsetzte, wurde schnell klar, dass die Länder nicht nur vor einer Finanzkrise standen, sondern auch – insbesondere in den am stärksten betroffenen Ländern wie Indonesien und Thailand – vor einer sozialen und politischen Krise, die die gesamte Region erschütterte und die Staaten in der Region wach rüttelte (Caballero-Anthony 1999, Sukma 1999, Japan Centre for International Exchange 1999). Die Krise verdeutlichte zwei Hauptaspekte von Sicherheit in Asien: Erstens bestätigte das Auftreten von Bedrohungen der menschlichen Sicherheit erneut die enge Verknüpfung zwischen Wirtschaft und Sicherheit und bekräftigte damit das in der Region vorhandene Konzept, dass Sicherheit mehr als nur militärische Aspekte betrifft. Zweitens erkannte man, dass ungeachtet aller überzeugenden Argumente für Regimesicherheit und der Betonung der wirtschaftlichen Entwicklung diese Ansätze erschreckend unzulänglich geworden waren angesichts der neuen Typen grenzüberschreitender Bedrohung. Zu diesen neuen Bedrohungstypen gehören illegale Einwanderung, Umweltverschmutzung, Drogenhandel und andere Formen grenzüberschreitender Kriminalität. Sicherlich hat sich das Verhältnis zwischen Territorium und Sicherheit dramatisch gewandelt. Noch klarer war die Erkenntnis, dass sich die Sphäre staatlicher Autorität verengt hatte und dass die Möglichkeiten des Staates, einer Reihe von Sicherheitsbedrohungen zu begegnen, bereits bis an die Grenze ausgeschöpft waren.

*Das Problem grenzüberschreitender Kriminalität*

In Südostasien und darüber hinaus in großen Teilen des übrigen Asiens ist das Problem grenzüberschreitender Kriminalität gravierend und besteht vor allem in Drogenhandel, Geldwäsche, Piraterie, Waffenschmuggel, Computerkriminalität, Kreditkartenbetrug und Ähnlichem. Einige der gefährlichsten kriminellen Organisationen operieren in der Region. Grenzüberschreitende Kriminalität stellt eine Bedrohung für Staaten, Volkswirtschaften und die Zivilgesellschaft dar, da nationale Grenzen verletzt, Verwaltungen gefährdet, die Rechtsstaatlichkeit untergraben und die Zivilgesellschaft bedroht werden. Das Problem der grenzüberschreitenden Kriminalität erfordert eine grenzüberschreitende Antwort.

Der illegale Drogenhandel dürfte für die Länder der Region das gravierendste Problem der grenzüberschreitenden Kriminalität sein. Die durch Handel mit und durch Konsum von Betäubungsmitteln verursachten soziökonomischen Missstände sind wohlbekannt. Der Drogenhandel führt zu einem Anstieg der Gewaltkriminalität, zur Ausbreitung von AIDS durch Spritzen, zur Verschwendung menschlichen Potenzials und zur Zerstörung von Familienstrukturen. Seit den 1990er Jahren haben sich die Drogenhändler der Region auf die Herstellung synthetischer Drogen verlegt. Dennoch wird die zwischenstaatliche Zusammenarbeit in der Region häufig dadurch erschwert, dass sie auch heikle Fragen, wie nationale Rechtsprechung, gemeinsame Nutzung von Informationen, Auslieferungsgesetze und Korruptionsprobleme berührt (Dupont 2001).

Trotz dieser Einschränkungen zeichnen sich mittlerweile regionale Anstrengungen zur grenzüberschreitenden Verbrechensbekämpfung an mehreren Fronten ab. Auf der Ebene der ASEAN ist der regionale Mechanismus für dieses Problem das *ASEAN Ministerial Meeting on Transnational Crime* (AMMTC). Die ASEAN arbeitet ebenfalls mit ihren regionalen Partnern an der Verbesserung der internationalen Zusammenarbeit zur Bekämpfung grenzüberschreitender Kriminalität. Eine der wichtigsten regionalen Entwicklungen in diesem Bereich ist die beim ASEAN-China-Gipfel von 2002 unterzeichnete gemeinsame Erklärung der ASEAN und Chinas über die Zusammenarbeit auf dem Gebiet von Sicherheitsfragen, die über die klassischen Sicherheitsprobleme hinausgehen (ASEAN 2002). Mit der Vereinbarung wird eine Ergänzung zu nationalen und internationalen Bemühungen zur Bekämpfung von Straftaten wie Drogenhandel, Menschen- und Waffenschmuggel, Seepiraterie, Geldwäsche, Computerkriminalität und Terrorismus angestrebt. Diese Erklärung entspricht den Zielen der Vereinbarung zwischen ASEAN und China über die Zusammenarbeit bei der Bekämpfung gefährlicher Drogen (ACCORD) als Reaktion auf dieses wachsende Problem.

*Infektionskrankheiten*

Seit dem asienweiten Ausbruch der Infektionskrankheit SARS im Jahre 2003 sind die Gefahren durch ansteckende Krankheiten deutlicher geworden. Wie die Erfahrung mit SARS gezeigt hat, können sich im Zeitalter der Globalisierung und Regionalisierung derartige ansteckende Krankheiten negativ auf Sicherheit und Wohlergehen aller Mitglieder einer Gesellschaft und auf die gesamte Wirtschaft auswirken.[4] Die Auswirkungen waren gerade dort virulent, wo sie häufig den größten Schaden anrichten: in der Wirtschaft. Das Ausmaß der wirtschaftlichen Schäden durch SARS zeigte sich im abrupten Rückgang der Wirtschaftsaktivität mehrerer asiatischer Länder. Obwohl die Phase der Panik ab dem Zeitpunkt der Veröffentlichung der Gesundheitswarnung nur rund fünf Monate dauerte, wurden die wirtschaftlichen Verluste für die Region auf 50 Mrd. US-$ und weltweit auf 150 Mrd. US-$ geschätzt. Zudem schlug SARS politische Wellen, schwächte das öffentliche Vertrauen in die grundlegende Schutzfunktion des Staates, wirkte sich somit negativ auf die Legitimation der Regierungen aus und ließ diese ineffektiv erscheinen (Caballero-Anthony 2005a).

Die jüngsten Erfahrungen der Region mit SARS und die sich abzeichnende Bedrohung durch neue Pandemien, möglicherweise durch eine Mutation des H5N1-Virus (Vogelgrippe), verdeutlichen die Notwendigkeit, diese neue Bedrohung für die menschliche Sicherheit, die riesigen Ausmaßes sein kann, in der Region anzugehen. Angesichts der komplexen Probleme der Staaten auf nationaler Ebene (wie einer fehlenden Planung im Fall von Katastrophen und unzulänglicher Koordinierung staatlicher Institutionen) erkennt man nunmehr, dass Gesundheitsprobleme auch Sicherheitsprobleme sind. Deshalb entwickeln sich auf regionaler Ebene Initiativen zur Institutionalisierung der Zusammenarbeit zur Abwendung möglicher Pandemie-Ausbrüche durch Maßnahmen wie der Schaffung regionaler Strukturen zur Überwachung und Kontrolle von Krankheiten.

Insgesamt gesehen haben die verschiedenen Sicherheitsbedrohungen, die Südostasien und die weitere Region seit 1997 heimgesucht haben, die besondere Bedeutung menschlicher Sicherheit für das Wohlergehen von Staaten und Gesellschaften klargemacht. Vor allem haben sie dazu beigetragen, dass sich Staaten, eine Reihe internationaler Organisationen und zahlreiche zivilgesellschaftliche Organisationen zunehmend der Vielfalt und Komplexität der Gefahren für die menschliche Sicherheit ebenso bewusst wurden wie der Dringlichkeit, diese Probleme auf vielen Ebenen zu bearbeiten. Als Ergebnis erhält menschliche Sicherheit nunmehr einen prominenten Platz in nationalen und regionalen Diskursen.

4 Weitere Informationen über SARS und die Sicherheitsauswirkungen siehe Caballero-Anthony (2005a), Curley/Thomas (2004), Prescott (2003).

### *Auswirkungen auf China*

Die Zunahme verschiedener regionaler Initiativen zur Behandlung einer Reihe von Themen menschlicher Sicherheit – sei es die Bekämpfung ansteckender Krankheiten oder der Kampf gegen die grenzüberschreitende Kriminalität – haben dazu geführt, dass auch der einstmals entschiedenste Gegner des Konzeptes menschlicher Sicherheit in Asien, China, sich jetzt aktiv an Problemlösungen beteiligt. Als ein Land, das nach wie vor mit einer Reihe von Bedrohungen menschlicher Sicherheit konfrontiert ist, spielt China tatsächlich eine sehr aktive Rolle in zahlreichen Institutionen, die in Asien als Reaktion auf diese Gefahren entstanden sind. Wie ein chinesischer Wissenschaftler feststellte, hat die Dringlichkeit einer Vielzahl internationaler Sicherheitsprobleme zu einer allmählichen Verschiebung im chinesischen Sicherheitsdenken geführt, wobei Sicherheit „sich nicht nur auf Sicherheit auf staatlicher Ebene, sondern auch auf internationaler, globaler und individueller Ebene bezieht“ (Dongyan 2007). Obwohl so die Bereiche und Ebenen, die das Konzept Sicherheit umfasst, auch in China erweitert wurden, wird in China zur Vermeidung der Bezeichnung menschlicher Sicherheit der Begriff „nicht-traditionelle Sicherheit“ verwendet. Laut Wissenschaftlern ist die Tatsache, dass die nationale Sicherheit trotz der Bedeutung der menschlichen Sicherheit nach wie vor als Kern der Sicherheit gesehen wird, der Hintergrund dieser alternativen Bezeichnung. „Ohne nationale Sicherheit kann es keine menschliche Sicherheit geben.“ (Dongyan 2007). Gleichwohl ist zu beobachten, dass der Terminus „nicht-traditionelle Sicherheit“ heute weitgehend von chinesischen Führern, der Wissenschaft und von Massenmedien verwendet wird.

Allerdings besteht, ungeachtet der Zurückhaltung bei der Übernahme des Begriffs der menschlichen Sicherheit in den Wortschatz der nationalen Sicherheitsagenda, vor allem bei Wissenschaftlern in China eine merkliche Tendenz zur Förderung dieses Konzepts. Wenn auch in einer nuancierteren Form vorgetragen, gibt es heute mehrere chinesische Studien über Themen der menschlichen Sicherheit. Hierzu gehören wichtige Arbeiten der *Chinese Academy of Social Sciences* (CASS) in Peking. Dieser Trend wird am besten von Wang Yizhou, Direktor für Weltwirtschaft und Weltpolitik der CASS, wiedergegeben: „(…) menschliche Sicherheit und soziale Sicherheit sind die Grundlagen nationaler Sicherheit. (…) Nationale Sicherheit auf Kosten menschlicher Sicherheit und sozialer Stabilität anzustreben heißt, das Symptom statt der Wurzel des Problems zu behandeln.“ (Wang 2006, 66).

### *Diskurse von unten: Zivilgesellschaftliche Organisationen und Track Two[5]-Netzwerke für menschliche Sicherheit*

Zusammenhängend mit diesen Entwicklungen auf offizieller Ebene gibt es auch wichtige Veränderungen auf nicht-offizieller Ebene, wo nun eine Reihe zivilgesellschaftlicher Organisationen der Region, in verschiedenen Foren aktiv für menschliche Sicherheit eintreten. In Südostasien steht beispielsweise die *ASEAN People's Assembly* (APA) an vorderster Front bei der Forcierung menschlicher Sicherheit als Thema der ASEAN.

Die im Jahr 2000 gegründete APA ist die Generalversammlung zivilgesellschaftlicher Organisationen aus den zehn ASEAN-Mitgliedstaaten. Sie wurde unter dem Dach der ASEAN-ISIS, einem weiteren *Track Two*-Gremium der Region, organisiert. Das Ziel der APA ist es, „ein Medium für die Artikulation und Verbreitung der Ansichten und Interessen der Menschen außerhalb der offiziellen politischen Kanäle zu sein" (Institute of Strategic and Development Studies 2003a, 1). Die APA entstand nicht nur als eine transnationale Organisation der Zivilgesellschaft, sie ist in ihrer Zusammensetzung „multi-tracked" (mehrgleisig). Dieser Prozess der Zusammenarbeit von Organisationen des so genannten *Track Two* und des *Track Three*[6] soll den Regierungen der ASEAN von Nutzen sein, da „er stärker auf die praktischen Gegebenheiten der ASEAN ausgerichtet sein soll (...) und den politischen Eliten der ASEAN Einblicke in die Themen geben kann, die den Menschen der Region ein Anliegen sind sowie in von ihnen gesehene Bearbeitungsmöglichkeiten." (Institute of Strategic and Development Studies 2003a, 1). Die Entstehung der APA vermittelt in der Tat einige bemerkenswerte Erkenntnisse darüber, wie soziale Bewegungen oder NGOs in der ASEAN zur Durchsetzung ihrer Entwicklungs- und Sicherheitsziele Verbindungen mit Netzwerken des *Track Two* geknüpft haben (Caballero-Anthony 2004).

In den sechs Jahren seit ihrer Gründung hat die APA ihre Aktivitäten gegenüber der ASEAN darauf konzentriert, ein anspruchsvolles Programm aus Sicht der Bevölkerung darzulegen und zu verfolgen, in der die Probleme der menschlichen Sicherheit in der Region herausgearbeitet werden. Belege dafür finden sich im von der Organisation seit ihren Anfängen entwickelten Aktionsplan. In diesem Aktionsplan werden sieben Bereiche aufgeführt, in denen verschiedene Gruppen der APA tätig sind, mit dem Ziel, die Aufmerksamkeit auf dringliche Sicherheits- und Entwicklungsprobleme zu lenken und den Regierungen der

5 Der Begriff „Track One" bezieht sich auf offizielle diplomatische Aktivitäten von Regierungsvertretern, während „Track Two" diplomatische Bemühungen jenseits der offiziellen staatlichen Kanäle unter Einbeziehung einflussreicher Eliten (Wissenschaftler, ehemalige Politiker, religiöse Führer, Unternehmer) bezeichnet. Einzelheiten zur Rolle von *Track Two*-Institutionen in Ostasien finden sich bei Caballero-Anthony (2005b, 157-193).

6 „Track Three" bezieht sich auf die transnationale Kooperation von nicht-staatlichen Akteuren zur Lösung anstehender Probleme. Dies geschieht in Abgrenzung zu staatlichen Akteuren und häufig auch in kritischer Haltung zu diesen.

ASEAN-Länder alternative Lösungsmöglichkeiten vorzuschlagen. Diese Bereiche sind: 1. die Entwicklung eines Bewertungsschemas für den Stand der Menschenrechte, 2. die Identifizierung von Gefährdungen der Demokratie, indem Indikatoren für die Förderung und/oder Aushöhlung der Demokratie entwickelt werden, 3. die Entwicklung eines Rasters zur Bewertung der Fortschritte bei der Gleichstellung der Geschlechter, 4. die Entwicklung eines Ethikkodex für die Führungsstruktur und Arbeit von NGOs, 5. die Förderung der Zusammenarbeit bei der AIDS-Bekämpfung, 6. die Förderung der Zusammenarbeit von Mediengruppen, 7. die Entwicklung des *Southeast Asian Human Development Report* (Center for Strategic and International Studies 2003, 5-7).

Auf einer anderen Ebene finden bemerkenswerte Bemühungen verschiedener Gruppen zur Behandlung der schwierigeren, sich auf mögliche humanitäre Interventionen beziehenden Probleme menschlicher Sicherheit statt. Vor dem Hintergrund heftiger Debatten nach der NATO-Intervention im Kosovo im Jahre 1999 und den Peacekeeping-Operationen in Osttimor unternimmt eine weitere Track Two-Organisation, der *Council for Security Cooperation in the Asia Pacific* (CSCAP) den Versuch, die Grundsätze humanitärer Interventionen zu definieren. Im Hinblick auf diese Entwicklungen organisierte der CSCAP eine Arbeitsgruppe über umfassende und kooperative Sicherheit, die sich mit den Auswirkungen der humanitären Intervention für das Prinzip der Nicht-Intervention befasste. Die in einer Zusammenfassung der Diskussionen zusammengestellten Ergebnisse dieser Arbeitsgruppe waren insofern aufschlussreich, als sie wegweisende Überlegungen zu der kontrovers geführten Debatte um eine Überprüfung der Prinzipien der Nichteinmischung in die inneren Angelegenheiten von Staaten enthielten. Hervorzuhebende Punkte des Berichts sind etwa:[7]

1) *Klärung des Konzeptes der Nichteinmischung*: Dem Dokument des CSCAP zufolge bezieht sich „Einmischung" auf die Intervention in die inneren Angelegenheiten eines Staates ohne Zustimmung der betroffenen Regierung. Der Terminus ist nicht gleichbedeutend mit den in jüngster Zeit von einigen ASEAN-Staaten vorgeschlagenen alternativen Konzepten wie „konstruktive Intervention", „konstruktive Beteiligung", „flexibles Engagement" oder „gesteigerte Interaktion" und darf nicht mit diesen verwechselt werden.
2) *Bedingungen für eine Intervention*: Humanitäre Interventionen sind in Fällen schwerwiegender Menschenrechtsverletzungen zulässig, müssen dabei jedoch den folgenden Kriterien genügen:
   (i) Das Einverständnis der einheimischen Bevölkerung muss vorliegen.
   (ii) Die Unterstützung der internationalen Gemeinschaft muss gegeben sein.
   (iii) Es muss ein klares und begrenztes Ziel geben.
   (iv) Es sollte eine hohe Erfolgswahrscheinlichkeit bestehen.

7 Siehe Summary of Discussions of the Seventh Meeting of the CSCAP Working Group on Comprehensive and Cooperative Security in: Dickens/Wilson-Roberts (2000).

3) *Offene Probleme*: Diese beinhalten wichtige Fragen zur (militärischen) Intervention wie: die Rolle und Effektivität der UN und des Sicherheitsrats; die Interventionsmechanismen (wie und in welcher Form soll interveniert werden); der Zeitablauf der Intervention; Ressourcen sowie Rolle und Legitimation regionaler Organisationen.

Angesichts der Tatsache, dass eine der schwierigen Hürden für eine humanitäre Intervention im Fehlen eines Konsenses über Prinzipien und Verfahrenssicherungen für die angemessene Durchführung besteht, sind die diesbezüglichen Bemühungen des CSCAP bemerkenswert. Sie widerlegen die Annahme, dass Staaten der Region nicht zur Erörterung von Interventionen in internationalen Foren bereit seien.[8]

Diskussionen über verwandte Themen humanitärer Intervention finden auch in Track-Three-Kreisen statt. So gab es beispielsweise 2002 bei der ASEAN People's Assembly eine Sondersitzung über den Bericht der *International Commission on Intervention and State Sovereignty* (ICISS) mit dem Titel „Responsibility to Protect" (R2P) (ICISS 2001; siehe hierzu auch den Beitrag von Thakur in diesem Band). Wichtigstes Ziel dieser Sitzungen war es, die Meinung der Zivilgesellschaften in der Region auf die verschiedenen Vorschläge zu Schutz-, Reaktions- und Wiederaufbauverpflichtungen einzuholen. Bemerkenswert ist, dass sich bei den APA-Diskussionen über Intervention die Beispiele für angebrachte Interventionen weitgehend auf Myanmar konzentrierten. Viele bei der APA vertretene NGOs forderten die Regierungen der Region auf, in Myanmar zu „intervenieren", um mutmaßliche Menschenrechtsverletzungen zu beenden. Interessanterweise war dabei zwar häufig von Intervention die Rede, doch zu den vorgeschlagenen Arten der Intervention gehörte kein Militäreinsatz gegen das Regime in Yangon. Stattdessen wurde eine Stärkung von Menschenrechtsmechanismen und der Rolle der Zivilgesellschaft bei der Konfliktprävention gefordert (Center for Strategic and International Studies 2001, 2003). Außerdem gehörte zu den interessanten Punkten die Frage, wie Frauen-NGOs die Vorschläge des R2P-Berichts zur Entwicklung neuer Normen für den Schutz von Frauen und Kindern in Krisengebieten nutzen könnten, und wie der Fokus der noch zu sehr reaktionsorientierten Schutzverantwortung hin zu einer stärkeren Berücksichtigung der Verantwortung zu Prävention und Wiederaufbau verschoben werden könnte (Institute of Strategic and Development Studies 2003b, 104-111). Als Ergebnis der Diskussionen im Rahmen der APA fanden in den Hauptstädten einiger ASEAN-Länder gezielte Gruppendiskussionen zur Fortsetzung des Meinungsaustausches über die Verantwortung zum Schutz statt (Morada 2005).

8 Obwohl der CSCAP weitgehend als eine inoffizielle Track Two-Organisation angesehen wird, befinden sich unter den Vertretern der Mitgliedstaaten in diesem 17köpfigen Gremium auch Regierungsvertreter, allerdings in ihrer Funktion als Privatpersonen.

Insgesamt gesehen, sind diese Diskussionen, auch wenn sie auf einer nicht-offiziellen Ebene stattfinden, ein konkreter Beleg für die Bereitschaft vieler Akteure in der Region, sich mit den schwierigen Problemen zu befassen, die mit dem Instrument humanitärer Intervention verbunden sind. Darüber hinaus zeigt sich hierin auch, dass immer mehr Akteure in der Region sich ernsthaft mit der Interventionsproblematik und der möglichen Rolle multisektoral agierender Institutionen auseinandersetzen. Diese Aktivitäten passen daher gut zu den Bemühungen anderer Akteure, Vorschläge wie diejenigen aus dem Bericht „A More Secure World", der auch die Gedanken des R2P-Berichts über Souveränität als Verantwortung enthält (High-Level Panel on Threats, Challenges and Change 2004), im breiteren Rahmen der UN-Reformen umzusetzen.

## *Zusammenfassung*

Die vorangegangenen Ausführungen haben aufgezeigt, wie das Konzept menschlicher Sicherheit immer mehr zum festen Bestandteil des Sprachgebrauchs in Sicherheitsfragen in Asien wurde. Mit Blick auf die verschiedenen Sicherheitsdiskurse sowohl auf offizieller als auch auf inoffizieller Ebene und aufgrund einiger konkreter, von verschiedenen Regierungen in der Region eingeleiteter Maßnahmen zur Etablierung menschlicher Sicherheit lässt sich die These aufstellen, dass menschliche Sicherheit heute dabei ist, sich einen Platz in der Sicherheitsagenda der Region zu erobern.

Außerdem ist ein rasant wachsender Kreis von Akteuren zu beobachten, der begonnen hat, Sicherheit jenseits der konventionellen Begriffe in Richtung einer Mehrebenenperspektive zu definieren. Dazu gehören Vorschläge von zivilgesellschaftlichen Gruppen, die auf die „emanzipatorische" Vision menschlicher Sicherheit Bezug nehmen und sich gegen die Spaltung und Ausgrenzung wenden, wie sie in der Idee der „umfassenden Sicherheit" zum Tragen kam. Dies bedeutet eine konkrete Infragestellung des in der Region vorherrschenden Konzeptes der umfassenden Sicherheit, das sich gegenüber den neuen Sicherheitsbedrohungen für die Staaten und Gesellschaften als inadäquat herausgestellt hat.

Während es noch einige Zeit benötigen wird, bis viele dieser Entwicklungen zu konkreteren Ergebnissen führen, weisen diese neuen Tendenzen, menschliche Sicherheit zum festen Bestandteil der Sicherheitsagenda der Region zu machen, auf einen grundlegenden Wandel der Einstellung und der Ansätze im Sicherheitsdenken verschiedener Akteure in Asien hin. Ganz gewiss hat die Rhetorik über menschliche Sicherheit den Weg für weitere politische Maßnahmen und Aktionen geebnet, um einer Vielzahl von Sicherheitsbedrohungen in der Region zu begegnen.

*Übersetzung: Jobst Ellerbrock*

*Literatur*

Alagappa, Muthiah, 1988: Comprehensive Security. Interpretations in ASEAN Countries, in: Robert Scalapino et al. (Hg.), Asian Security Issues Regional and Global. Berkeley, S. 50-78.

Alagappa, Muthiah, 1998: Asian Security Practice. Material and Ideational Influences. Stanford.

ASEAN (Association of Southeast Asian Nations), 2002, Joint Declaration of ASEAN and China on Cooperation in the Field of Non Traditional Security Issues. <www.aseansec.org/13185.htm, 20.06.07>.

Ball, Desmond, 2000: The Council for Security Cooperation in the Asia Pacific. Its Record and Prospects. Canberra.

Caballero-Anthony, Mely, 1999: Challenges to Southeast Asian Security Cooperation, in: Guy Wilson-Roberts (Hg.), An Asia-Pacific Security Crisis? New Challenges to Regional Stability. Wellington, S. 51-65.

Caballero-Anthony, Mely, 2004: Non-State Regional Governance Mechanism for Economic Security. The Case of the ASEAN Peoples' Assembly, The Pacific Review, Jg.17/4, S. 567-585.

Caballero-Anthony, Mely, 2005a: SARS in Asia. Crisis, Vulnerabilities and Regional Responses, in: Asian Survey, Jg. 45/3, S. 475-495.

Caballero-Anthony, Mely, 2005b: Regional Security in Southeast Asia. Beyond the ASEAN Way. Singapur.

Center for Strategic and International Studies, 2001: First APA report. An ASEAN of the People, by the People, for the People. Report of the first ASEAN People's Assembly. Jakarta.

Center for Strategic and International Studies, 2003: Second APA Report. Challenges Facing the ASEAN People. Jakarta.

CSCAP (Council for Security Cooperation in the Asia Pacific), 1995: Memorandum No. 3: The Concepts of Comprehensive and Cooperative Security. Kuala Lumpur.

Curley, Melissa/Nicholas Thomas, 2004: Human Security and Public Health in Southeast Asia. The SARS Outbreak, in: Australian Journal of International Affairs, Jg. 58/1, S. 17-32.

DFAIT (Department of Foreign Affairs and International Trade of Canada), 2000: Freedom from Fear. Canada's Foreign Policy for Human Security. <pubx.dfait-maeci.gc.ca/00_global/Pubs_Cat2.nsf/56153893FF8DFDA285256BC700653B9F/$file/Freedom_from_Fear-e.pdf, 31.07.2007>.

Dickens, David/Guy Wilson-Roberts, 2000: Non-Intervention and State Sovereignty in the Asia-Pacific. Wellington.

Diplomatic Bluebook, 1999: Japan's Diplomacy with Leadership Toward the New Century. <www.mofa.go.jp/policy/other/bluebook/1999/index.html, 19.06.07>.

Dongyan, Li, 2007: China's Approach to Non-Traditional Security. Paper Prepared for the Non-Traditional Security Workshop, CSIS. Washington, 5. März 2007.

Dupont, Alan, 2001: East Asia Imperilled. Transnational Challenges to Security. Cambridge.

High-Level Panel on Threats, Challenges and Change, 2004: A More Secure World: Our Shared Responsibility (A/59/565). New York.

ICISS (International Commission on Intervention and State Sovereignty), 2001: The Responsibility to Protect. Report of the International Commission on Intervention and State Sovereignty. <www.iciss.ca/pdf/Commission-Report.pdf, 20.06.07>.

Institute of Strategic and Development Studies, 2003a: Introduction to the 3rd ASEAN People's Assembly. Manila.

Institute of Strategic and Development Studies, 2003b: Third APA report, Towards an ASEAN Community of Caring Societies. Manila.

Japan Centre for International Exchange, 1999: The Asian Crisis and Human Security. Tokio.

Morada, Noel, 2005: R2P Roadmap in Southeast Asia: Challenges, Prospects and Proposals. Manuskript.

Obuchi, Keizo, 1998: Opening Remarks by Prime Minister Obuchi at an Intellectual Dialogue on Building Asia's Tomorrow. 2. Dezember 1998. <www.mofa.go.jp/policy/culture/intellectual/asia9812.html, 19.06.07>.

Prescott, Elizabeth, 2003: SARS. A Warning, in: Survival, Jg. 45/3, S. 162-177.

Sucharithanarugse, Withaya, 2000: Regionalising Human Security in the Asia-Pacific. Asianising the Paradigm, in: William Tow/Ramesh Thakur/In-Taek Hyun (Hg.), Asia's Emerging Regional Order. Tokio, S. 59.

Sukma, Rizal, 1999: Security Implications of the Economic Crisis in Southeast Asia, in: Guy Wilson-Roberts (Hg.), An Asia-Pacific Security Crisis? New Challenges to Regional Stability. Wellington, S. 39-51.

Takasu, Yukio, 2000a: Statement by Yukio Takasu, Director-General of Multilateral Cooperation Department, at the Third Intellectual Dialogue on Building Asia's Tomorrow, Bangkok, 19. Juni 2000. <www.mofa.go.jp/policy/human_secu/speech0006.html, 19.06.07>.

Takasu, Yukio, 2000b: Statement by the Director-General (Ministry of Foreign Affairs, Japan), at the International Conference on Human Security in a Globalised World, Ulaanbaator, 8. Mai 2000. <www.mofa.go.jp/policy/human_secu/speech0005.html, 19.06.07>.

Wang, Yizhou, 2006: China Facing Non-Traditional Security. A Report on Capacity Building, in: R. Emmers/Mely Caballero-Anthony/Amitav Acharya (Hg.), Studying Non-Traditional Security in Asia. Trends and Issues. Singapur, S. 66.

# Neues Paradigma oder Rückkehr in die Vergangenheit?

## Menschliche Sicherheit in Lateinamerika

*Ruth Stanley*

Seit den 1980er Jahren haben Demokratisierungsprozesse weite Teile Lateinamerikas erfasst und die ehemals herrschenden autoritären Regime von Chile bis Mittelamerika durch demokratisch gewählte Regierungen ersetzt. Mit dem Regimewechsel ging die Suche nach neuen Sicherheitsparadigmen einher; allerdings spielt das Konzept der menschlichen Sicherheit in der Agenda Lateinamerikas keine besonders prominente Rolle und konkurriert mit alternativen Konzepten. Dies mag überraschen angesichts der Tatsache, dass die drei miteinander verknüpften Bereiche, die mit dem Paradigma der menschlichen Sicherheit angegangen werden sollen – Überwindung von Gewalt, Schutz der Menschenrechte und Entwicklung –, dringende Probleme in Lateinamerika darstellen. Zudem scheint der Fokus auf das Individuum als Referenzobjekt der menschlichen Sicherheit, verbunden mit dem eher funktionalen statt territorialen Ansatz dieses Konzepts, eine kohärente Sicherheitsideologie für Staaten anzubieten, die das Erbe der autoritären Vergangenheit (häufig in Gestalt von Militärdiktaturen) zu überwinden suchen und sich gleichzeitig mit den Herausforderungen der Globalisierung konfrontiert sehen. Dennoch hat sich das Konzept der menschlichen Sicherheit in Lateinamerika keineswegs als vorherrschendes neues Sicherheitsparadigma durchgesetzt.

In diesem Beitrag werden zunächst neuere, in regionalen Verträgen verankerte Sicherheitskonzepte und deren Verwandtschaft mit dem Konzept menschlicher Sicherheit skizziert. Sodann wird gefragt, warum in dieser Region derart zögerlich auf das Paradigma der menschlichen Sicherheit reagiert wird. Dabei lautet das Hauptargument, die breite Konzeptualisierung von Sicherheit werde als Nachklang älterer, früher in der Region vorherrschender Sicherheitskonzepte gesehen, deren umfassender Charakter militärische Interventionen als Mittel der Politik rechtfertigten und erleichterten, die unter anderem in vielen Ländern der Region zur Etablierung von Militärdiktaturen geführt hatten. Die heutige Abneigung gegen ein breit angelegtes Sicherheitskonzept, wie es im Paradigma der menschlichen Sicherheit zum Tragen kommt, ist Ausdruck dieser Erfahrungen aus der Vergangenheit. Im Allgemeinen herrscht große Skepsis gegenüber einem Konzept, das weite Bereiche der Politik zu Sicherheitsfragen zu machen scheint.

Es folgt ein kurzer Überblick über die wichtigsten Probleme Lateinamerikas im Hinblick auf die drei Problembereiche der Gewalt und gewaltsam ausgetragener Konflikte, der Menschenrechte und der Entwicklung. Dabei werden alternative, in der Region für diese Problematik entwickelte Sicherheitskonzepte erörtert. Schließlich wird dann die These vertreten, dass es im lateinamerikanischen Kontext fruchtbarer sein dürfte, die Verknüpfung dieser drei Bereiche im Rahmen eines Menschenrechtsparadigmas statt durch eine Erweiterung der Sicherheitsagenda zu thematisieren.

### *Menschliche Sicherheit in Lateinamerika*

Im Gegensatz zu anderen Regionen der Welt, in denen das Konzept der menschlichen Sicherheit in regionale Abkommen integriert worden ist, gibt es kein alle Staaten Lateinamerikas umfassendes Forum, das sich das Paradigma menschlicher Sicherheit explizit zu eigen gemacht hat. Allerdings hat in jüngster Zeit die Organisation Amerikanischer Staaten (OAS), die nicht nur Lateinamerika und die Karibik, sondern auch die Vereinigten Staaten und Kanada zu ihren Mitgliedern zählt, ein „neues Sicherheitskonzept“ vorgelegt, das teilweise den Anliegen menschlicher Sicherheit entspricht. Bei der Sonderkonferenz über Sicherheitsfragen (*Special Conference on Security*), die 2003 in Mexiko zusammentrat, wurde die „Declaration on Security in the Americas“ verabschiedet, in der festgestellt wird, Sicherheit sei

> „multidimensional in der Reichweite, umfasst traditionelle und neue Bedrohungen, Befürchtungen und sonstige Herausforderungen für die Sicherheit der Staaten der Hemisphäre, schließt die Prioritäten eines jeden Staates ein, trägt zur Friedenskonsolidierung, einer ganzheitlichen Entwicklung und sozialer Gerechtigkeit bei und gründet auf demokratischen Werten, der Achtung, Förderung und Verteidigung der Menschenrechte, auf Solidarität, Zusammenarbeit und der Achtung der nationalen Souveränität“ (OAS 2003, 6).

Diese Formulierungen spiegeln die Philosophie des Konzepts menschlicher Sicherheit wider, das in diesem Dokument an späterer Stelle auch explizit erwähnt wird:

> „Wir bekräftigen, dass Grundlage und Ziel von Sicherheit der Schutz von Menschen ist. Sicherheit wird gestärkt, wenn wir ihre menschliche Dimension vertiefen. Die Voraussetzungen menschlicher Sicherheit verbessern sich durch vollständige Achtung der Menschenwürde, der Menschenrechte und der Grundfreiheiten sowie durch die Förderung sozialer und wirtschaftlicher Entwicklung, soziale Integration, Bildung und die Bekämpfung von Armut, Krankheit und Hunger.“ (OAS 2003, 7).

Zu den neuen Bedrohungen, die in dieser Erklärung genannten werden, gehören Terrorismus, internationales organisiertes Verbrechen, das globale Drogenproblem, Korruption, Geldwäsche, illegaler Waffenhandel, extreme Armut und soziale Ausgrenzung großer Teile der Bevölkerung, natürliche und von Menschen verursachte Katastrophen, HIV/AIDS und andere Gesundheitsrisiken sowie Umweltzerstörung, Menschenhandel, Computerkriminalität, mögliche Risiken beim Seetransport von Gefahrgut und der Erwerb und Einsatz von Massenvernichtungswaffen und ihrer Träger durch Terroristen (OAS 2003, 8).

Trotz der Bezugnahme auf menschliche Sicherheit zeigt sich jedoch bei näherer Lektüre der Erklärung, dass diese explizit staatszentriert bleibt. Es ist die Sicherheit des Staates und nicht die des Einzelnen, die als durch die neuen Probleme bedroht angesehen wird. Dies wird auch im Hinblick auf diejenigen „neuen Bedrohungen" wie Armut und Ausgrenzung, die sich auf das Paradigma menschlicher Sicherheit zu beziehen scheinen, sehr deutlich gemacht. Diese werden nicht als Beeinträchtigung der menschlichen Sicherheit der Marginalisierten verstanden, sondern als Bedrohung der Sicherheit des Staates: „Extreme Armut höhlt den sozialen Zusammenhalt aus und untergräbt die Sicherheit von Staaten" (OAS 2003, 8). Die Erklärung beinhaltet letztlich eine Sammlung sehr unterschiedlicher Sicherheitswahrnehmungen der verschiedenen Staaten statt eines kohärenten neuen Ansatzes.

Auf subregionaler Ebene ist der 1995 von sechs Regierungen Zentralamerikas (Costa Rica, El Salvador, Guatemala, Honduras, Nicaragua, Panama) unterzeichnete Rahmenvertrag über Demokratische Sicherheit (*Tratado Marco de Seguridad Democrática*, TMSD) bemerkenswert, da er explizit auf menschliche Sicherheit Bezug nimmt und einen Ansatz vertritt, der der wechselseitigen Bedingtheit der unterschiedlichen Aspekte der menschlichen Sicherheit einschließlich der politischen, wirtschaftlichen, sozialen, kulturellen und ökologischen Dimensionen Rechnung trägt (TMSD 1995). Dies ist eine der frühesten Bezugnahmen auf menschliche Sicherheit in internationalen Verträgen.

Auf der Ebene der einzelnen lateinamerikanischen Staaten ist Chile Mitglied des *Human Security Network* seit dessen Gründung; Costa Rica trat ihm 2005 bei. Diese Gruppe von Staaten, der unter anderem auch Kanada und Norwegen angehören, vertritt ein eingeschränktes Konzept menschlicher Sicherheit, das auf Gewalt fokussiert und die umfassendere Menschenrechts- und Entwicklungsagenda im Sinne etwa der Definition des Begriffs menschliche Sicherheit durch die *Commission on Human Security* (CHS 2003) vernachlässigt.

Unter lateinamerikanischen Wissenschaftlern und Wissenschaftlerinnen, die für das Paradigma menschlicher Sicherheit eintreten, scheint ebenfalls ein Konsens im Sinne des Ansatzes des *Human Security Network* zu bestehen. Man argumentiert, dass die breite, von der *Commission on Human Security* vertretene Definition menschlicher Sicherheit so weit gefasst sei, dass alles zu einem Sicherheitsproblem deklariert wird und folglich der Sicherheitsbegriff seinen Sinn verliert. Nach dieser Sichtweise taugt nur ein eng definiertes Konzept von menschlicher Sicherheit als analytisches Instrument (Rojas Aravena 2001, Rojas Aravena 2003, Sorj 2005). Zudem wird menschliche Sicherheit nicht wirklich als alternatives Paradigma gefasst, sondern vielmehr als eine zusätzliche, komplementäre Dimension von Sicherheit, die vor allem im Hinblick auf innenpolitische Probleme zum Tragen kommt (Rojas Aravena 2003).

*Das Paradigma menschlicher Sicherheit: Eine Rückkehr in die Vergangenheit?*

Menschenrechts- und Entwicklungsorganisationen in Lateinamerika sowie die dortige Wissenschaftsgemeinschaft stehen dem Konzept der menschlichen Sicherheit im Allgemeinen kritisch gegenüber. Diese eher ablehnende Haltung ist verständlich angesichts der jüngsten Vergangenheit des Kontinents, als Militärdiktaturen sich der allumfassenden Doktrin der nationalen Sicherheit bedienten, um nahezu alle Aspekte des gesellschaftlichen Lebens dem Kampf gegen „Subversion“ unterzuordnen. Nach dieser Doktrin galten innere Sicherheit und nationale Verteidigung als untrennbar miteinander verknüpft, wurden alle Formen des Dissenses als Bedrohung der nationalen Sicherheit aufgefasst. Alle staatlichen Sicherheitskräfte, einschließlich der Polizei, unterstanden dem Militär. Eine der Hauptaufgaben der Demokratisierung bestand darin, den Auftrag der Streitkräfte auf die Verteidigung des Staatsgebietes gegen äußere Feinde zu beschränken und die Beteiligung des Militärs bei der Gewährleistung innerer Sicherheit zu unterbinden, ein immer noch mit Schwierigkeiten verbundener und noch nicht erfolgreich abgeschlossener Prozess. Vor diesem Hintergrund wird das Konzept der menschlichen Sicherheit mit seiner breiten Definition möglicher Sicherheitsbedrohungen als Versuch angesehen, die Politik zu „versicherheitlichen“, das heißt das gesellschaftliche Leben erneut unter den Primat der Sicherheit zu stellen. In diesem Sinne weist Tibiletti auf die Gefahr einer Rückkehr zur Doktrin der nationalen Sicherheit und einer unbegrenzten Ausweitung des Sicherheitsbegriffs hin (Tibiletti 2004, 175). Tibilettis provokante Frage „Kehren wir zurück in die 1960er Jahre?“ wird verständlich, wenn man sich vor Augen hält, dass schon in der von Verteidigungsministern Nord- und Südamerikas verfassten „Erklärung von Bariloche“ vom Oktober 1966 Themen wie die Marginalität großer Bevölkerungsteile, Drogenproduktion und Drogenhandel, Terrorismus, organisiertes Verbrechen und Verletzung von Menschenrechten als Sicherheitsbedrohungen bezeichnet wurden (Palma 2003, 104-105). Gerade diese umfassende Agenda wurde zur Rechtfertigung der Doktrin der nationalen Sicherheit herangezogen, was zu einigen der schrecklichsten Menschenrechtsverletzungen des 20. Jahrhunderts geführt hat. Außerdem bereitet das Konzept, da es den Menschen in den Mittelpunkt der Sicherheitsagenda rückt und damit das Prinzip der nationalen Souveränität in Frage stellt, sowohl in wissenschaftlichen Kreisen als auch bei den Streitkräften ein gewisses Unbehagen. Angesichts der Erfahrung der Region mit militärischen Invasionen und verdeckten Operationen der Vereinigten Staaten, einschließlich der Unterstützung von Staatsstreichen, reagieren lateinamerikanische Staaten mit Argwohn auf eine Doktrin, die die nationale Souveränität zu untergraben scheint (Sorj 2005). Schließlich beschwört auch die vom Paradigma menschlicher Sicherheit postulierte begriffliche Verknüpfung von Entwicklung und Sicherheit das Gespenst der Vergangenheit herauf, da ja viele lateinamerikanische Eliten Sicherheit und Wirtschaftsentwicklung als unauflöslich miteinander verknüpft ansehen und viele Militärs auf eine lange Geschichte der Beteiligung an Entwicklungsprogrammen wie dem Aufbau ziviler Infrastruktur, Alphabetisierungskampagnen und Industrieentwicklung zurückblicken. Zwar fußten solche Entwicklungsprojekte keinesfalls auf einem Sicherheitskonzept, das die Menschen in den Mittelpunkt stellte oder das Individuum zum Referenzobjekt der Sicherheit machte. Dennoch haben frühere Erfahrungen mit der Ausweitung von Sicherheitsapparaten, die sich einer breiten Sicherheitsdefinition zur Rechtfertigung von Eingriffen in praktisch alle Bereiche des politischen Lebens bedienten, zu erheblichen Vorbehalten bei Wissenschaftlern, Gruppen der Zivilgesellschaft und auch vielen Regierungen in Lateinamerika geführt. Aus dieser Erfahrung erklärt sich, warum das Paradigma der menschlichen Sicherheit in Lateinamerika nicht so bereitwillig angenommen wurde wie auf anderen Kontinenten.

Die möglichen Fallstricke bei einer Ausweitung des Sicherheitsbegriffs in einer Region, in der die Streitkräfte traditionell eine dominante Rolle im politischen Leben spielten, werden im Falle Zentralamerikas deutlich. Obwohl der Rahmenvertrag über Demokratische Sicherheit vom Geist und Buchstaben des Konzepts menschlicher Sicherheit durchdrungen ist, hat die neue Sicherheitsagenda in der Praxis zu einer Remilitarisierung von Sicherheitsfragen geführt. Im Juni 2005 vereinbarten die Staats- und Regierungschefs Zentralamerikas die Schaffung einer schnellen Eingreiftruppe zur Bekämpfung einiger der Probleme, die als die hauptsächlichen Sicherheitsgefahren der Region wahrgenommen wurden, darunter Drogenhandel, Terrorismus, organisiertes Verbrechen und Jugendbanden (*maras*), und baten offiziell um die Unterstützung der US-Regierung. Diese Entwicklung wurde von Gruppen der Zivilgesellschaft und von Parlamentsabgeordneten der Region aus einer Reihe von Gründen kritisiert, hauptsächlich mit dem Argument, dass Fortschritte bei der Entmilitarisierung der öffentlichen Sicherheit ausgehöhlt würden, wenn die Streitkräfte zur Kriminalitätsbekämpfung eingesetzt würden (Urgell Garcia 2006/7, 152). Diese Entwicklung illustriert die problematischen Auswirkungen einer weit gefassten Sicherheitsagenda in einer Region, in der staatliche Institutionen schwach sind und die zivile Kontrolle über das Militär nur zum Teil und noch unzureichend etabliert wurde. In ähnlicher Weise wird die Anerkennung der „Multidimensionalität" von Sicherheitsbedrohungen durch die OAS von Analysten mit dem Argument in Frage gestellt, dies trage zu einer Schwächung der Demokratisierung des Sicherheitssektors bei:

> „Im Kontext institutioneller Schwäche werden Armeen erneut ihren Aufgabenumfang erweitern. Dadurch werden sie in die Lage versetzt, die ihnen zur Verfügung stehenden Ressourcen zu vergrößern, sie erlangen eine stärkere politische Präsenz, und der Prozess der demokratischen Transformation selbst wird geschwächt." (Barrachina/Rial 2006, 158).

Tatsächlich treten einige lateinamerikanische Verfechter des Paradigmas menschlicher Sicherheit explizit für eine Integration von Polizei und Streitkräften, einschließlich ihrer jeweiligen Geheimdienste ein und argumentieren, neue Formen organisierter Gewalt ließen die Unterscheidung zwischen nationaler Verteidigung und innerer Sicherheit verschwimmen und machten daher eine Neudefinition der jeweiligen Rollen von Militär und Polizei erforderlich (Sorj 2005). Für viele Menschen in Lateinamerika liegt hierin eine eindeutige Rückkehr zu den Sicherheitsdoktrinen der Vergangenheit.

### *Schlüsselprobleme menschlicher Sicherheit und alternative Paradigmen*

Obwohl das Konzept menschlicher Sicherheit in Lateinamerika nicht sonderlich verbreitet ist, stehen die drei im Bericht der *Commission on Human Security* (CHS) definierten Dimensionen menschlicher Sicherheit – Gewalt und gewaltsame Konflikte, Menschenrechte und Entwicklung – in Lateinamerika im Vordergrund politischer Diskussionen, wissenschaftlicher Forschung und des Engagements der Zivilgesellschaft. In diesem Abschnitt werden einige der wichtigsten Probleme der Region auf jedem dieser drei Gebiete skizziert. Daran schließt sich eine Diskussion alternativer Paradigmen an, die zur Konzeptualisierung der Verbindungen zwischen diesen Feldern vorgeschlagen worden sind.

*Gewalt und gewaltsame Konflikte*: Lateinamerika stellt uns vor eine paradoxe Situation. Historisch gesehen sind zwischenstaatliche Kriege relativ selten und der Anteil der Militärausgaben am Bruttoinlandsprodukt (BIP) ist niedrig. Die Grenzen in der Region sind größtenteils konsolidiert, und alle Länder Lateinamerikas haben den Vertrag von Tlatelolco zur Schaffung einer atomwaffenfreien Zone in Lateinamerika unterzeichnet. Dennoch ist der Kontinent eine der am stärksten durch Gewalt geprägten Regionen der Welt (Portes/Hoffmann 2003). Die Weltgesundheitsorganisation schätzt, dass jährlich etwa 140.000 Tötungsdelikte in Lateinamerika stattfinden, die übergroße Mehrheit ohne Beziehung zu Kriegen oder politischen Konflikten (WHO 2000). Im Jahre 1998 war für die Gruppe der 14- 45-jährigen in Lateinamerika und der Karibik Gewalt zur häufigsten Todesursache geworden (WHO 1998, Briceño-León/Zubillaga 2002). Gewalt zieht weitere Unsicherheiten nach sich. So hat beispielsweise die extreme Gewalt in Kolumbien seit Mitte der 1980er Jahre 2,7 Mio. Zwangsmigranten hervorgebracht, und jedes Jahr werden dort zwischen 300.000 und 400.000 weitere Menschen zum Verlassen ihrer Heimat gezwungen. Diese unfreiwillige Migration hat zur Aufgabe von Ackerland geführt, das nun militärischen Gruppen zur Verfügung steht, und andererseits eine Zusammenballung Vertriebener in den urbanen Bereichen bewirkt (Piedrahita 2003). Während Gewalt durch Kriminelle und Guerillagruppen in der Sicherheitsdiskussion in Lateinamerika eine prominente Rolle spielt, findet die sehr hohe Anzahl häuslicher Gewalttaten gegen Frauen weniger Aufmerksamkeit. Derartige Gewalt ist von Natur aus weniger öffentlich als kriminelle oder politische Gewalt und wird häufig durch die Rückkehr von „Friedenszeiten" sogar verschärft. Bendaña berichtet, dass Frauenorganisationen in ganz Zentralamerika einen Anstieg häuslicher Gewalt festgestellt haben, den sie mit den Auswirkungen von Frieden und Arbeitslosigkeit auf junge Männer erklären, die den größten Teil ihrer Jugend im bewaffneten Konflikt verbracht haben (Bendaña 2001, 66; vgl. auch den Beitrag von Ulbert).

*Entwicklung*: Von einigen Ausnahmen abgesehen, gehören die Länder Lateinamerikas nicht zu den ärmsten der Welt, sie weisen jedoch einige der weltweit höchsten Werte für soziale Ungleichheit auf (Hoffman/Centeno 2003). Neben der starken Einkommensungleichheit sind die Länder der Region auch durch sehr unterschiedliche Zugangsmöglichkeiten zu Bildung, Gesundheitsversorgung, sauberem Wasser, Nahrung und öffentlicher Grundversorgung wie Strom und Kanalisation charakterisiert, was zu riesigen Disparitäten bei Vermögen und Lebenschancen führt. Heute hat in der Region das reichste Zehntel der Familien 48% des Gesamteinkommens, während das ärmste Zehntel über gerade 1,6% verfügt (de Ferranti et al. 2003). Die Statistiken zeigen, dass Armut und Ungleichheit heute ein ernsteres Problem als beim Ausbruch der ersten Schuldenkrise im Jahre 1982 darstellen (Pedrazzini/Sanchez 1998). Viele Analysten sehen eine direkte Verbindung zwischen zunehmender Ungleichheit und Gewalt, wobei sie letztere als eine Überlebensstrategie der armen Stadtbevölkerung und als unmittelbare Auswirkung neoliberaler Wirtschaftspolitik, die zur Steigerung der Ungleichheiten geführt hat, ansehen (Briceño-León/Zubulliga 2002, Sanchez 2006).

*Menschenrechte*: Wie schon zuvor erwähnt, gestaltet sich das Verhältnis zwischen Menschenrechten und Sicherheitspolitik historisch sehr schwierig. Menschenrechte wurden traditionell dem alles beherrschenden Ziel der nationalen Sicherheit untergeordnet. Die im größten Teil Lateinamerikas ehemals herrschenden Militärregime waren verantwortlich für weit verbreitete schwerste Menschenrechtsverletzungen und Verbrechen gegen die Menschlichkeit einschließlich Mord, Folter und des Verschwindenlassens von Personen. Nach der „Demokratisierungswelle", die den gesamten Kontinent in den 1980er und 1990er Jahren erfasst hatte, verabschiedeten alle Länder der Region liberale demokratische Verfassungen. In einigen Ländern, wie etwa in Argentinien, erhielten wichtige völkerrechtliche Verträge zum Schutz der Menschenrechte sogar Verfassungsrang. In der Praxis sieht es jedoch mit der Umsetzung weiterhin düster aus. Häufig verletzen gerade die staatlichen Sicherheitskräfte unmittelbar grundlegende Menschenrechte. Folter, standrechtliche Hinrichtungen und das Verschwindenlassen von Personen sind weiterhin an der Tagesordnung. Die am stärksten durch kriminelle Gewalt bedrohten Teile der Gesellschaft sind auch am stärksten durch Gewalt und Amtsmissbrauch der Polizei gefährdet. Die Situation bei wirtschaftlichen, sozialen und kulturellen Rechten ist zutiefst besorgniserregend; derartige Rechte werden durch ein hohes Maß an Ungleichheit unmittelbar ausgehöhlt. Immerhin kann die Region auch auf einige progressive Entwicklungen bei diesen Rechten verweisen: In einer Reihe von Ländern gelten sie als einklagbar, und eine neue unabhängige Justiz verlangt von Regierungen die Einhaltung ihrer Verpflichtung, den Rechtsanspruch auf ein Mindestmaß von Wohlfahrt einzulösen.

Die Wechselbeziehungen zwischen diesen drei im Bericht der *Commission on Human Security* von 2003 als Kerndimensionen menschlicher Sicherheit definierten Bereichen liegen auf der Hand. So weisen Analysten auf die urbane Gewalt als Überlebensstrategie der marginalisierten Schichten hin sowie auf den Zusammenhang zwischen Ungleichheit und der Verweigerung von Menschenrechten und darauf, dass Gewalt eine Reaktion auf unzureichende Gewährung von Grundsicherheit durch den Staat sein kann. Obwohl diese komplexen Wechselbeziehungen sich nicht auf einige wenige Kausalfaktoren reduzieren lassen, werden in der Literatur, neben den historisch bedingten starken Ungleichheiten, die negativen Konsequenzen neoliberaler Wirtschaftsreformen, die Auswirkungen der Globalisierung und die Ineffizienz staatlicher Institutionen als Faktoren hervorgehoben, die diese Zustände perpetuieren und verschärfen.

Offensichtlich bedarf es in Lateinamerika eines neuen Sicherheitsdenkens im Zusammenhang mit der Demokratisierung, dem Ende des Kalten Krieges und dem moralischen Desaster der Doktrin der nationalen Sicherheit, nicht zuletzt auch angesichts der Dringlichkeit der skizzierten Probleme. Neben dem Konzept der menschlichen Sicherheit, das auch seine Anhänger hat, sind verschiedene neue Sicherheitsbegriffe entwickelt worden.

Zunächst wurde der aus Diskussionen in anderen Teilen der Welt vertraute Begriff der kooperativen Sicherheit in den 1980er und 1990er Jahren als Alternative zum bis dahin vorherrschenden Sicherheitskonzept vorgetragen. Mit diesem Konzept werden vertrauensbildende Maßnahmen, bi- und multilaterale Sicherheitskooperationen und der Aufbau von Sicherheitsgemeinschaften erfasst (Domínguez 1998, 28-29). Kooperative Sicherheit ist vor allem mit den in den 1990er Jahren von Argentinien, Brasilien und Chile unternommenen regionalen Entspannungsbemühungen verknüpft und spielte eine Rolle bei der Lösung wichtiger Gebietsstreitigkeiten, insbesondere zwischen Argentinien und Chile (Rojas Aravena 2003). Statt einer Ausweitung der Sicherheitsagenda wird bei diesem Konzept versucht, mit einer neuen Sichtweise auf die klassischen Themen regionaler Sicherheit das geostrategische Denken der Vergangenheit zu überwinden.

Zweitens hat das Konzept der demokratischen Sicherheit einen gewissen Bekanntheitsgrad erreicht. Den Anhängern dieses Konzeptes zufolge basiert es auf zwei Grundprinzipien. Zum einen könnten bei einer demokratischen Regierungsform „die Sicherheitsinteressen des Staates nicht mit den Sicherheitsinteressen der Bevölkerung in Konflikt geraten oder diese dominieren". Zum anderen seien

> „die für Wachstum und Entwicklung der Menschen erforderlichen und vom Staat im Rahmen seiner Grundfunktionen zu gewährleistenden Sicherheitsbedingungen nicht auf traditionelle politische und militärische Themen oder Probleme von Recht und Ordnung beschränkt, sondern umfassen alle politischen, wirtschaftlichen und sozialen Fragen, die ein Leben frei von Risiken und Sorgen gewährleisten" (Arévalo de León 2003, 143).

In dieser Begrifflichkeit hat die „demokratische Sicherheit" sehr starke Ähnlichkeit mit der menschlichen Sicherheit; die Unterschiede scheinen nur in Nuancen zu liegen. Arévalo de León argumentiert, den Menschen in den Mittelpunkt zu stellen, sei zwar „wesentlich", führe jedoch nicht zu „irgendwelchem realen Einfluss auf die Sicherheitsbedingungen der Bevölkerung eines Landes" (Arévalo de León 2003, 143), sofern nicht auch demokratische Institutionen und Prozeduren zu zentralen Bestandteilen des neuen Sicherheitskonzepts gemacht würden. Daher will das Konzept der „demokratischen Sicherheit" die Verbindung zwischen demokratischen Institutionen und einer neuen, demokratische Werte reflektierenden Sicherheitspolitik in den Mittelpunkt stellen.

Schließlich hat sich das Konzept der „Bürgersicherheit" zu einem zentralen Paradigma in den Debatten über Probleme der inneren Sicherheit in vielen Staaten Lateinamerikas entwickelt. Wie erwähnt ist nicht der zwischenstaatliche Konflikt charakteristisch für die Region, sondern vielmehr das hohe Maß an innerstaatlichen Gewalthandlungen, die größtenteils nicht politischer Natur sind. Die innere Sicherheit ist daher das dringlichste Sicherheitsproblem für die Staaten der Region und steht damit im Mittelpunkt der aktuellen Debatten über neue Ansätze der Sicherheitspolitik. Zwar gibt es keine einheitliche Bestimmung des Begriffs „Bürgersicherheit", doch wird bei vielen Definitionen versucht, den Bürger in den Mittelpunkt der Sicherheitspolitik zu stellen. Dabei geht es nicht einfach um den Menschen, sondern um ein Individuum mit Bürgerrechten, denen auf staatlicher Seite bestimmte Pflichten entsprechen. Diese Konzeptualisierung der „Bürgersicherheit" kommt in der Definition des *Inter-American Institute of Human Rights* (IIDH) klar zum Ausdruck. Hier wird das Konzept definiert als eine

> „politische und soziale Situation, in der der volle Genuss der Menschenrechte de jure und de facto effektiv gewährleistet ist und in der effektive institutionelle Mechanismen zur Verhinderung und Kontrolle von Bedrohungen oder rechtswidrigen Formen von Zwangsgewalt bestehen, durch die derartige Rechte verletzt werden könnten" (IIDH 2006, 5).

Das letzte Element der Definition verweist auf die Grenzen des staatlichen Zugriffs auf Menschen im Namen von Sicherheit und deutet auf den Versuch hin, diese gemäß der liberaldemokratischen Verfassungen der Staaten der Region zu bestimmen. Während das Konzept der menschlichen Sicherheit Rechte zwar auch hervorhebt, stellt es diese nicht so eindeutig in den Mittelpunkt der Definition. Anders als die menschliche Sicherheit ist das Konzept der Bürgersicherheit nur als Richtschnur für den Ansatz bei der inneren Sicherheit ausgelegt.

Aus diesen unterschiedlichen Konzeptualisierungen von Sicherheit ergeben sich unmittelbar unterschiedliche Politikempfehlungen mit handfesten Konsequenzen. Während manche Anhänger der menschlichen Sicherheit die Ansicht vertreten, dass neue Bedrohungen eine engere Zusammenarbeit von Streitkräften und Polizei (und damit eine innenpolitische Rolle für die ersteren) erfordern (Sorj 2005), lehnt das IIDH mit seinem explizit auf Rechte fokussierten Paradigma der Bürgersicherheit diesen Ansatz ab und fordert stattdessen eine deutlichere Trennung von Verteidigung nach außen und Sicherheit im Innern des Staates: „Von äußerster Bedeutung ist die allmähliche Umsetzung politischer Maßnahmen und normativer Veränderungen, die eine genaue Trennung der Funktionen der Streitkräfte und der Polizeibehörden erlauben, in der Erkenntnis, dass letzteren die spezifische Aufgabe der Erhaltung der inneren Sicherheit und der Verbrechensbekämpfung zukommt." (IIDH 2006, 12).

## *Zusammenfassung*

In Lateinamerika war die bisherige Reaktion auf das Paradigma der menschlichen Sicherheit weder einheitlich noch eindeutig. Dies spiegelt sowohl die dem Konzept der menschlichen Sicherheit innewohnende Mehrdeutigkeit als auch die spezifischen historischen Erfahrung der Region wider. Angesichts früherer Erfahrungen mit allumfassenden Sicherheitsdefinitionen, die der Rechtfertigung von Militärherrschaft dienten, zögern viele Analysten, sich das Konzept der menschlichen Sicherheit, das weniger eine Innovation als eine Rückkehr in die Vergangenheit zu sein scheint, zu eigen zu machen. Wie erläutert sind viele der „neuen Bedrohungen", auf die das Paradigma der menschlichen Sicherheit angeblich allein eine adäquate Antwort bieten kann, im lateinamerikanischen Kontext absolut nichts Neues. Viele von ihnen wurden schon in den 1960er Jahren als Sicherheitsbedrohungen definiert und dienten der Rechtfertigung militärischer Eingriffe in die Politik mit dem Ergebnis eklatanter Menschenrechtsverletzungen. Eigentlich wird mit dem Konzept menschlicher Sicherheit angestrebt, die Bedeutung militärischer Antworten auf Sicherheitsprobleme zu vermindern, indem der Sicherheitsbegriff auf neue, nicht militärisch lösbare Probleme ausgeweitet wird. Dennoch wird an ihm die unbeabsichtigte Tendenz kritisiert, früher nicht als Sicherheitsprobleme angesehene politische Fragen nunmehr als sicherheitsrelevant einzustufen und zu „versicherheitlichen", womit dann eine stärkere Rolle des Militärs und anderer Sicherheitskräfte gerechtfertigt wird (v. Braunmühl 2003, Brock 2001). Diese Kritik bezieht sich nicht speziell auf Lateinamerika, stößt allerdings in dieser Region angesichts früherer Erfahrungen mit umfassenden Sicherheitsdefinitionen, die zu einer gezielten

Verwischung der Grenzen zwischen äußerer und innerer Sicherheit führten, auf ein besonderes Echo. Die institutionellen Konsequenzen dieser Verwischung von Grenzen sind auch heute noch deutlich zu spüren. In nur sehr wenigen früher von Militärregimes beherrschten Staaten ist seit der Demokratisierung eine klare und eindeutige Abgrenzung der jeweiligen Rollen von Streitkräften und Organen der inneren Sicherheit gelungen. Vor diesem Hintergrund erscheint vielen Lateinamerikanern menschliche Sicherheit als alter Wein in neuen Schläuchen und nicht als wirklich innovatives neues Konzept.

Die zweite Kritik an diesem Paradigma, nämlich dass es eine Sicherheitsdefinition vertritt, deren Breite letztlich alles zu einem Sicherheitsproblem macht und damit dem Begriff der Sicherheit seine spezifische Bedeutung nimmt, ist in Lateinamerika ebenfalls geäußert worden; sie hat die Befürworter des Konzepts zu einer engeren, auf Gewalt beschränkten Definition veranlasst. Wenn man allerdings die Dimensionen der Entwicklung und der Menschenrechte auf diese Weise ausklammert, verliert das Konzept seine besondere Relevanz für eine Region, in der Ungleichheit und schwere Menschenrechtsverletzungen weiterhin zentrale Probleme darstellen und unmittelbare, physische Gewalt vor allem von marginalisierten Teilen der Bevölkerung erfahren wird. Die enge Verknüpfung dieser Dimensionen steht im Mittelpunkt der Bemühungen vieler in der Region tätigen Menschenrechtsorganisationen. Es ist denkbar, dass in Lateinamerika der Menschenrechtsdiskurs effektiver für die Förderung von Entwicklung, physischem Schutz der Menschen und Grundrechten eintreten und die Verbindung zwischen diesen drei Themenfelder artikulieren kann, als es der Rückgriff auf das Paradigma menschlicher Sicherheit vermag, das vielen Beobachtern eine Rückkehr in eine Vergangenheit darstellt, von der sich der Kontinent noch immer nicht ganz befreit hat.

*Übersetzung: Jobst Ellerbrock*

### *Literatur*


Arévalo de León, Bernardo, 2003: Democratic Security in Guatemala: Reflections on Building a Concept of Security in and for Democracy, in: Moufida Goucha/Francisco Rojas Aravena (Hg.), Human Security, Conflict Prevention and Peace in Latin America and the Caribbean. Santiago de Chile, S. 141-155.

Barrachina, Carlos/Juan Rial, 2006: Los ministerios de defensa en América Latina y las consecuencias de la multidimensionalidad de las amenazas, in: América Latina Hoy, Jg. 42, S. 131-159.

Bendaña, Alejandro, 2001: Peace, Human Security and the Democratic Deficit in Central America, in: UNESCO (Hg.), What Agenda for Human Security in the Twenty-first Century?. Paris, S. 65-67.

Braunmühl, Claudia v., 2003: Sicherheit für wen und wovor? Kritische Anfragen zum Sicherheitskonzept der UN, in: Birgit Mahnkopf (Hg.), Globale öffentliche Güter – für menschliche Sicherheit und Frieden. Berlin, S. 59-73.

Briceño-León, Roberto/Verónica Zubillaga, 2002: Violence and Globalization in Latin America, in: Current Sociology, Jg. 50, S. 19-37.

Brock, Lothar, 2001: Sicherheitsdiskurse ohne Friedenssehnsucht – Zivilisatorische Aspekte der Globalisierung, in: Ruth Stanley (Hg.), Gewalt und Konflikt in einer globalisierten Welt. Wiesbaden, S. 183-200.

CHS (Commission on Human Security), 2003: Human Security Now. New York.

de Ferranti, David/Guillermo Perry/Francisco H. G. Ferreira/Michael Walton, 2003: Inequality in Latin America and the Caribbean: Breaking with History?. Washington, D.C.

Domínguez, Jorge, 1998: Seguridad, paz y democracia en América latina y el Caribe: desafíos para la era de posguerra fría, in: Jorge Domínguez (Hg.), Seguridad internacional, paz y democracia en el Cono Sur. Santiago de Chile.

Hoffman, Kelly/Miguel Centeno, 2003: The Lopsided Continent: Inequality in Latin America, in: Annual Review of Sociology, Jg. 29, S. 363-390.

IIDH (Inter-American Institute of Human Rights), 2006: Seguridad ciudadana en América Latina. Una propuesta del Instituto Interamericano de Derechos Humanos. Santiago de Chile.

OAS (Organization of American States), 2003: Report of the Chair of the Permanent Council to the Special Conference on Security, Mexico City, Mexico, Oct. 27-28, 2003. OEA/Ser. K/XXXVIII, CES/doc. 7/03, 24. Oktober 2003.

Palma, Hugo, 2003: Peace, Human Security and Conflict Prevention in Latin America and the Caribbean, in: Moufida Goucha/Francisco Rojas Aravena (Hg.), Human Security, Conflict Prevention and Peace for Latin America and the Caribbean. Santiago de Chile, S. 103-113.

Pedrazzini, Yves/Magaly Sanchez, 1998: „Malandros". Bandes, gangs et enfants de la rue. Paris.

Piedrahita, Tribin, 2003: Colombia: 2.7 millones de desplazados por violencia, in: Actualidad Internacional y Latinoamericana. <www.elalmanaque.com/actualidad/gtribin/art24.htm, 18.06.07>.

Portes, Alejandro/Kelly Hoffman, 2003: Latin American Class Structures: Their Composition and Changes During the Neoliberal Era, in: Latin American Research Review, Jg. 38, S. 41-82.

Rojas Aravena, Francisco, 2001: Human Security: An Academic Perspective from Latin America, in: UNESCO (Hg.), What Agenda for Human Security in the Twenty-first Century?. Paris, S. 69-75.

Rojas Aravena, Francisco, 2003: Introduction, in: Moufida Goucha/Francisco Rojas Aravena (Hg.), Human Security, Conflict Prevention and Peace for Latin America and the Caribbean. Santiago de Chile, S. 11-25.

Sanchez, Magaly, 2006: Insecurity and Violence as a New Power Relation in Latin America, in: Annals of the American Academy Nr. 606 (Juli), S. 178-195.

Sorj, Bernardo, 2005: Security, Human Security and Latin America, in: SUR – International Journal on Human Rights, Jg. 2/3, S. 39-55.

Tibiletti, Luis, 2004: Seguridad, Defensa e Integración Regional, in: Gerónomo de Sierra/Manuel Bernales Alvarado (Hg.), Democracia, gobernanza y desarrollo en el Mercosur. Hacia un proyecto propio en el Siglo XXI. Montevideo, S. 173-175.

TMSD, 1995: Tratado Marco de Seguridad Democrática en Centroamérica. <www.sieca.org.gt/publico/Reuniones_Presidentes/xxii/tratado1.htm, 18.06.07>

Urgell García, Jordi, 2006/7: La seguridad (humana) en Centroamérica: retorno al pasado?, in: Revista CIDOB d'Afers Internacionals, Jg. 76 (Dez. 2006-Jan. 2007), S. 143-158.

WHO (World Health Organization), 1998: Injury: A Leading Cause of the Global Burden of Disease. Genf.

WHO (World Health Organization), 2000: World Report on Violence and Health. Genf.

# Menschliche Sicherheit als Richtschnur für menschliche Entwicklung

## Der Nahe und Mittlere Osten aus der Perspektive menschlicher Sicherheit

*Florence Basty*

Dieses Kapitel gibt einen Überblick über menschliche Entwicklung und menschliche Sicherheit in der arabischen Welt. Darüber hinaus werden mögliche ethische und normative Rahmenbedingungen sowie Voraussetzungen im Bildungsbereich aufgezeigt, die notwendig sind, um Entwicklung und menschliche Sicherheit zu fördern und zu stärken. Dabei wird das Verhältnis zwischen menschlicher Entwicklung und menschlicher Sicherheit untersucht und abschließend eine Reihe von praktisch-politischen Empfehlungen unterbreitet.

Falls irgendwelche Zweifel daran bestanden, dass die arabische Welt vor einer großen Vielzahl von Problemen und Herausforderungen menschlicher Sicherheit steht, so wurden diese durch den ersten *Arab Human Development Report 2002* des Entwicklungsprogramms der Vereinten Nationen (UNDP 2002a) beseitigt. In diesem Bericht wurden als wichtigste zu bewältigende Herausforderungen die folgenden Problembereiche dargestellt:

- die Gefährdung von Sicherheit durch Kriege und Besatzung,
- das Fehlen einer partizipativen Regierungsform,
- keine Gleichstellung der Geschlechter,
- unzulängliches Management des Entwicklungsprozesses, was zu vielfältigen Mangelerscheinungen und zahlreichen wirtschaftlichen und sozialen Problemen führt,
- Defizite beim Erwerb, der Aufnahme, der Nutzung und der Gewinnung von Wissen und Bildung.

Menschliche Sicherheit erfordert eine Konzentration auf Individuen und Gemeinschaften statt auf Staaten und Nationen sowie auf das gesellschaftliche und psychische Wohlergehen. Sie ist als notwendiger Bestandteil für Stabilität und als Grundlage der menschlichen Entwicklung anzusehen. Wenn wir akzeptieren, dass zwischen Stabilität und nationaler Sicherheit ein Zusammenhang besteht, wird die Fähigkeit zur Bestimmung und Messung menschlicher Sicherheit auf lokaler Ebene von Bedeutung sein, um zu erkennen, ob diese vorhanden ist oder nicht.

### *Rahmenbedingungen menschlicher Sicherheit*

Bei der Bewertung der Faktoren, die menschliche Sicherheit beeinflussen, beschränken wir uns bei unserer Analyse auf drei Faktoren, die entscheidende

Auswirkungen auf die menschliche Sicherheit haben. Dies sind natürliche Gegebenheiten wie das Vorhandensein natürlicher Ressourcen und die geographische Lage, Konfliktmuster und Strukturen der Zusammenarbeit in der jeweiligen Region und die vorherrschenden Konzepte politischer Kultur, insbesondere die jeweils zugrunde liegenden Begriffe von Nationalismus und politischer Loyalität.

### *Der Einfluss der Geographie*

Die geographische Lage, die Geologie und andere Naturgegebenheiten haben alle entscheidende Auswirkungen auf das Leben der Menschen. Im Falle des Mittleren Ostens haben zwei Faktoren besonders große Bedeutung für die Region: Erdölvorräte und die Knappheit landwirtschaftlicher Flächen.

Die Länder des Mittleren Ostens und Nordafrikas verfügen über einige der bedeutendsten nachgewiesenen Öl- und Gasvorkommen der Welt. Dies hat sowohl positive als auch negative Auswirkungen auf die menschliche Sicherheit in der Region. Der offensichtlichste Vorteil liegt im materiellen Wohlstand. Daher haben die ölproduzierenden und ölexportierenden arabischen Länder das höchste Pro-Kopf-Einkommen in der Region. Doch dieser Reichtum ist auch Ursprung zahlreicher Probleme. Neben der Möglichkeit, dass das Öl einen Anreiz für ausländische Militärinterventionen bieten könnte, gibt es noch andere mit dem Ölreichtum verbundene Gefahren für die menschliche Sicherheit. Die fehlende Diversifizierung ist sicherlich ein wesentlicher Grund für wirtschaftliche Probleme. Nationen, deren Einkommen von nur einem Wirtschaftszweig abhängt, haben meistens eine schwache und anfällige Wirtschaft. Dieses Problem verschärft sich noch weiter, wenn es sich bei dem einzigen Produkt um eine nicht-erneuerbare Ressource handelt.

Die arabischen Länder leiden unter einer weiteren Form von Verwundbarkeit: Sie sind nicht in der Lage, ihre Ernährungssicherheit zu gewährleisten. Im Allgemeinen müssen sie einen mehr oder weniger großen Anteil ihrer Nahrungsmittel von außen beschaffen. Die Region besteht vorwiegend aus Wüsten mit knappen Wasservorräten, obwohl einige Gebiete, insbesondere die Mittelmeerküsten und Teile des Sudan, ehe sie durch menschliche Aktivitäten zerstört wurden, doch recht fruchtbar waren. In Nordafrika wurde beispielsweise die Landwirtschaft gezielt zugunsten der Industrie aufgegeben. In anderen Fällen wurde die Produktion von Grundnahrungsmitteln auf Nahrungsmittel für den Export (*cash crops*) umgestellt. Zwar verhungert auch in den Ländern ohne Öl niemand, doch die Nahrungsmittelversorgung hat definitiv eine strategische Bedeutung und sollte nicht gegen die arabische Sicherheit ausgespielt werden.

### *Der Mythos von der arabischen Einheit*

Die arabischen Führer proklamieren seit jeher ihren Glauben an die arabische Einheit. Es wurden einige Versuche unternommen, diese zu realisieren, aber diese Versuche scheiterten bereits nach wenigen Monaten.[1] Dennoch haben die arabischen Staaten gezeigt, dass sie zu einem hohen Maß an Zusammenarbeit und zu einheitlichen Zielsetzungen fähig sind, wenn sie dies denn wollen. Doch die Einheit blieb meistens ein Ideal und ein Instrument der Propaganda, anstatt zu einem politischen Ziel zu werden, das im Rahmen eines kohärenten und geplanten Prozesses verfolgt worden wäre.

### *Stämme, Staaten, die Umma*

Eine Reihe von Analytikern und Praktikern behaupten, eines der kompliziertesten Probleme in der arabischen Welt sei die anhaltende Vorherrschaft dessen, was Anthropologen und Soziologen als „Tribalismus" bezeichnen. Traditionell ist die Grundeinheit der sozialen Organisation der Stamm, also die Gruppe der Abkömmlinge des gleichen Vaters. Im weiteren Sinne bildeten dann Menschen mit gleichen Vorfahren eine *qawm* oder Nation. Da die Araber Nomaden waren, spielte das Territorium für ihre soziale Identität keine wichtige Rolle. Dies kommt im Begriff *watan* zum Ausdruck, der auf die Heimat Bezug nimmt und das affektive oder emotionale Gefühl des Patriotismus beinhaltet. Interessanterweise bedeutet der meistens als „Nation" übersetzte oder für Araber oder Muslime verwendete Begriff *umma* im Arabischen nichts weiter als eine Gruppe von Menschen oder Menschen der gleichen Generation und wird als Synonym zu *watan* verwendet. Für die meisten Araber bildete somit der Stamm ihren wichtigsten sozialen Bezugsrahmen und forderte ihre uneingeschränkte Loyalität. Eines der vorrangigen Anliegen der Führer der neuen unabhängigen Staaten war es, aus dem Konglomerat von Stämmen in ihrem Herrschaftsbereich eine Nation zu schaffen. Hierin liegt eine wichtige Ursache von Problemen in der arabischen Welt. In einigen Ländern wie dem Jemen genießen Stämme ein hohes Maß an Autonomie und wenden statt des Landesrechts eigene Gesetze und Praktiken an.

In vielen Ländern werden Macht, Reichtum, Privilegien, der Zugang zu Dienstleistungen und andere Vorteile aufgrund der Stammeszugehörigkeit vergeben. Daher versuchen diejenigen, die die Vorherrschaft haben, diese zu behalten, und die von ihr Ausgeschlossenen, die Macht zu erringen. Wenn sie diese dann haben, beginnt der ganze Kreislauf von neuem. Deshalb sind zwei wesentliche Änderungen erforderlich. Erstens sollte politische Macht auf der Basis der freien Zustimmung der jeweiligen Bevölkerung verliehen werden, verbunden mit

---

1 Zum Beispiel die 1958 von Ägypten und Syrien gegründete Vereinigte Arabische Republik oder die im Januar 1972 von Libyen, Ägypten und Syrien formal gegründete, aber niemals realisierte Föderation Arabischer Staaten.

der sicheren Garantie, dass der Minderheit nicht wesentliche Grundrechte vorenthalten werden. Zweitens müssten Regeln dafür geschaffen werden, dass keine Gruppe oder Koalition auf unbegrenzte Zeit an der Macht sein wird. Die beste Lösung läge allerdings darin, neue Formen der sozialen Differenzierung zu befördern, wodurch man sich und andere anhand von Merkmalen definiert, die man sich durch die eigene Entscheidung, durch Leistung und gemäß der eigenen Interessen erworbenen hat, wie Bildung, Berufstätigkeit, Begabung oder intellektuelle Veranlagung.

### *Zugang zu Gesundheitsversorgung und Bildung*

Auch wenn es in der arabischen Welt keine größeren Gesundheitsprobleme gibt – zumindest sind diese mangels verlässlicher Daten über den Gesundheitszustand einzelner Teile der Bevölkerung nicht nachweisbar –, werden anscheinend doch nur ungenügende Mittel für die Gesundheitsversorgung aufgewendet. In den 1990er Jahren gaben die meisten arabischen Länder weniger als 3% ihres Bruttoinlandsprodukts für das Gesundheitswesen aus (im Vergleich zu 5–8% in entwickelten Ländern). Mit Ausnahme Nordafrikas sind auf diesem Gebiet noch große Anstrengungen erforderlich. Dennoch kann gesagt werden, dass die Gesundheitssituation in der Region nicht katastrophal ist (UNDP 2002b).

Das Bildungswesen befindet sich dahingegen in einem kritischeren Zustand. Da der zweite *Arab Human Development Report* (UNDP 2003) sich ausschließlich mit diesem Thema befasst, ist eine detaillierte Darstellung der Situation nicht erforderlich. Es genügt zu erwähnen, dass der Analphabetismus immer noch weit verbreitet ist, insbesondere unter Frauen, dass eine allgemeine Grundschulbildung für viele Länder immer noch ein weit entferntes Ziel ist, und dass weiterführende Bildung immer noch ein Luxus ist, der nur einer Minderheit zugänglich ist. Darüber hinaus herrscht ein eklatanter Mangel an wissenschaftlicher Forschung und Wissensproduktion, einer der Hauptgründe dafür, dass die arabische Welt weiter am Rande der wissenschaftlichen und technologischen Revolution unserer Zeit bleibt. Nicht nur, dass sich die Länder der Region nicht an der Wissensproduktion beteiligen, sie sind auch häufig unfähig, das von anderen produzierte Wissen zu nutzen. Wie können Menschen das Internet nutzen, wenn sie nicht lesen und schreiben, geschweige denn einen Computer kaufen können? Menschliche Sicherheit ist ohne minimale Gesundheits- und Bildungsstandards ein unerreichbares Ziel.

Dabei gibt es noch ein weiteres Problem, das zu besonderer Sorge Anlass gibt. Unabhängig von der Dimension bestimmter sozialer Probleme in der Region sind deren Opfer stets eher Frauen als Männer. Zu viele arabische Frauen haben vor und nach der Geburt ihrer Kinder keinen Zugang zu angemessener Gesundheitsversorgung, werden bei der Geburt nicht von qualifiziertem medizinischen Personal betreut und sterben bei der Geburt. Der Analphabetismus ist unter Frauen viel stärker verbreitet als unter Männern. Die Anzahl der angemeldeten Mädchen und auch deren regelmäßige Anwesenheit ist auf allen Ebenen des Bildungswesens geringer als die der Jungen, und mehr Mädchen als Jungen verlassen die Schule vorzeitig ohne Abschluss oder werden nicht versetzt. Dies sind lediglich zwei Aspekte des allgemeineren Problems der Diskriminierung von Frauen, das den arabischen Staaten zu schaffen macht und das ein wesentliches Hindernis für die Schaffung menschlicher Sicherheit für alle Bürger darstellt.

## *Menschliche Sicherheit in der Region: Gegenwart und Zukunft*

### *Innere Gefahren für die menschliche Sicherheit*

Nach der traditionellen Definition bezog sich der Begriff der Sicherheit auf die Sicherheit des Staates und beinhaltete dessen Schutz gegen Bedrohungen von außerhalb der Staatsgrenzen wie Angriffe oder Invasionen. Der Begriff der menschlichen Sicherheit beinhaltet demgegenüber sowohl externe als auch interne Gefahren, und die Bezugnahme erfolgt nicht auf den Staat, sondern auf die Menschen. Traditionell oblag es vor allem dem Staat, Schutz gegen äußere Gefahren zu bieten. Auch bei der menschlichen Sicherheit spielt der Staat weiterhin diese Rolle, und zwar zu Recht. Schließlich können sich die Menschen nicht sicher fühlen, wenn sie von ausländischen Mächten bedroht oder gewaltsam angegriffen werden. Doch auch wenn der Staat diese Schutzpflicht wahrnimmt, kann er dennoch zu einer Gefahr für die Sicherheit der eigenen Bürger werden. Die Inhaber der politischen Macht, die auch die Kontrolle über den legitimen Einsatz von Gewalt ausüben, können ihre Kompetenzen für unrechtmäßige Zwecke nutzen. In demokratischen Systemen haben die Bürger Mittel und Wege, um derartige Pläne zu erkennen und zunichte zu machen.

Dies gilt jedoch nicht in der arabischen Region. In den meisten Fällen wird die nationale Sicherheit mit der Sicherheit des jeweiligen Regimes gleichgesetzt, und Streitigkeiten oder Abneigungen zwischen den Führern werden zu Feindseligkeiten und Konflikten zwischen Völkern. Verleumdungskampagnen, der Boykott internationaler Tagungen, diplomatische Unhöflichkeiten, die Schließung von Grenzen, die Mobilisierung von Truppen, Aufrüstung und kriegerische Auseinandersetzungen sind in der arabischen Welt an der Tagesordnung. In regelmäßigen Abständen wird den Arabern mitgeteilt, welche anderen Araber als Feinde zu gelten haben, welche arabischen Länder sie nicht besuchen dürfen und welche arabischen Zeitungen oder Fernsehstationen gerade Hasskampagnen gegen sie schüren. Die Gründe und die Rechtfertigungen für derartige Maßnahmen werden nur selten öffentlich diskutiert.

Ebenso brandmarken und verhaften die Herrschenden „innere Feinde", stellen diese vor Gericht oder beseitigen diese gar. Einzelne und Gruppen werden der Verschwörung gegen die nationale Sicherheit, des Versuches der illegalen

Machtergreifung, der Zusammenarbeit mit ausländischen Feinden, des Verrats an der Nation und anderer Verbrechen beschuldigt, wobei ihr alleiniges Vergehen in der offenen Meinungsäußerung oder der Forderung nach stärkerer Beachtung von Bürger- und Menschenrechten besteht. Heute ist die schlechte Menschenrechtssituation in der arabischen Welt so offenkundig, dass sie nicht einmal mehr von offiziellen Kreisen geleugnet werden kann. Zurzeit sind Begriffe wie „politische Reform“ und „Achtung der Menschenrechte“ Teil des offiziellen Diskurses der Arabischen Liga und vieler ihrer Mitgliedstaaten. Doch viele Absichtserklärungen zu Reformbemühungen enthalten Vorbehalte, die zu Besorgnis Anlass geben müssen. So heißt es beispielsweise, Reformen müssten schrittweise und langsam vonstatten gehen, sie müssten „kulturspezifisch“ sein und dürften nicht unter äußerem Druck zustande kommen. Derartige Argumente lassen sich sicherlich in Frage stellen. Die Araber müssen sich mit der Tatsache auseinandersetzen, dass Begriffe wie Souveränität, Nichteinmischung in innere Angelegenheiten und kulturelle Eigenart heute anders als noch vor einigen Jahren verstanden werden und vor allem nicht mehr dazu benutzt werden können, die internationale Gemeinschaft daran zu hindern, sich dafür zu interessieren, was irgendwo auf der Welt vor sich geht.

Auch auf die Gefahr hin, einen schon früher geäußerten Gedanken überzustrapazieren, die Araber müssen die Verhältnisse im eigenen Hause ändern. Einige Regierungen haben bereits Initiativen ergriffen, um Missstände aus der Vergangenheit zu beseitigen und zu verhindern, dass sich diese wiederholen. Es gibt keine Rechtfertigung dafür, dass arabische Bürger ihre eigenen Politiker, Institutionen oder Mitbürger fürchten müssen oder dass Politiker meinen, ohne den Rat oder die Zustimmung ihrer Bürger auskommen zu können, dass Institutionen im Dienste von Privatinteressen stehen oder dass die Bürger ein Leben unter einer ungesetzlichen Obrigkeit akzeptieren müssen. Kurz gesagt, die Araber haben ein Recht auf Freiheit ohne Angst.

### *Die existenziellen Bedürfnisse*

Die Menschheit braucht zum Leben Nahrung und Wasser. Zurzeit bereiten Hunger und Durst in der arabischen Welt keine nennenswerten Probleme. Da Ackerland und Niederschläge jedoch knapp sind, reicht die landwirtschaftliche Produktion nicht für den Gesamtbedarf der Region aus, und die meisten Länder müssen zur Ernährung ihrer Bevölkerung beträchtliche Mengen an Nahrungsmitteln importieren. Natürlich ist eine wirtschaftliche Unabhängigkeit in diesem Bereich, solange Geld und Lieferanten zur Verfügung stehen, zur Gewährleistung der Sicherheit nicht erforderlich. Dennoch ist die strategische Bedeutung der Ernährungssicherheit so hoch, dass die Abhängigkeit von ausländischen Lieferanten stets als potenzielle Gefahr für die menschliche Sicherheit anzusehen ist. In dieser Hinsicht sind die Perspektiven der Region nicht gerade glänzend (Chourou 2003). In vielen Gebieten führt das Vordringen der Wüste zu einer Abnahme von Ackerflächen und Produktivität. Qualität und Quantität der Frischwasserversorgung nehmen infolge von Umweltverschmutzung, wachsender Nachfrage und Verschwendung rasant ab.

Die Konsequenzen dieser Probleme für menschliche Sicherheit sind wohlbekannt, und ihre künftige Entwicklung wird von der Wissenschaft bereits prognostiziert. So gibt es beispielsweise in der arabischen Welt zahlreiche Institute, die sich mit Dürregebieten befassen sowie mindestens eine regionale Organisation, die sich auf die Bekämpfung der Wüstenbildung spezialisiert hat. Die UN-Organisation für Ernährung und Landwirtschaft (FAO) untersucht seit geraumer Zeit das Problem der Frischwasserknappheit und hatte sogar das Jahr 2003 als Internationales Jahr des Frischwassers ausgerufen (Chourou 2003). Die internationale Gemeinschaft und die arabische Welt sind sich dieser Umweltprobleme sehr wohl bewusst. Dringend erforderlich sind Korrekturmaßnahmen, um der Verschlechterung von Boden und Wasserressourcen Einhalt zu gebieten, sowie präventive Maßnahmen, um sicherzustellen, dass künftige Generationen ihren Nahrungsbedarf, wenn schon nicht vollständig, so zumindest in größtmöglichem Umfang durch eigene Produktion decken können.

Das Leben kann nicht nur durch Hunger und Durst, sondern auch durch Krankheit bedroht sein. Menschliche Sicherheit bedeutet daher auch, dass jeder sich Hoffnung machen darf, ein langes und gesundes Leben zu haben. In dieser Hinsicht hat die arabische Welt erhebliche Fortschritte gemacht. Nach dem *Human Development Report* aus dem Jahr 2004 (UNDP 2004, 171) hat die Lebenserwartung bei der Geburt in der arabischen Welt von 51,9 Jahren im Zeitraum 1970-1975 auf 65,9 Jahre im Zeitraum 1995-2000 zugenommen. Die Wahrscheinlichkeit, das 65. Lebensjahr zu erleben, lag im Zeitraum 1995-2000 bei der Geburt für Frauen bei 71,1% und für Männer bei 64,9%.

Wie der *Arab Human Development Report* hervorhebt, „ist menschliche Sicherheit nicht auf die materielle Dimension beschränkt, sondern bezieht sich auch auf die gesellschaftliche Teilnahme des Einzelnen und auf alle Aspekte eines anständigen Lebens wie Schönheit, Menschenwürde und persönliche Entfaltung“ (UNDP 2002a, 15). Und gerade an diesen nicht-materiellen Dimensionen der menschlichen Sicherheit fehlt es in der arabischen Welt am meisten. Es mag durchaus sein, dass der durchschnittliche Araber sich glücklich schätzt, dass sein Überleben nicht unmittelbar gefährdet ist. Dennoch dürfte er mit seinem Leben nicht wirklich zufrieden sein. Es gibt nur wenige regelmäßige wissenschaftliche Untersuchungen über die Befindlichkeiten und die Lebensperspektiven arabischer Männer und Frauen, doch informelle Beobachtungen und Eindrücke deuten darauf hin, dass in den arabischen Gesellschaften ein allgemeines Unbehagen herrscht. Einem aufmerksamen Beobachter fallen in der Tat eine Reihe von Indikatoren für diese Gefühlslage auf. Das zentrale Problem der meisten Araber besteht derzeit darin, dass der Staat zur entscheidenden Bedrohung der menschlichen Sicherheit geworden ist. Viele Araber gehören zu den

„einfachen Leuten", deren Leben in Gefahr schwebt, weil ihre Staaten nicht bereit oder nicht in der Lage sind, sie zu schützen (ICISS 2001, 11). Nur wenige Araber – mit der wichtigen Ausnahme der Palästinenser und der Iraker – sind unmittelbaren Gefahren für ihre physische Sicherheit oder massiven wirtschaftlichen oder sozialen Problemen ausgesetzt, doch die meisten erleben tagtäglich, dass ihre Würde und ihr Wert als Menschen, ihre Menschenrechte und ihre Grundfreiheiten von Institutionen und Einzelpersonen, einschließlich der im Auftrag und auf Befehl staatlicher politischer Autoritäten agierenden „Sicherheits"-Kräfte mit Füßen getreten werden.

Einigen Analysten zufolge ergibt sich die Unzufriedenheit mit der autoritären Herrschaft hauptsächlich aus wirtschaftlicher Not, und Armut ist eine ideale Brutstätte für Extremismus. Derartige Schlussfolgerungen vereinfachen die Zusammenhänge jedoch stark. Es wurde nämlich nachgewiesen, dass eine große Anzahl von Fundamentalisten den Universitäten, den Streitkräften und der Mittelschicht sowie anderen nicht dem Proletariat zuzurechnenden Schichten entstammt (Hudson 1995). Außerdem argumentieren Soziologen und Politikwissenschaftler, die Armen benötigten soviel Zeit, um eine Mahlzeit zu finden oder ihr Überleben zu sichern, dass sie weder Zeit noch Neigung für Forderungen nach Demokratie hätten. Demgegenüber hätten Menschen mit befriedigten Grundbedürfnissen und einem gewissen Bildungsniveau die Fähigkeit und die Gelegenheit zur Entwicklung nicht-materieller Bedürfnisse (Burton 1990, Roy 1995). Auf alle Fälle gibt es bestimmte grundlegende Menschenrechte, die den Menschen unabhängig von ihrem sozialen, rassischen, ethnischen oder religiösen Status zustehen. Niemand mag, dass ihm Dinge aufgezwungen werden, dass er respektlos behandelt, beleidigt oder zum Opfer von Diskriminierung wird.

Die Menschen in der arabischen Welt zeigen zusehends Ungeduld gegenüber Regimen, die sie als unzurechnungsfähige Unmündige behandeln, die nicht darüber entscheiden können, was für sie gut oder schlecht ist, die nicht in der Lage sind, für sich selbst zu entscheiden oder Politik und Politiker zu bewerten. Sie akzeptieren nicht mehr Opfer der Willkürherrschaft irgendwelcher Leute zu sein, die aufgrund ihrer Funktion oder ihres sozialen Status Autorität genießen, sei es als Polizist, Richter, Parlamentarier oder Bürokrat. Mit einem Wort, sie wollen *demos kratia*, die Herrschaft durch das Volk. Derartige Gefühle herrschten in der arabischen Welt schon lange, ehe die Vereinigten Staaten oder Europa nach politischen Reformen in der Region riefen. Doch die Tatsache, dass derartige Forderungen erhoben werden, sollte bei der innerarabischen Debatte über die Art des Reformprozesses berücksichtigt werden. Die Reform des politischen Systems muss nicht nur vom Volk, sondern auch von den Eliten als moralische Notwendigkeit gesehen werden.

*Teilnahme am öffentlichen Leben*

Eine weitere Gefahr für menschliche Sicherheit ist deshalb das Fortbestehen dessen, was als demokratisches Defizit bezeichnet wird. Man ist sich heute allgemein einig in der Auffassung, dass die arabische Welt praktisch die einzige Region ist, die von den verschiedenen „Demokratisierungswellen", die seit Ende der 1980er Jahre verschiedene Teile der Entwicklungswelt erfasst haben, unberührt geblieben ist. Derzeit können nur wenige arabische Länder in Anspruch nehmen, ein wirklich demokratisches politisches System zu haben. Diese Situation besteht ununterbrochen seit der Erlangung der Unabhängigkeit der arabischen Länder. Soweit irgend möglich, versuchten die Kolonialmächte bei ihrem Abzug Herrscher an die Macht zu bringen, die ihnen gegenüber freundlich und wohlwollend waren. Mit ein oder zwei Ausnahmen waren die Herrscher prowestlich eingestellt und blieben dies auf lange Zeit.

Dabei unterließen es die westlichen Regierungen, die Unterdrückung anzuprangern oder zu verurteilen, die in verschiedenen Teilen der arabischen Welt herrschte, wobei das Argument lautete, politische Veränderungen würden zu „Instabilität" in der Region führen. Ihre eigentliche Befürchtung war jedoch, dass die Macht an Parteien oder Bewegungen übergehen könnte, die sie nicht mehr kontrollieren können und die ihre Interessen in der Region, einschließlich des Zugangs zum Öl, gefährden. Die gleichen Befürchtungen bestehen auch heute noch, obwohl Europa und die USA offen politische Reformen und mehr Demokratie in der arabischen Welt fordern. In der öffentlichen Meinung wird die Aufrichtigkeit dieser Forderungen eher skeptisch beurteilt. Zweifel bestehen an den Motiven, insbesondere mit Blick auf den gescheiterten Demokratisierungsprozess in Algerien im Jahre 1991 und angesichts der Art und Weise, wie derzeit im Irak die Demokratie eingeführt werden soll.

Dass die Forderung der Öffentlichkeit nach demokratischer Herrschaft Jahrzehnte lang unter Kontrolle gehalten werden konnte, ist das Ergebnis eines stillschweigenden „Vertrags". Die Aneignung der öffentlichen Ressourcen (ob Öl, Land oder Steuern) durch die Herrschenden führte dazu, dass sich eine schädliche Haltung entwickeln konnte, was die Aneignung und Ausübung von Herrschaft, Rechte und Pflichten, Gerechtigkeit und Gleichbehandlung, Arbeit und Leistung, Verantwortung und Freiheit anbelangt. Der öffentlich Bedienstete wird dabei zum Herren und der Bürger zum Sklaven. Dies bedeutet nicht, dass das Öl für den moralischen Verfall verantwortlich ist oder dass Moral Armut voraussetzt. Die eigentliche Gefahr liegt darin, dass die Gesellschaft glaubt, genügend Ressourcen zu haben, um sich über bestimmte ethische Grundprinzipien hinwegsetzen zu können. Die Menschen kümmern sich dann nur noch um die materiellen Aspekte der Sicherheit. Wenn sie Essen auf dem Tisch, ein Auto in der Garage und ein für ein angenehmes Leben ausreichendes Einkommen haben, ist es ihnen gleichgültig, wer am Ruder ist oder wie das Staatsschiff gesteuert wird. Diese Mentalität ist es, die der Veränderung bedarf, und zu einer solchen wird es nur dann kommen, wenn moralische und gesellschaftliche Normen wieder Gültigkeit erlangen und geachtet werden. Tatsächlich sind viele Araber der Ansicht, dass selbst wenn es möglich wäre nachzuweisen, dass die Demokratie eines bestimmten Reifegrades oder der Erfüllung sonstiger Voraussetzungen bedarf, und wenn es Instrumente gäbe, um zu messen, ob die Araber diese Voraussetzungen erfüllen, die unausweichliche Schlussfolgerung dennoch wäre, dass die Demokratie schon vor Jahren in der Region hätte eingeführt werden sollen. Die Araber glauben nicht, dass sie für die Demokratie weniger geeignet sind als andere Gesellschaften, die diese in jüngster Vergangenheit oder auch lange vorher eingeführt haben.

An einer ausführlichen Diskussion über die Bedeutung von Demokratie und deren theoretischer Begründung besteht hier wohl kaum Bedarf. Es sei lediglich daran erinnert, dass Staatsbürgerschaft kein spezifisches Bildungs- oder Vermögensniveau oder die Erfüllung bestimmter Anforderungen an Geschlecht, Hautfarbe, Religion oder sozialen Status voraussetzt. Andererseits beinhaltet der Status des Staatsbürgers eine Reihe von Pflichten und Rechten. Zu den Pflichten gehören unter anderem die Einhaltung allgemein akzeptierter Regeln des Zusammenlebens, die Anerkennung unterschiedlicher Meinungen, die Bereitschaft, als Angehöriger einer Minderheit diesen Status zu akzeptieren und gleichzeitig das Recht wahrzunehmen, sich mit anderen zusammenzuschließen, um neue Mehrheiten zu bilden. Dazu gehört schließlich auch, innerhalb akzeptierter Institutionen Gesetze und Regeln infrage zu stellen und diese zu ändern sowie auch gegen diejenigen, die diese Gesetze und Regeln machen, zu kandidieren und sie abzulösen. Die genannten Rechte lassen sich in einer grundlegenden Kategorie zusammenfassen: Rede- und Versammlungsfreiheit. Dies ist die entscheidende Voraussetzung für den Fortschritt der menschlichen Gesellschaft. Sicherlich sind nicht alle Ansichten und Meinungen von gleichem Wert oder Nutzen, doch sie sollten alle Gelegenheit haben, gehört zu werden. Hieraus folgt logischerweise auch das Recht für jedermann, allen Rednern zuzuhören und sich mit Rednern und Zuhörern ähnlicher Meinung zusammenzuschließen. Schließlich müssen diejenigen, die ihre Ideen in der Politik umgesetzt wissen möchten, das Recht haben, sich um ein Mandat hierzu zu bemühen.

Die Araber sollten sich von der Vorstellung lösen, ein Einzelner könne aufgrund von Geburt oder später erworbener Kennzeichen ein Monopol auf Weisheit, Moral, Wissen oder Autorität haben. Im besonderen Falle der Politik muss davon ausgegangen werden, dass die Bürger selbst am besten wissen, was gut für sie ist. In der Praxis hat sich diese Regel nicht immer als zuträglich erwiesen. Denn es ist klar, dass die Mehrheit nicht immer Recht hat und dass sie auch tyrannisch sein kann. Hierin liegt eines der Risiken von Demokratie, das jedoch dadurch gemindert werden kann, dass ein aufgeklärter und mutiger Führer unpopuläre Maßnahmen „undemokratisch“ durchsetzt. Auf jeden Fall dürfen alle

Entscheidungen nur vorübergehend gelten und bedürfen letztlich der Bestätigung oder der Änderung.

Heute stehen die Araber vor allem vor der Aufgabe, sicherzustellen, dass alle Bürger gleiche Chancen haben, sich daran zu beteiligen, wie ihre Sicherheit definiert werden soll, und Wege zu entwickeln, dass eben diese Sicherheit erreicht und erhalten werden kann. Welcher Ansatz auch immer gewählt wird, um dieses Ziel zu erreichen, er muss von den Arabern selbst bestimmt und umgesetzt werden. Es dürfte auf der Hand liegen, dass Gefahren für die menschliche Sicherheit sich sowohl außerhalb als auch innerhalb der Region ergeben. Einige dieser Gefahren sind mit Naturbedingungen verknüpft, während andere durch menschliches Verhalten verursacht sind. Einige Gefahren sind unmittelbarer und gravierender als andere. Aber auf alle muss unmittelbar reagiert werden, um sie abzuschwächen oder zu beseitigen, wobei sicherlich einige Gefahren alle Araber gemeinsam betreffen, während andere nur bestimmte Teile oder Schichten der Bevölkerung bedrohen. Weiterhin wurde dargelegt, dass menschliche Sicherheit nicht erreichbar ist, wenn man sich nicht um Freiheit von Not und Freiheit von Angst bemüht.

### *Schlussfolgerungen und Empfehlungen*

Die Mindestforderung sollte lauten, dass jeder Bürger Zugang zu Bildung, Gesundheitsversorgung und Erwerbstätigkeit hat. Bürger, die zur Erfüllung ihrer Grundbedürfnisse durch eigene Leistung nicht in der Lage sind, sollten staatliche Unterstützung genießen. Besondere Aufmerksamkeit gebührt den verletzlichen Gruppen wie Kindern, älteren Menschen, Behinderten, chronisch Kranken in isolierten oder entlegenen Gegenden. Sofern einzelne Staaten zu einer solchen Hilfe nicht in der Lage sind, sollte diese durch die internationale Gemeinschaft erfolgen.

Das Konzept der menschlichen Sicherheit mit den ihm zugrunde liegenden Werten der Solidarität, der Toleranz, der Offenheit, des Dialoges, der Transparenz, der Rechenschaftspflicht, der Gerechtigkeit und der Gleichbehandlung sollte in allen Gesellschaften weite Verbreitung finden. Dazu sollte menschliche Sicherheit auf allen Ebenen des Bildungssystems berücksichtigt werden. Die Medien sollten mobilisiert werden, um dafür ein Bewusstseins zu schaffen. Die Menschen sollten auch von den Medien ermutigt werden, nach Möglichkeiten zur Verbesserung der eigenen Sicherheit und der Sicherheit ihrer jeweiligen Gemeinschaft zu suchen. Auch die Zivilgesellschaft sollte zur Förderung der menschlichen Sicherheit mobilisiert werden. Besondere Anstrengungen sollten unternommen werden, die Unterstützung von Frauenorganisationen, Akademikern, Berufsverbänden und der Privatwirtschaft zu gewinnen. Dadurch könnten die Ressourcen und Fertigkeiten der Menschen vor Ort besser genutzt werden, so dass die Betroffenen das Gefühl haben, über die Umsetzung des Konzepts selbst bestimmen zu können, und sich eine Kultur menschlicher Sicherheit weit verbreiten kann.

Menschliche Sicherheit sollte insbesondere auf lokaler Ebene und im Nachbarschaftsbereich angestrebt werden. Doch nicht immer stehen dazu Ressourcen in ausreichendem Maße zur Verfügung. Daher kommt dem Staat eine wichtige Rolle dabei zu, Ressourcen zu mobilisieren und diese Bedürftigen zur Verfügung zu stellen. In dieser Hinsicht sind arabische Staaten aufgefordert, moralische, materielle und technische Hilfe von anderen arabischen Staaten und der internationalen Gemeinschaft in Anspruch zu nehmen oder solche Hilfe anzubieten. Viele Aspekte der menschlichen Sicherheit haben eine tiefe Verwurzelung in der arabischen Kultur und im Islam. Daher dürfte es nicht schwierig sein, diese in der arabischen Region zu übernehmen oder umzusetzen.

*Übersetzung: Jobst Ellerbrock*

### *Literatur*

Burton, John, 1990: Conflict: Human Needs Theory. Basingstoke.

Chourou, Bechir, 2003: Implications of Declining Food Supplies: Food Security vs. Market Economy, in: Hans Günther Brauch/Antonio Marquina/Mohammad El-Sayed Selim/Peter H. Liotta/Paul Rogers (Hg.), Security and Environment in the Mediterranean – Conceptualising Security and Environmental Conflict. Berlin, S. 827-842.

Hudson, Michael C., 1995: The Political Culture Approach to Arab Democratization, in: Rex Brynen/Bahgat Korany/Paul Noble (Hg.), Political Liberalization and Democratization in the Arab World, Vol. 1. Boulder, CO, S. 61-76.

ICISS (International Commission on Intervention and State Sovereignty ), 2001: The Responsibility to Protect: Report of the International Commission on Intervention and State Sovereignty. Ottawa. <www.iciss.gc.ca, 23.07.07>.

Jreisat, Jamil E., 1997: Politics Without Process: Administrating Development in the Arab World. Boulder, CO.

Kedouri, Elie, 1994: Democracy and Arab Political Culture. London.

Roy, Olivier, 1995: Généalogie de l'Islamisme. Paris.

UNDP (United Nations Development Programme), 2002a: Arab Human Development Report 2002: Creating Opportunities for Future Generations. New York.

UNDP (United Nations Development Programme), 2002b: Human Development Report 2002: Deepening Democracy in a Fragmented World. New York.

UNDP (United Nations Development Programme), 2003: Arab Human Development Report 2003: Building a Knowledge Society. New York.

UNDP (United Nations Development Programme), 2004: Arab Human Development Report 2004. Towards Freedom in the Arab World. New York.

UNESCO (United Nations Educational, Scientific and Cultural Organization), 2005: Promoting Human Security: Ethical, Normative and Educational Frameworks in the Arab States. Paris.

# Ausblick

# Menschliche Sicherheit – ein zukunftsfähiges Konzept?

*Sascha Werthes*

Die Anzahl der Publikationen zum Konzept menschlicher Sicherheit hat seit 1994 beständig zugenommen und wird wohl noch geraume Zeit weiter zunehmen. Nichtsdestotrotz verweisen die Beiträge auch dieses Bandes auf Schwierigkeiten und Herausforderungen der Konzeptionalisierung und Konkretisierung. Auf diese Schwierigkeiten und Herausforderungen gehen vor allem die Beiträge des ersten Teils des Bandes ein. Zugleich zeigen sie aber die Besonderheiten und perspektivischen Stärken auf, welche dem Ansatz innewohnen. Diese perspektivischen Stärken zeigen sich schließlich noch deutlicher in den Beiträgen des zweiten Teiles, während die Beiträge des dritten Teils, vor dem Hintergrund regionaler Überlegungen, eine gewisse Skepsis deutlich werden lassen, wenn man zu hohe Erwartungen an das Konzept und dessen Umsetzung hegt.

Während sich der Beitrag von Keith Krause noch sehr stark auf Ambivalenzen und Ambiguitäten in der akademischen Beschäftigung mit menschlicher Sicherheit konzentriert, zeigt sich bei der Betrachtung politischer Implementierungs- und Institutionalisierungsversuche (vgl. den Beitrag von David Bosold), dass trotz zweier Verständnisse (einem engen und einem weiten) hier durchaus viel versprechende Prozesse und Entwicklungen beobachtbar sind. Diese haben zwar noch nicht zur Herausbildung eines „Human Security-Regimes“ geführt, machen aber das dem Ansatz innewohnende Potenzial deutlich. Schon jetzt ist das Konzept ein politisches Statement und selbstverpflichtendes Leitmotiv verschiedener politischer Administrationen, Institutionen und auch zivilgesellschaftlicher Organisationen geworden. So starteten oder unterstützten sowohl die kanadische als auch die japanische Regierung als Zeichen ihrer Selbstverpflichtung auf das Leitbild menschlicher Sicherheit verschiedene politische Initiativen. Bekannt geworden sind vor allem der Ottawa-Prozess zum Verbot von Landminen oder auch der *Human Security Trust Fund*, ein von der japanischen Regierung bei den Vereinten Nationen (UN) initiierter Treuhandfonds, mit dem das Konzept menschlicher Sicherheit in der politischen Praxis umgesetzt werden soll.[1]

Beinahe alle Beiträge verweisen explizit oder implizit auf ein Komplexitätsdreieck, welches schon Fen Osler Hampson (2002, 16f.) konkretisiert hat (vgl. den Einleitungsbeitrag). Menschliche Sicherheit umfasst demnach drei Dimensionen: eine sicherheitspolitisch-humanitäre, eine menschenrechtliche und eine

1 Von 1999 bis 2006 unterstützte die japanische Regierung den Treuhandfonds mit ca. 300 Mio. US-$.

entwicklungspolitische Dimension. Letztlich befinden sich diese Dimensionen in einem spannungsgeladenen Beziehungs- und Abhängigkeitsverhältnis zueinander, dem sich die Beiträge des dritten Teils ausführlich widmen und welche auch in den Betrachtungen aus regionaler Perspektive immer wieder augenscheinlich werden.

Diesen kritischen und nur zaghaft optimistischen Reflexionen zum Trotz zeigen gerade die nicht-westlichen regionalen Betrachtungen die Stärken – aber auch Schwächen – der Idee menschlicher Sicherheit auf. Sie belegen zum einen, wie sich menschliche Sicherheit als Zielvorstellung, politisches Leitmotiv oder Argumentationsfigur in den Regionen politisch etabliert hat. Zum anderen liefern sie Anschauungsmaterial, wie das Konzept sich politik- und/oder handlungsorientiert für regionalspezifische Herausforderungen konkretisieren lässt bzw. wo hier die Schwierigkeiten liegen.

Im Folgenden wird noch einmal näher auf das in den Beiträgen deutlich gewordene Komplexitätsdreieck eingegangen. Dabei wird aufgezeigt, wie eine Differenzierung nach Problematiken der Empfindlichkeit und Verwundbarkeit dazu beitragen kann, Abgrenzungsproblematiken zu einer umfassenden Menschenrechtspolitik (vgl. den Beitrag Benedek/Kettemann) und dem Konzept menschlicher Entwicklung zu minimieren (vgl. den Beitrag Busumtwi-Sam). Darüber hinausgehend soll dargelegt werden, wie sich dadurch Bereiche autonomer staatlicher Fürsorgepflichten von Bereichen abgrenzen lassen, in denen eine inter- und transnationale Einmischung – oder besser Verantwortlichkeit – zunehmend legitimierbar scheint.

Schließlich soll dieser Beitrag verdeutlichen, dass menschliche Sicherheit von akademischer und vor allem politischer Relevanz bleiben dürfte, da sie sich normativ universell, aber auch regional spezifiziert begründen, politisch gestalten und akademisch letztlich doch fundieren lässt. Auch wenn noch einige Herausforderungen und Aufgaben bewältigt werden müssen, so scheint das Konzept menschlicher Sicherheit doch zukunftsfähig zu sein.

## *Das Komplexitätsdreieck: Menschenrechte – Menschliche Entwicklung – Menschliche Sicherheit*

Zahlreiche Beiträge dieses Bandes haben darauf Bezug genommen, dass sich zumeist zwei Verständnisse menschlicher Sicherheit unterscheiden lassen, ein weites und ein enges. Das „weite“ Verständnis von menschlicher Sicherheit verweist *sowohl* auf die Notwendigkeit, Menschen und soziale Gruppen gegenüber bestimmten unmittelbaren Bedrohungen (vor allem gewaltsamer/physischer Art) zu schützen, *als auch* auf die Notwendigkeit der Gewährleistung einer sozioökonomischen Lebensgrundlage. Dem gegenüber fokussiert die „enge“ Variante menschlicher Sicherheit vor allem auf physische Gewaltanwendungen insbesondere in gewaltsam ausgetragenen Konflikten. Den folgenden Überlegungen liegt ein Verständnis von menschlicher Sicherheit zugrunde, welches weder die so genannte „enge" Variante (Freiheit von Furcht) noch die so genannte „weite" Variante (Freiheit von Not) favorisiert.[2] Beide Varianten stehen, so die Überzeugung des Autors, in einem engen interdependenten Wechsel- und Spannungsverhältnis zueinander, welches letztlich nicht aufgelöst werden kann (vgl. auch Ewans 2007). Im Vordergrund der Betrachtungen sollte daher die Verwundbarkeit der Menschen stehen (vgl. den Beitrag von Busumtwi-Sam). Diese kann nur überwunden werden, wenn das interdependente Wechsel- und Spannungsverhältnis berücksichtigt wird.

Normative Grundlage der hier ausgeführten Überlegungen ist, menschliche Sicherheit als Minimalbedingung für ein menschenwürdiges (Über-)Leben zu begreifen und als handlungspolitisches Leitmotiv einzufordern. Ähnlich dem Ansatz der *Commission on Human Security* (CHS 2003) orientiert sich die hier vorgeschlagene Idee menschlicher Sicherheit am „vital core", das heißt an der physischen und psychischen Integrität des einzelnen Individuums, und bezieht zugleich die Menschenwürde mit ein. Vor diesem Hintergrund lassen sich gravierende und tief greifende Bedrohungen bzw. Gefährdungen des menschlichen Lebens in drei Cluster unterteilen:

- Physische und psychische Gewalt, die kriegerisch, kriminell und privat sein kann;
- Krankheit und Unterernährung, die insbesondere bei chronischem Mangel und bei Seuchen zum Tragen kommen;
- Umweltzerstörung, Umweltbelastung und Naturkatastrophen.

Hieran orientiert lässt sich menschliche Sicherheit wie folgt definieren:

> Menschliche Sicherheit bezieht sich sowohl auf die physische und psychische Integrität als auch auf die Würde des Menschen. Menschliche Sicherheit ist gegeben, wenn ein (menschenwürdiges) (Über-)Leben (dauerhaft ungefährdet) gewährleistet ist. Somit kann menschliche Sicherheit sowohl durch physische als auch psychologische Gewalt, aber ebenfalls durch Krankheiten/Seuchen, Unterernährung sowie durch Umweltzerstörung gefährdet werden.

Ein solches Verständnis verweist darauf, dass menschliche Sicherheit durch vielfältige politische Strategien und Aktivitäten befördert werden kann. Der Dreh- und Angelpunkt muss die Förderung der individuellen Fähigkeiten, der Aufbau institutioneller Kapazitäten sowie die Identifizierung und Stärkung von Prozeduren und Prozessen, Normen und Prinzipien sein, welche präventiv oder reaktiv den Umgang mit diesen kritischen und gravierenden (Über-) Lebensbedrohungen ermöglichen.

---

2 Diese Ausführungen stützen sich auf Überlegungen einer gemeinsamen Forschungsgruppe des Bonn International Center for Conversion (BICC) und des Instituts für Entwicklung und Frieden (INEF) zu menschlicher Sicherheit.

Aber löst diese Definition die viel kritisierte analytische Schwammigkeit auf? Lässt sich mittels dieser Definition eine Politik menschlicher Sicherheit trennscharf von einer Menschenrechts- oder Entwicklungspolitik abgrenzen? Sind die Bedrohungen menschlicher Sicherheit gleichzusetzen mit den Herausforderungen der Menschenrechts- und Entwicklungspolitik? Allein schon an diesen knapp gestellten Fragen wird deutlich, dass hieran orientierte Politiken zur Gewährleistung oder Beförderung menschlicher Sicherheit nicht umhin kommen, ein interdependentes Beziehungsgeflecht zwischen Menschenrechtsproblematiken, entwicklungs- und sicherheitspolitischen Problematiken zu unterstellen und zu berücksichtigen. Maßnahmen mit Bezug auf diese Bereiche können augenscheinlich eine wie oben definierte „menschliche Sicherheit“ befördern.

Aber was heißt dies für die Frage der Zukunftsfähigkeit des Konzepts konkret? Spielt dies überhaupt eine Rolle? Letztlich lässt sich argumentieren, dass zumindest die *vorläufige politische Zukunftsfähigkeit* der Idee bzw. des Konzepts menschlicher Sicherheit sich nicht in der Möglichkeit begründet, eine hieran orientierte Sicherheitspolitik von einer Menschenrechts- und Entwicklungspolitik exklusiv abgrenzen zu können. Gerade die dem Konzept innewohnende Akzeptanz des unterstellten interdependenten Beziehungsgeflechts, macht es politisch interessant und auch zukunftsfähig. Der Rekurs auf „menschliche Sicherheit“ durch politische Eliten in Reden und Dokumenten verweist schon jetzt auf die – nicht immer unproblematische und ja auch vielfach kritisierte – funktionale Möglichkeit, hiermit sicherheits-, menschenrechts- oder entwicklungspolitische Maßnahmen zu legitimieren und ihnen eine höhere Priorität einzuräumen. Als normativ positiv besetztes politisches Leitmotiv ist es vorerst für die politische Legitimationsgewinnung funktional.

Allerdings wird wahrscheinlich die *langfristige politische Zukunftsfähigkeit* davon abhängen, ob so legitimierte und mit Priorität versehene Maßnahmen auch tatsächlich ihren Beitrag zur Sicherung des (Über-)Lebens leisten. Hiermit verknüpft ist die Frage, ob menschliche Sicherheit als Argumentationsfigur und Leitmotiv auch tatsächlich Verantwortlichkeiten gerade innerhalb dieses komplexen interdependenten Beziehungsgeflechts zuweisen und eine politische Umsetzung befördern kann. Erhellend ist hier die Studie von Nicholas J. Wheeler, in der er die Veränderung von Prinzipien humanitärer Intervention vor und nach dem Ende des Kalten Krieges untersucht. Er argumentiert, dass der *aktuelle* Wandel dieser Prinzipien neue beziehungsweise andere Handlungen legitimierbar erscheinen lässt, welche vorher „verboten“ oder durch die internationale Gemeinschaft als nicht akzeptierbar erschienen (Wheeler 2002, 8). An Wheeler anschließend lässt sich überzeugend argumentieren, dass menschliche Sicherheit es bereits geschafft hat, einen weltweiten sicherheitspolitischen Diskurs darüber zu initiieren, welche Zustände das menschliche Leben gefährden. Gerade die *International Commission on Intervention and State Sovereignty* (ICISS 2001) mit ihrem Report „Responsibility to Protect“ ist hier exemplarisch. Die Forderung nach einer Verantwortung zum Schutz beinhaltet, dass gewisse Bedrohungen der menschlichen Sicherheit nicht tolerierbar sind. Dies kann sogar eine militärische Intervention nach sich ziehen. Vorbehaltlich von Prinzipien zur Vorbeugung von Missbrauch (vgl. FN 5) soll in Fällen, in denen das Leben vieler Menschen durch a) aktuelle oder befürchtete Handlungen oder Nicht-Handlungen von Staaten oder in Fällen zerfallener Staatlichkeit oder b) durch „ethnische Säuberungen" bedroht ist, die internationale Staatengemeinschaft handeln (vgl. den Beitrag von Thakur). Die durchaus breite Akzeptanz des Reports verdeutlicht, wie sehr menschliche Sicherheit bzw. deren Bedrohung als handlungsleitende Norm bereits akzeptiert wird.

Diese und andere Initiativen, die Verwendung und Diskussion der Begrifflichkeit in aktuellen politischen Reden und Dokumenten sowie die humanitäre Situation in vielen Ländern der Welt (vgl. International Crisis Group 2007, Fund for Peace 2007, oder auch Economist Intelligence Unit 2007) lassen zumindest eine mittelfristige politische Zukunftsfähigkeit des Konzepts erwarten.

Im Folgenden sollen erste viel versprechende Überlegungen und Ansatzpunkte vorgestellt werden, wie die zentralen Herausforderungen der (langfristigen) Zukunftsfähigkeit des Konzepts menschlicher Sicherheit bewältigt werden könnten.

### *Empfindlichkeit und Verwundbarkeit*

Jeder einzelne Mensch nimmt *Un*sicherheit individuell und im Hinblick auf unterschiedlichste Bedrohungsszenarien wahr. Als tragfähiges Konzept muss menschliche Sicherheit allerdings herausarbeiten, durch welche Faktoren und Kontexte Menschen *objektiv*, systematisch und nachhaltig in ihrem (Über-)Leben gefährdet sind. Diese Faktoren und Kontexte werden sich im Hinblick auf Kontinente, Regionen, Nationen, auf lokaler Ebene und bezogen auf Bevölkerungsgruppen unterscheiden. Allein schon die Verbreitung von Kriegen bzw. gewaltsamen Konflikten oder auch von HIV/Aids verweist auf unterschiedlichste Bedrohungslagen weltweit. Diese unterschiedlichen Bedrohungslagen müssen fassbar werden, will man langfristige Zukunftsfähigkeit erlangen. Ferner müssen quantifizierbare Schwellen identifiziert werden, die Auskunft über das Ausmaß der Bedrohung/der Unsicherheit für den Menschen geben.

An dieser Stelle soll ein Modell vorgeschlagen werden, welches sich letztlich an der Idee der *Empfindlichkeit* und *Verwundbarkeit* (Keohane/Nye 1986)[3] orientiert. Empfindlichkeit bedeutet in diesem Zusammenhang, äußeren Einwirkun-

3 Das Modell der komplexen Interdependenz von Keohane und Nye lässt eine Adaption auf das unterstellte interdependente Beziehungsgeflecht zwischen menschenrechts-, entwicklungs- und sicherheitspolitischen Problematiken zu.

**Abbildung 1: Stufen menschlicher (Un-)Sicherheit im Kontext von Verantwortlichkeiten und Pflichten**

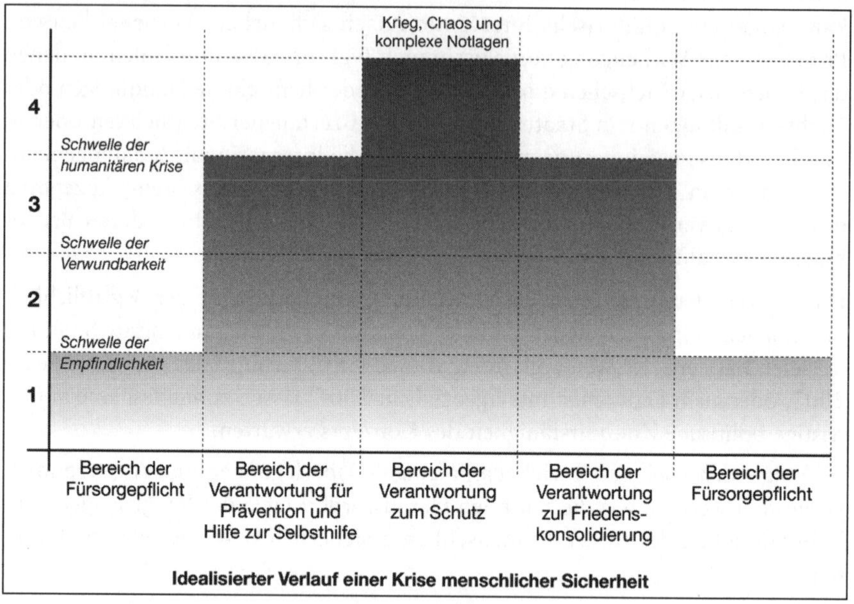


**Stufe 1:** *Stufe menschlicher Sicherheit*: Es gibt keine systematischen und nachhaltigen Gefährdungen und Bedrohungen des (Über-) Lebens.

**Stufe 2:** *Stufe relativer menschlicher Sicherheit:* Es existieren Faktoren und Kontexte, die das (Über-) Leben gefährden. Allerdings verfügen die bedrohten Menschen weitestgehend über Strategien, Instrumente oder Hilfe, um mit diesen Bedrohungen umgehen zu können.

**Stufe 3:** *Stufe relativer menschlicher Unsicherheit:* Es existieren Faktoren und Kontexte, die das (Über-) Leben bedrohen. Strategien, Instrumente und Hilfe, um mit diesen Bedrohungen umgehen zu können, stehen nur in begrenzt adäquatem Umfang zu Verfügung.

**Stufe 4:** *Stufe menschlicher Unsicherheit:* Es existieren Faktoren und Kontexte, die das (Über-) Leben massiv bedrohen. Strategien, Instrumente und Hilfe, um mit diesen Bedrohungen umgehen zu können, stehen so (vor Ort) nicht zur Verfügung.

gen unterworfen zu sein, welche weitestgehend durch eine „Reaktion" der Betroffenen oder durch die Fürsorge staatlicher und gesellschaftlicher Akteure selbst kontrolliert werden können. Verwundbarkeit beschreibt ergänzend einen Zustand, bei dem ein Akteur oder eine Gruppe von Akteuren Ereignissen oder Umständen gegenübersteht, welche schwer zu kontrollieren sind, und dies auch auf lange Sicht. Verwundbarkeit kann als eine Situation beschrieben werden, in der Menschen durch Umstände und Faktoren beständig in ihrem (Über-)Leben bedroht werden, selbst wenn sie auf diese reagieren bzw. wo eine Reaktion kaum möglich ist oder ihre Fähigkeiten zu einer angemessenen Reaktion (noch) nicht ausreichen. Verwundbarkeit wird somit als – zumindest langfristig – nicht akzeptierbare Situation gesehen.

Vier Stufen menschlicher Un-/Sicherheit können mit Blick auf eine schwellenwertorientierte Abgrenzung voneinander unterschieden werden (vgl. Abb. 1). Taylor Owen (2003, 2004a, 2004b) hat aufgezeigt, wie diese Schwellenwerte quantifizierbar und damit messbar gemacht werden könnten. Auch der Human Security Report 2005 quantifiziert in dieser Hinsicht verschiedene Bedrohungen. Sowohl Owen als auch der Human Security Report zeigen explizit auf, dass der Bereich der Verwundbarkeit für verschiedene Gruppen (zum Beispiel Kinder, Frauen) oder in verschiedenen Regionen gegenüber unterschiedlichen Bedrohungen variieren kann. Durch den Maßstab der Empfindlichkeit und Verwundbarkeit können Faktoren und Kontexte, welche menschliche Sicherheit gefährden, ein- und abgegrenzt werden. Nur gewisse Bereiche der Menschenrechts- und Entwicklungspolitik werden letztlich die Verwundbarkeitsschwelle überschreiten und das (Über-)Leben von Menschen bedrohen.

Es fehlen derzeit noch systematische und vergleichende Studien, die die Tragfähigkeit dieser Überlegungen überzeugend herausarbeiten. Die Frage bleibt offen, mit welchen Instrumenten und Strategien sowie durch welche Akteure menschliche Sicherheit gefördert beziehungsweise gewährleistet werden soll. Allerdings lässt sich formulieren, dass mit einer Verschlechterung der Situation menschlicher Sicherheit, insbesondere ab der Stufe 3, die internationale Staatengemeinschaft zunehmend in die Pflicht bzw. Verantwortung genommen wird. Je dunkler der schattierte Bereich in Abbildung 1, desto eher – so lässt sich provokativ formulieren – wird diese Verantwortung heute akzeptiert und desto höher ist die Wahrscheinlichkeit, dass internationale Initiativen (der Einmischung) eine breite Legitimation erfahren.

## *Fürsorgepflicht und Verantwortung – Bereiche akzeptierter Subsidiarität*

Wie bereits ausgeführt, lässt sich die Problematik der eindeutigen Abgrenzung „menschlicher Sicherheit“ zu den Bereichen „Menschenrechte“ und „menschlicher Entwicklung“ nicht völlig auflösen. Wohl aber vermittelt die Idee der Empfindlichkeit und der Verwundbarkeit einen Ansatzpunkt, Thematiken einzugrenzen, die menschliche Sicherheit gefährden oder bedrohen (vgl. Abb. 2). Der Bereich „menschlicher Verwundbarkeit“ hat sich zum 21. Jahrhundert hin zu einer Sphäre entwickelt, in der eine Einmischung inter- und transnationaler Akteure mehr und mehr als legitim erscheint. Hier wird letztlich eine internationale Verantwortung vorausgesetzt und weitestgehend akzeptiert, wie unter anderem die Verabschiedung der Millennium-Entwicklungsziele verdeutlicht (vgl. UNGA 2005, Abs. 138, 139).[4]

4 Interessant und erhellend hierzu Evans 2007a, 2007b.

**Abbildung 2: Verantwortung und Fürsorgepflichten**

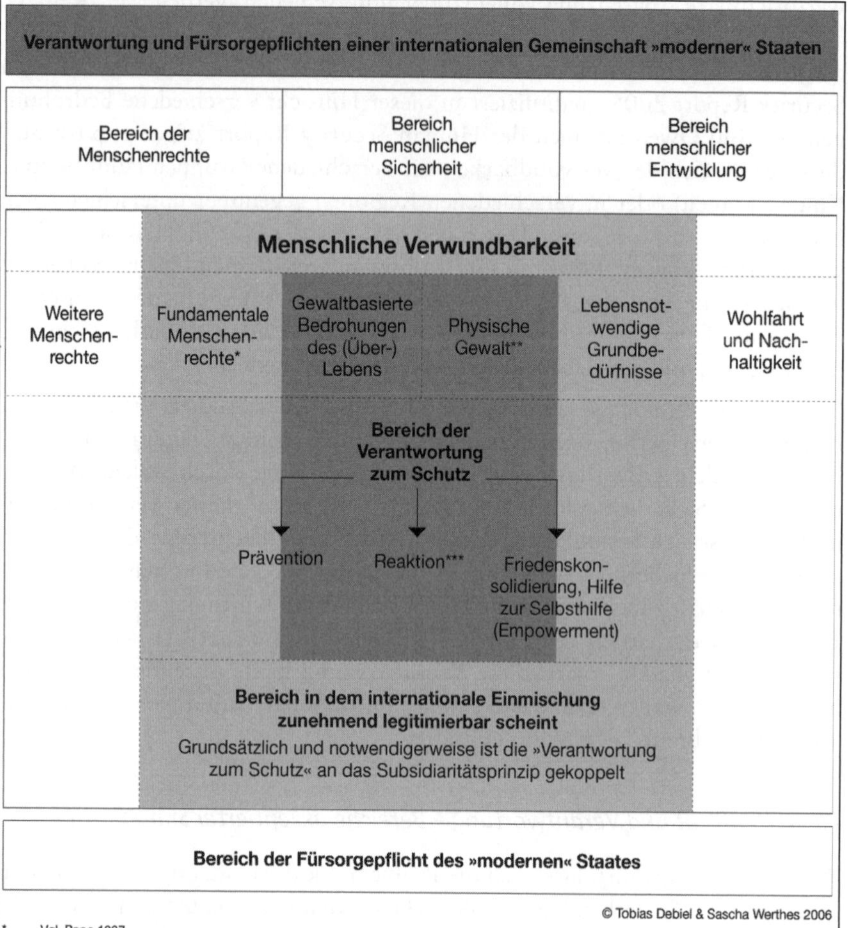


* Vgl. Pape 1997
** Einbezogen ist auch »psychische Gewalt« durch Folter, Vergewaltigung und ähnliche Versuche zur Zerstörung der psychischen Integrität.
*** Die Reaktion kann in Extremfällen und unter klar definierten Kriterien auch (militärische) Intervention bedeuten.

Für schwerste Menschenrechtsverletzungen und Verbrechen gegen die Menschlichkeit wird gar eine „Responsibility to Protect" (vgl. den Beitrag von Thakur und die Beiträge in Jütersonke/Krause 2006), eine Verantwortung zum Schutz im Sinne einer direkten Reaktion eingefordert. Sie erlaubt sogar – sofern eine Legitimation durch die Vereinten Nationen gegeben ist – eine direkte Intervention in die inneren Angelegenheiten eines Staates.[5] Die Verantwortung zum

5 Für die Legitimierung einer *militärischen* Intervention werden fünf Kriterien vorgeschlagen: 1) Ernsthaftigkeit der Bedrohung (tatsächliches oder befürchtetes massives Sterben), 2) Motivation bzw. Ziel der militärischen Aktionen (Beendigung oder Bannen der Bedrohung), 3) militärische Ak-

Schutz in den Bereichen menschlicher Unsicherheit ist allerdings an ein Subsidiaritätsprinzip gekoppelt. Ausgehend vom Einzelnen über die lokale, nationale, regionale bis hin zur internationalen Ebene soll menschliche Sicherheit möglichst (eigen-)verantwortlich auf der untersten bzw. kleinsten Ebene gewährleistet werden. Erst bei Nichtbewältigung der Aufgabe(n) geht die Verantwortung an die nächst höher gelegene Ebene über.

Zugleich lässt sich ein Bereich abgrenzen (vgl. auch Abb. 1), für den zwar eine Fürsorgepflicht der jeweiligen Akteure breit akzeptiert, eine externe Einmischung aber vorerst stringent abgelehnt wird. Für diese Bereiche existieren derzeit keine legitimierenden Prinzipien, die eine weitergehende Einmischung oder Intervention in die inneren Angelegenheiten von Staaten zulässig erscheinen ließen. Das Prinzip der Nichteinmischung dominiert hier. Auch das Konzept der menschlichen Sicherheit kann hier beispielsweise Menschenrechtsaktivisten nicht weiterhelfen, dient es doch nur in Fällen jenseits der Schwelle der Verwundbarkeit als legitimierendes Prinzip.

### *Vom politischen Leitmotiv zur politischen Praxis: Herausforderung der Zukunft*

Während sich menschliche Sicherheit als politisches Leitmotiv in internationalen und nationalen Debatten etabliert hat, hinkt die Umsetzung in der politischen Praxis noch hinterher. Allerdings lassen sich auch hier viel versprechende Initiativen und Ansätze aufzeigen (vgl. zum Beispiel MOFA 2007), auch wenn diese nicht immer sogleich ausdrücklich mit dem Leitmotiv menschlicher Sicherheit verknüpft wurden.

Als Paradebeispiel wird immer wieder auf den so genannten Ottawa-Prozess verwiesen. Im Rahmen dieses Prozesses gelang es, ein Verbot von Antipersonen-Landminen erfolgreich zum Abschluss zu bringen. Antipersonen-Landminen gefährden in vielen Regionen der Welt langfristig das Leben von Menschen. Noch lange nach bewaffneten Konflikten stellen verminte Gebiete eine Bedrohung der menschlichen Sicherheit dar. Die Konvention ist mittlerweile von mehr als 122 Staaten unterzeichnet worden. Zugleich hat der Prozess als solches veranschaulicht, dass auch „kleinere bis mittlere" Staaten in Zusammenarbeit mit zivilgesellschaftlichen Organisationen erfolgreich internationale Prozesse initiieren können.[6] Einzelne Staaten und zivilgesellschaftliche Organisationen bemühen sich, diesen Erfolg im Hinblick auf so genannte Streubomben und die

tionen nur als letztes Mittel, nach Ausschöpfung bzw. Abwägung aller friedlichen Mittel, 4) Verhältnismäßigkeit der Mittel, 5) Angemessenheit vor dem Hintergrund der zu erwartenden Folgen.

6 Vgl. auch www.icbl.org.

Verbreitung von Kleinwaffen zu wiederholen. Auch der Kimberley-Prozess, mit dem der Handel von Konfliktdiamanten[7] kontrolliert werden soll, wäre ein Beispiel für viel versprechende Initiativen einer Politik menschlicher Sicherheit. Ebenso können die verschiedenen Bemühungen, UN-Sanktionsregime „smarter" zu gestalten (vgl. Werthes 2003), im Sinne einer Politik menschlicher Sicherheit betrachtet werden. Ziel dieser Prozesse ist es unter anderem, nicht intendierte humanitäre Folgen für die Bevölkerung zu vermeiden, ohne den Druck auf die politisch Verantwortlichen zu verlieren.

Der erfolgreiche Prozess zur Etablierung des Internationalen Strafgerichtshofs ist ein anderes positives Beispiel, wie die Wahrnehmung der Fürsorgepflicht und Verantwortung für menschliche Sicherheit politisch ausgestaltet werden könnte. Die Beauftragung des Internationalen Strafgerichtshofs durch den UN-Sicherheitsrat zur Untersuchung der Vorfälle in der Region Darfur (Sudan) verdeutlicht nachdrücklich dessen politische Bedeutung – auch jenseits einer vorherigen Unterzeichnung des Statuts durch den betroffenen Staat. Die Unterstützung der Etablierung bzw. die Ratifizierung des Statuts des Internationalen Strafgerichtshofs könnte man überspitzt formuliert als die Wahrnehmung der Fürsorgepflicht durch Staaten bezeichnen. Die Mandatierung des Strafgerichtshofs wäre ebenso überspitzt formuliert dann die Wahrnehmung der Verantwortung durch den UN-Sicherheitsrat.

Die obigen Ausführungen verdeutlichen, dass das Konzept menschlicher Sicherheit durchaus zukunftsfähig ist. Politisch hält das Konzept ein hohes legitimatorisches Potenzial bereit. Zum einen veranschaulicht die Verknüpfung mit der Idee von Empfindlichkeit und Verwundbarkeit einen Bereich, in dem eine internationale Einmischung in innere Angelegenheiten von Staaten legitimierbar scheint. Zum anderen verdeutlicht die Problematik der Wechselbeziehungen zwischen Verwundbarkeiten (*vulnerability interdependence*), dass bestimmte Herausforderungen und Bedrohungen nur gemeinschaftlich multilateral bzw. im Rahmen einer Global Governance-Architektur bewältigt werden können. Wechselseitige, gegenseitige oder auch gemeinsame Verwundbarkeit mag Multilateralismus und Regime-Bildungsprozesse forcieren. Allerdings verweisen die Beiträge dieses Bandes aus regionaler Perspektive ebenfalls darauf, dass diejenigen Bereiche menschlicher (Un-)Sicherheit noch stark divergieren, bei denen vermutet wird, dass die Schwelle der Verwundbarkeit zukünftig überschritten werden könnte und für die daher eine gemeinsame subsidiäre Verantwortung akzeptiert werden sollte.

---

7 Manchmal auch als Blutdiamanten bezeichnet. Lokale Konfliktparteien finanzieren ihre kriegerischen Aktivitäten mit dem Handel von Diamanten. Im Rahmen des Kimberley-Prozesses soll dieser illegale Handel über ein internationales Zertifizierungssystem unterbunden werden (vgl. www.kimberleyprocess.com).

Zugleich bleibt, auch in den obigen Ausführungen, die quantitative und in Teilen qualitative Bestimmung und Abgrenzung von Empfindlichkeit zu Verwundbarkeit bisher noch weitestgehend ungelöst. Hier ist weitere Forschung vonnöten, aber die Bearbeitungswege lassen sich schon jetzt aufzeigen. Die Zukunft wird zeigen, ob beispielsweise eine (universelle, regionale, nationale) Indexierung von menschlicher Sicherheit oder Unsicherheit hinsichtlich bestimmter Indikatoren von Regionen, Staaten und Gebieten möglich ist. Die oben angesprochenen Indizes zu Staatsversagen (*State Failure Index*), Friedlichkeit (*Global Peace Index*) oder auch der *Human Development Index* verweisen letztlich auf die Möglichkeit hierzu.

Ferner ist hier offen geblieben, ob sich die Verwundbarkeiten soweit quantifizieren lassen (beispielsweise über die Anzahl der Betroffenen), dass eventuell gar eine Prioritätensetzung möglich wäre. Prioritätensetzungen werden vorerst noch heftige politische und normativ-ethisch begründete Diskussionen mit sich bringen. Hieran gekoppelt wird das Konzept, auch wenn es im Rahmen des Subsidiaritätsprinzips Verantwortlichkeiten zuweist, in der Zukunft nachweisen müssen, dass es auch die Wahrnehmung der Verantwortlichkeit einfordern und gewährleisten kann.

Im Kontext der Verwundbarkeiten lassen sich zwar relativ leicht Politiken, Strategien und Instrumente benennen. Allerdings vermittelt die bisherige (politikwissenschaftliche) Forschung im Allgemeinen noch kaum einen Einblick, wie verschiedene Politiken und Strategien zusammenwirken oder welche (nichtintendierten) Nebenfolgen verschiedene Instrumente haben könnten. Als gutes Beispiel dienen hierfür die Debatten zu „smarten" Sanktionen (vgl. Rudolf 2006, Werthes 2003). Politikfolgenabschätzung ist ein Bereich, mit dem sich auch die Forschung zu menschlicher Sicherheit intensiver auseinander setzen muss. Schließlich stellt sich beinahe naturgemäß neben diesen Forschungsdesiderata auch für den Bereich menschliche Sicherheit die Frage nach einer angemessenen und nachhaltigen Finanzierung.

## *Fazit*

Abschließend lässt sich zusammenfassen: Menschliche Sicherheit etabliert sich politisch als „Wert" beziehungsweise als Handlungen legitimierendes Prinzip sowie als politik- bzw. anwendungsorientiertes Leitmotiv. Das Konzept menschlicher Sicherheit konkretisiert sich zunehmend in Projekten. Die obigen Ausführungen haben aufgezeigt, dass sich Überschneidungen und Abgrenzungsproblematiken zu angrenzenden Politikfeldern zwar durchaus beobachten und letztlich nicht vermeiden lassen, zugleich jedoch, dass sich mittels empirischer Konkretisierung von Empfindlichkeit und Verwundbarkeit definitorisch flexible Grenzen postulieren lassen. Hier findet das Konzept im Sinne einer schwellenwertorientierten Definition eine empirische Fundierung. Das Konzept wird aller

Voraussicht nach auch für die Zukunft von Relevanz bleiben, weil es sich normativ universell begründen, politisch gestalten und akademisch letztlich doch fundieren lässt.

Menschliche Sicherheit hat als konzeptionelle Idee ihre Geburt und frühen Kindheitsjahre überlebt. Die Herausforderung der Jugend beziehungsweise der Adoleszenz, sich für gestalterische politische Herausforderungen zu konkretisieren und als wissenschaftlich anwendbares Analysekonzept zu entwickeln, muss sie nun bewältigen. Nur so wird das Konzept zunehmenden Herausforderungen und Aufgaben gewachsen sein, denen es auch im Alter gegenüberstehen wird.

### *Literatur*


CHS (Commission on Human Security), 2003: Human Security Now. <www.humansecurity-chs.org/finalreport/index.html, 04.04.07>.

Economist Intelligence Unit, 2007: Global Peace Index 2007. <www.visionofhumanity.com/index.php, 11.08.2007>.

Evans, Gareth, 2007a: The Limits of State Sovereignty: The Responsibility to Protect in the 21st Century. Eigths Neelam Tiruchelvam Memorial Lecture by Gareth Evens, President, International Crisis Group, International Centre for Ethnic Studies (ICES). Columbo, 29. Juli 2007. <www.crisisgroup.org/home/index.cfm?id=4967&l=1, 13.08.2007>.

Evans, Gareth, 2007b: The Responsibility to Protect: Creating and Implementing a New International Norm, Address by Gareth Evans, President, International Crisis Group, to Human Rights Law Resource Centre, Melbourne, 13. August and Community Legal Centres and Lawyers for Human Rights, Sydney, 28. August 2007. <www.crisisgroup.org/home/index.cfm?id=5036&l=1, 01.09.2007>.

Ewans, Pauline, 2007: Deepening the Human Security Debate: Beyond the Politics of Conceptual Clarification, in: Politics, Jg. 27/3, S. 182-189.

Fund for Peace, 2007: Failed States Index 2007. <www.fundforpeace.org/web/index.php?option=com_content&task=view&id=229&Itemid=366, 16.09.2007>.

Hampson, Fen Osler, 2002: Madness in the Multitude. Human Security and World Disorder. Don Mills.

ICISS (International Commission on Intervention and State Sovereignty), 2001: The Responsibility to Protect: Report of the International Commission on Intervention and State Sovereignty. Ottawa. <www.iciss.gc.ca, 23.07.07>.

International Crisis Group, 2007: Crisis Watch. (Monthly Bulletin) Nr. 48, 1. August 2007. <www.crisisgroup.org/library/documents/crisiswatch/cw_2007/cw48.pdf, 11.08.2007>.

Jütersonke, Oliver/Keith Krause (Hg.), 2006: From Rights to Responsibilities. Rethinking Interventions for Humanitarian Purposes. Genf.

Keohane, Robert O./Joseph S. Nye, 1986: Macht und Interdependenz, in: Karl Kaiser/Hans-Peter Schwarz (Hg.), 1986: Weltpolitik. Strukturen – Akteure – Perspektiven. 2. Aufl., Stuttgart, S. 74-88.

MOFA (The Ministry of Foreign Affairs of Japan), 2007: The Trust Fund for Human Security. For the ‚Human-centered' 21st Century. <www.mofa.go.jp/policy/human_secu/t_fund21.pdf, 20.08.2007>.

Owen, Taylor, 2003: Human Insecurity: A New Map of Cambodian Vulnerability, in: Cambodia Development Review, Jg. 7/2, S. 9-11 + 16.

Owen, Taylor, 2004a: Human Security – Conflict, Critique and Consensus: Colloquium Remarks and a Proposal for a Threshold-Based Definition, in: Security Dialogue, Jg. 35/3, S. 373-387.
Owen, Taylor, 2004b: Challenges and Opportunities for Defining and Measuring Human Security, in: Disarmament Forum, 2004/3, S. 15-24.
Pape, Matthias, 1997: Humanitäre Intervention. Zur Bedeutung der Menschenrechte in den Vereinten Nationen.
Rudolf, Peter, 2006: Sanktionen in der internationalen Politik: Zum Stand der Forschung. (SWP-Studie 30). Berlin.
Werthes, Sascha, 2003: Probleme und Perspektiven von Sanktionen als politisches Instrument der Vereinten Nationen. Münster.
Werthes, Sascha/David Bosold, 2006: Caught between Pretension and Substantiveness – Ambiguities of Human Security as a Political Leitmotif, in: Tobias Debiel/Sascha Werthes (Hg.), 2006: Human Security on Foreign Policy Agendas: Changes, Concept and Cases. Duisburg, S. 21-38.
Wheeler, Nicholas J., 2002: Saving Strangers. Humanitarian Intervention in International Society. Oxford.
UNGA (United Nations, General Assembly), 2005: 2005 World Summit Outcome. A/RES/60/1, 25. Oktober 2005. <daccessdds.un.org/doc/UNDOC/GEN/N05/487/60/PDF/N0548760.pdf?OpenElement, 10.08.2007>.

## Autorinnen und Autoren

#### Florence Basty

Dr., Lehrbeauftragte an der Universität Lille mit den Arbeitsschwerpunkten menschliche Sicherheit und arabische Welt. Von 2004 bis 2005 Visiting Fellow an der Harvard University, USA; Promotion an der Sciences Po der Universität Paris, Frankreich.

#### Wolfgang Benedek

Dr., Universitätsprofessor für Völkerrecht und das Recht Internationaler Organisationen an der Karl-Franzens-Universität Graz, Österreich, und Direktor des Europäischen Trainings- und Forschungszentrums für Menschenrechte und Demokratie, Graz.

#### David Bosold

Dipl.-Pol., wissenschaftlicher Mitarbeiter am Institut für Politikwissenschaft, Universität Marburg, und Sprecher der AG Human Security an der Universität Marburg. Von 2005 bis 2007 Leitung der Geschäftsstelle der Gesellschaft für Kanada-Studien e.V.

#### James Busumtwi-Sam

Dr., Associate Professor am Institut für Politikwissenschaft der Simon Fraser University, Vancouver, Kanada, mit den Arbeitsschwerpunkten Internationale Beziehungen und vergleichende Entwicklungsforschung.

#### Mely Caballero-Anthony

Dr., Associate Professor an der S. Rajaratnam School of International Studies (RSIS) der Nanyang Technological University (NTU), Singapur. Sie koordiniert das Non-Traditional Security Programme (NTS) und ist Generalsekretärin des Consortium of Non-Traditional Security Studies in Asia (NTS-Asia).

#### Tobias Debiel

Dr., Professor für Internationale Beziehungen und Entwicklungspolitik an der Universität Duisburg-Essen und Direktor des Instituts für Entwicklung und Frieden (INEF) der Universität Duisburg-Essen. Mitglied im Vorstand der Stiftung Entwicklung und Frieden (SEF).

**Volker Franke**

Dr., wissenschaftlicher Direktor des Bonn International Center for Conversion (Internationales Konversionszentrum Bonn). Zuvor war er Lecturer am McDaniel College in Westminster, Maryland, USA.

**Cheryl Hendricks**

Dr., Leiterin des Human Security-Programms für das südliche Afrika (SAHSP) des Institute for Security Studies (ISS), Pretoria, Südafrika. Zuvor war sie beim Institute for Justice and Reconciliation und Academic Manager am Centre for Conflict Resolution in Kapstadt sowie Lecturer an der Western Cape University.

**Matthias C. Kettemann**

Mag., Forschungsassistent am Institut für Völkerrecht und Internationale Beziehungen der Karl-Franzens-Universität Graz, Österreich. Zuvor Studium der Rechtswissenschaften in Graz (Mag. iur.) und Genf (Certificat de Droit Transnational), Schweiz.

**Keith Krause**

Dr., Professor am Institut für Politikwissenschaft des Graduate Institute of International Studies (HEI), Genf, Schweiz. Dort ist er Programmdirektor für Strategische und Internationale Sicherheitsstudien und des Small Arms Survey.

**Ruth Stanley**

PD Dr., Wissenschaftliche Oberassistentin am Otto-Suhr-Institut für Politikwissenschaft, Freie Universität Berlin, und Projektleiterin des Projekts „Öffentliche Sicherheit als Governance: Policing in Transformations- und Entwicklungsländern“ im Sonderforschungsbereich „Governance in Räumen begrenzter Staatlichkeit“.

**Ramesh Thakur**

Dr., seit Mai 2007 Distinguished Fellow am Centre for International Governance Innovation (CIGI) und Professor für Politikwissenschaft an der Universität Waterloo, Kanada. Von 1998 bis 2007 Vize-Direktor der United Nations University in Tokio, Japan. Er war Mitglied der International Commission on Intervention and State Sovereignty (ICISS) und einer der Hauptautoren von deren Bericht „The Responsibility to Protect“.

### Cornelia Ulbert

Dr., wissenschaftliche Geschäftsführerin am Institut für Entwicklung und Frieden (INEF) der Universität Duisburg-Essen. Zuvor wissenschaftliche Mitarbeiterin am Otto-Suhr-Institut der Freien Universität Berlin und Research Fellow am Robert Schuman Centre des Europäischen Hochschulinstituts, Florenz, Italien.

### Sascha Werthes

Dipl.-Soz.-Wiss., wissenschaftlicher Mitarbeiter am Institut für Politikwissenschaft, Universität Duisburg-Essen, und Associate Fellow am Institut für Entwicklung und Frieden (INEF). Mitglied und Doktorand am Zentrum für Konfliktforschung, Universität Marburg, sowie Koordinator der AG Human Security, Universität Marburg.